我得了不想上班的病

倦怠的5大解藥，從有毒工作中奪回你的人生

艾米莉·巴列斯特羅斯
Emily Ballesteros

洪慧芳——譯

The Cure for Burnout : How to Find Balance and Reclaim Your Life

謹獻給我的父母，
他們在我的職涯出現非傳統的轉折時，總是堅定不移地支持我。

目次

前言　突破前的崩塌　007

第一部　現代的倦怠

第一章　在高壓世界中辨識倦怠：當壓力變成倦怠　026

第二章　三種倦怠（沒錯，你可能三種都有）　042

過勞型倦怠　045

社交倦怠　053

無聊型倦怠　065

第二部　倦怠管理的五大支柱

第三章　心態：是我的問題嗎？是我反應過度嗎？　074
第四章　個人關懷：照顧自己是你的任務　120
第五章　時間管理：當下就是你的人生　165
第六章　設定界限：學校沒教的必修課　208
第七章　壓力管理：當戰或逃反應變成日常預設反應　264

第三部　讓生活回歸正常

第八章　何時該離開　304
第九章　立即營造平衡生活的行動藍圖　317

謝辭　329
附注　358
作者與譯者簡介　359

前言　突破前的崩塌

某個攝氏零下二十九度的日子，在芝加哥市中心一家沃爾格林（Walgreens）連鎖藥妝店的泡麵貨架前，我終於拉下臉來打電話給我爸媽。我一邊說著，無聲落下的涕淚把圍巾都沾溼了。我告訴他們，我再也受不了了。兩年來，我的生活感覺就像一份沒完沒了的待辦清單。從早到晚，我在各種責任之間奔波，卻總是覺得自己做得不夠。（當你寧可出現惱人的偏頭痛，也不想上班時，你就知道情況有多糟了。早上醒來時視力模糊，感覺好像有人在戳我的眼睛，反而給我一種奇怪的解脫感——至少當我躺在冰冷的浴室地板上，努力不讓自己因疼痛而嘔吐時，我可以暫時抽離繁忙的行事曆，稍做喘息。）在藥妝店裡哭泣，引來其他只想安安靜靜買點零食的芝加哥人側目，這是我的人生低谷。我陷入很糟的狀態，一心只想辭職，從研究所休學，離開中西部這個冰天雪地的地獄，然後就此「消失」、「一陣子就好」，我對父母這麼說。

處處都是危險訊號

以防你還不知道，說出你想要「消失」，是一個重大的危險訊號。我陷入過勞已經兩年了。我的職涯才剛起步沒多久，為何會如此疲憊不堪？這肯定不是每個人都津津樂道、充滿樂趣與自由的二十年華。每天早上，鬧鐘在六點響起時，我的第一個感覺是滿心恐懼，緊接著腦中閃過那天該做的每件事情。我會努力把自己挖起床，穿上皺巴巴的工作服，然後在芝加哥那經常寒冷刺骨的天氣裡，走一．六公里到火車站。我的眼神空洞，跟殭屍沒什麼兩樣，內在空虛不安，就這樣機械式地持續邁出凍僵的雙腳。

我利用每天上班一個半小時的通勤時間，追趕研究所課程的閱讀進度，順便用化妝品掩蓋黑眼圈。在職場上，我就像一般有討好型人格的人那樣，完全不顧自己的極限。我不知道我有權設定界限，所以無論是任何人對我提出任何要求，我都會答應。我經常整天都在開會、加入我根本不知道公司有設立的委員會、承擔沒人想碰的任務，只為了證明我非常可靠。我想要證明自己，也想要盡快在職涯中晉升，或許最重要的是，我希望每個人都**喜歡**我。因此，我把績效看得比其他一切都還要重要——健康、人際關係、個人生活和興趣，凡此種種皆可退讓。我確實表現得很出色，但代價不菲。

每天晚上下班回到市區後，我會衝去上晚間六點的課（穿著雪靴衝刺——不推薦）。這時的我往往小腿痠痛得要命，疲累不堪，不敢相信一天竟然還沒過完。我會用最後兩個還沒死透的腦細胞做筆記。下課後，我會走一．六公里的路回家，吃泡麵，做作業，無止境地滑手機，然後進入斷斷續續的睡眠。睡睡醒醒之間，我已經開始為明天等待我的一切感到焦慮。

理想情況下，週六與週日應該是我的休息時間。但每個週末我沒有好好休息，反而讓內疚感（以及他人的要求）掌控了我。立意良善但時機來得不巧的朋友邀我去社交聚會，我不知道該如何拒絕才不會辜負他們的好意，所以硬著頭皮答應了，只希望自己能找到其他時間休息（通常是找不到）。雖然我很珍惜這些友誼，但**任何**邀約對我來說都是負擔，原因很簡單，我實在很想待在家裡補眠。上健身房、享受青春、休閒閱讀，這些事情都甭提了。能熬過一週，我就已經謝天謝地。多年來，每一天無論是好是壞，都是**忙碌**的一天。

雖然我在日常生活中感受到這種恐懼，但從表面上看來，我似乎過得很好。我做著自己感興趣的工作（企業培訓與發展），同時攻讀產業與組織心理學的碩士學位。為了奪得成就，我將每天的時間表塞得滿滿的，這讓我有一個表面上看起來很棒的人生。我覺得自己像隻鴨子，水面上的模樣很平靜，水面下卻在拚命划水以免溺斃。我逐漸明白，**你的人生看起來如何並不重要，重點是感覺如何**，而我的感覺糟透了。

意外成為倦怠管理師

那個芝加哥的冬日，我的虎爸虎媽告訴我，我要堅強，這一切只是暫時的，我需要繼續前進。顯然，我原本希望聽到他們說的是：「別擔心，就退學吧，我們會養你一輩子。」但他們直接把我搖醒，讓我回歸現實，並了解到：我只能靠自己把我拉出惡性循環的深淵，沒有人會替我做這件事。當他們說我能做到，我相信了他們……但我卻得在水面上苦苦掙扎以免溺斃。我的確想繼續前進，然而我知道我不能像以前那樣繼續下去了。面對我的倦怠，我不能再當個旁觀者。偶爾閱讀一篇關於工作壓力或過勞的文章，並沒有讓我的情況好轉。我需要一個解決方案，所以我決心自己想辦法。我擦乾眼淚，告訴爸媽我愛他們，然後帶著泡麵回家。我知道這是新的開始，但那天晚上，我只想吃泡麵，蜷縮在毯子裡，好好睡一覺。

研究了我的症狀後（從「做工作相關的噩夢」到「在會議室裡哭泣」），我發現這種長期的身心疲憊是職業倦怠，而且我符合每一項特徵：無精打采、全天候處在壓力下、對平常能帶給我歡樂的事物失去興趣。我以前也曾經感到疲憊不堪（期末考、工作旺季，或處理個人悲劇），但從未像現在這麼絕望，彷彿看不到盡頭。稍後我會深入探討倦怠的文化與科學背景——以及導致它的各種因素——但現在簡單地說，我的倦怠就是感覺日子天天都很難過。

起初，我很難認真看待我的倦怠，因為我周遭的每個人似乎都過著類似的生活。這種情況不僅普遍存在，還很……**流行**。坐在任何一家酒吧裡，不到十分鐘，你就會聽到有人搶著說自己有多過勞、有多疲憊：「我已經好多年沒有午休過」、「晚上七點前能下班就算幸運了」、「我要是休假，整個部門就會垮掉」。太多人把自己的痛苦正常化。

打過那通絕望電話給我爸媽的幾週後，我開始詢問周遭的人，尤其是那些我敬佩的人，他們是如何管理忙碌的生活、避免長期疲憊。每次我這樣問時，總是得到茫然的眼神、尷尬的笑聲，或毫無說服力的陳腔濫調。由於我是從事「專業發展」工作，我相信**某處**一定**有人**已經為這個問題想出簡單易行的解決方案。我上網搜尋，卻只找到過時的網站。我仔細搜尋社群媒體，結果令人失望，還害我對冥想或瑜伽之類的建議產生不健康的怨念（我無意貶低他人的嗜好，但這兩種做法真的不適合我——我只是想委婉表達它們如何讓我更火大）。

我找到的那些資源，根本和虛擬勞力的現代需求完全脫節（例如，建議「不要把工作帶回家」，卻沒有清楚說明，當我們在家工作或使用永不離身的手機工作時，要如何把工作從生活中隔離），而且充斥著顯而易見的建言（「充足的睡眠」），或建議我割捨一些事情，例如辭職、暫停學業、對新的機會狠心說不。但問題是，我想繼續做我正在做的一切。我喜歡我的同事和工作；我想要那個學位，對學習內容也很感興趣。每件事情單獨來看，都帶給我足夠的成就感，讓人不想放棄。但合起來看，對任何人來說都太多了，無法好好地完成。每天結束時，我並不是希望我過著不同的生活、抱持不同的目標；我只是希望**日子不要過得那麼辛苦**。我想繼續做我正在做的事情，但不想感覺自己好像被**榨乾了**。

當我面對問題時，第一步往往是先做點調查。所以，首先，我與許多倦怠的人談論他們的困境，以及他們正在尋找什麼樣的解方。進行了大量訪談並深入研究倦怠的因應之道後，模式與解方開始浮現。同樣的主題不斷出現：心態、個人關懷、時間管理、設定界限、壓力管理。這些主題要麼有助於預防倦怠，要麼使人更容易陷入倦怠。有了這些主題後，我開始把自己當成白老鼠來實驗。當我著手開發因應倦怠的資源時，我還沒有從忙碌的日程表中移除任何事情，所以我又比以前更忙了。對我來說，要實驗這些解方是否真的有效，還有什麼更適當的時機呢？

簡言之，它們確實有效。運用本書中的多種解方，我看到我的生活與工作品質都出現明顯的改善，**儘管**嚴格來說我其實又給自己增添了研究負擔（我爸媽的生活品質也改善了，他們鬆了一口氣，不再接到我哭哭啼啼的電話）。首先，我誠實地評估了自己的能力，盡可能削減非必要的事情。我在私人生活與職場上設下必要的界限。我改善了壓力管理——我的意思是，有生以來第一次開始持續做壓力管理。我也設計了一套切實可行的個人關懷架構。正如我們所知，這些主題單獨來看都很有價值，但我從來沒看過它們被打包成一套的整體做法，也從來沒有一起落實它們。後來，我好好地做了幾個月，變得不再那麼焦躁，也更加專注。對我所拒絕的事情，我不再那麼內疚；對我所答應的事情，我更樂在其中。我感覺再次掌控了自己的生活，偏頭痛發作的次數減少了。這不是一夕之間發生的，而是需要認真投入，痛定思痛，狠下心來做一些決定，但每個辛苦的改變與棘手的對話都是值得的。這讓人不禁想問：其他人也能從這套工具組合中看到正面結果嗎？

我直覺認為是可以的。為了驗證我的理論，我開始提供一對一的輔導課程，一對一往往是測試方法、確保結果、獲得直接意見回饋的最可靠方式。我自己的倦怠經歷以及我用來對抗倦怠的工具，成了寶貴的基礎。除非你親身經歷過，否則你不知道什麼方法**真的**有效。來找我輔導的客戶一旦看見持續的成效，就會透過社群媒體平台推薦我的倦怠管理方法。

況且，時機還真湊巧。我開始在網路上分享倦怠相關內容後不久，新冠疫情就席捲了全球。疫情帶來的諸多不利影響之一，是二〇二〇年全球員工感覺壓力很大的比例創下歷史新高，達到三八%。[1]二〇二一年與二〇二二年，這個比例飆得更高，[2]四四%的勞工表示他們**每天**都有工作壓力。[3]也難怪這幾年大家對倦怠治療的興趣急劇增加，而且現在仍持續上升。

我的一對一輔導名單大排長龍，收件匣爆滿，我在社群媒體上的粉絲大增——這些全都證明了這個日益嚴重的問題。在疫情最嚴峻的時候，我的 TikTok 粉絲數在一個月內從幾千人暴增至十萬人。由於大家對我的輔導需求量太大，我無法再以一對一的形式提供資訊。為了盡量接觸到最多的人，我為更大的客群開發了一套倦怠管理訓練課程。如今，我有幸為百事（Pepsi）、尼克兒童頻道（Nickelodeon）、賽默飛世爾（Thermo Fisher）、PayPal 等公司提供這項訓練。在課程中，那些大家公認的成功人士依然會問這樣的問題：「我該如何告訴別人，晚上七點以後我不方便？」因為倦怠是不分貧富貴賤的。任何行業裡、任何職位上的任何人都有可能陷入倦怠，迫使他們為了追求績效而犧牲生活品質。

現今世界的倦怠

新冠疫情使倦怠變成一種流行病，世界各地的人都不得不因應全球的不可預測性、不切實際的工作條件、社交隔離，以及媒體平台上那些令人沮喪的新聞。當生命因疫情而逝去，員工開始質疑為了工作電郵而感到壓力很大的意義何在。面對全球性的悲劇，他們對工作中那些平凡瑣碎的職責產生了厭惡之情。種種壓力來源結合在一起，導致全國各地的民眾陷入很糟的心理狀況。世界衛生組織指出，疫情第一年，全球焦慮與憂鬱的人數增加了二五％。[4]

所有人都必須馬上啟動新的生活模式，而且不知道何時才會劃下句點。在沒有托兒服務以及學校停課的狀況下，父母必須努力平衡工作與育兒。當室友在家工作的時間與你的時間有所衝突，每一天的生活都變得更加困難。隨著開學一次又一次延後，學生上大學的夢想慢慢地粉碎。每個人的痛苦從短期的壓力管理，變成了長期的倦怠，只是型態各不相同。到了二〇二一年底，近三分之二的專業人士都表示他們出現職業倦怠。[5]

「**倦怠**」一詞不再只是用來形容那些連續值班二十四小時的醫護人員、每週工作一百小時的顧問，以及報稅季的會計師。現在幾乎每個人在表面下都受倦怠所苦。在我接觸的所有資源中（無論是這個主題的書籍，還是世界衛生組織的資料*），它們對倦怠的定義，似乎都無法描述倦怠在當今這個「後疫情」世界裡的真實樣貌。[6]在這個世界裡，工作與個人生活比以往更難分開。很多人將自己的處境描述為「生活在工作中」，而不是在家工作。這也是為什麼我將倦怠定義為**長時間處於疲憊**、**壓力**、**茫然不協調的狀態**。茫然不協調這部分很重要，因為你可能過著傳統意義上很成功的人生，但它**完全無法**帶來任何成就感，你因此出現倦怠的跡象。

倦怠很少是由一件你可以指出並修正的事情所造成的。倦怠就像死於無數次的紙劃傷，是我們多次以各種微不足道的方式犧牲生活品質後，所造成的疲憊與不快樂。倦怠是每天早上都在壓力下匆匆忙忙地趕著上班；晚上與週末還在加班趕工；下班後太累而無法開始做你一直很想做的事情，你因此感到內疚；在社交上自我孤立，因為你總是精疲力竭。這些小習慣可能會導致一些大問題。

倦怠也與許多健康問題有關，[7]包括睡眠障礙、憂鬱症、肌肉骨骼疼痛（手腕、頸部、背部疼痛）、心血管疾病、大腦異常變化、[8]糖尿病、免疫系統弱化。這是因為倦怠使身心處於持續的壓力狀態，[9]每天暴露在皮質醇（cortisol）之類的荷爾蒙中。[10]這些荷爾蒙在短時間內是健康的，但長期暴露在這類荷爾蒙下，會導致血壓飆高、血糖上升，以及身體發炎。我們**明明知道**忽視倦怠會導致身體受影響，卻依然故我。

短期來看，優先考慮工作似乎有利。如果想在職場上晉升，我們覺得有必要犧牲平衡，直到「獲得肯定」。但有一些強而有力的證據顯示，在工作與生活間取得平衡，可以提高生

---

* 世界衛生組織在《國際疾病分類》（International Classification of Diseases, ICD-11）的第十一版中，將倦怠定義為一種源於未妥善管理長期工作壓力而導致的症候群。特點是三個主要症狀：（一）感覺精疲力竭或疲憊；（二）對工作感覺更疏離，或是對工作產生消極或憤世嫉俗的情緒；（三）專業效能降低。世界衛生組織也指出，倦怠僅適用於職業環境，而不適用於其他生活領域。儘管世界衛生組織的定義很重要，但它並未考慮到工作與個人生活之間的重疊，也沒有考慮到無償照護等角色，更沒有提到缺乏目標感或人生一團亂等問題。這些問題可能是造成某些人倦怠的主因。

產力、[11]敬業度、留任率、員工滿意度。[12]職涯是一場馬拉松，而不是短跑。倦怠不單是當今職業要求所衍生的常見副作用，也不只是「我累了」的另一種說法，而是一種後果嚴重的狀況，剝奪了許多基本的人類需求。

研究顯示，健康的人際關係對生活品質有正面影響。[13]擁有社交支持——無論是你隨時可打電話聯繫的生死之交、把你當成朋友的同事，還是你天天通電話的母親——可以緩解倦怠，提升個人滿意度。[14]但諷刺的是，那些能夠預防倦怠的事物——例如與友人共度優質時光，或是和老友一邊喝冷飲、一邊看你最愛球隊的比賽——正是倦怠從我們身上偷走的東西。遺憾的是，疲憊與孤立之間的相關性意味著，那些深受疲憊與倦怠所苦的人很有可能進一步自我孤立，而不是尋求社交支持。[15]

解決倦怠需要花額外的時間與精力去做有助於緩解倦怠的事情，但諷刺的是，時間與精力正是身陷倦怠的人所缺乏的。隨著倦怠的增加，我們很自然會看到個人休閒時間的減少。我們不能在全心全力投入責任後，抬頭發現生活中所有的美好事物都消失了，才露出困惑不解的表情。將時間與精力花在那些導致我們忽視健康、人際關係、休閒的目標上，我們終究會自食惡果，而且還得加倍奉還。

首先，誠實面對自己

你是否老是覺得一天的時間不夠用？你是否為了騰出時間去完成任務，而忽視了曾經帶給你快樂的事情？也許你一直利用午休時間與晚上工作，或熬到深夜，因為那是唯一沒有人會要求你做任何事的時間。或者，你像以前的我那樣，無法拒絕別人的要求，勉強地微笑答應，以免有人認為你無能，卻把自己累得半死。

你可能為了在現實中活下去，早在幾個月前整個人就開始放空，只是機械式地做事，最後卻發現自己已陷入更深的倦怠中。也許你每天早上、週末、休假時，都對工作感到焦慮。有人向你要求什麼時，你很想大喊：「難道你看不出來我很忙嗎?!」甭提「躺平」（quiet quitting）了，你總覺得你隨時都有可能大喊：「老子／老娘不幹了！」有時你甚至會幻想自己逃離現在的生活（聽說這個季節的阿拉斯加很美）。如果情況變得很糟，你可能還會幻想自己就這樣消失……即使只是一會兒也好。

也許你很難拒絕機會，覺得手上的每件事情都很重要，或者你已經「一年四季皆旺季」很久了。也許，你明明沒有餘力，卻因內疚而為別人做事，你最怕的就是和別人撕破臉。又或者，你覺得自己陷入低潮，無法履行長期承諾，對手上的任務也提不起勁來。

無論你的倦怠是什麼形式，我們都會找到方法來對抗它，因為**你的人生好壞就看你怎麼化解倦怠**——我這樣講並非誇大其辭。具體來說，倦怠會吞噬你的時間、破壞你的人際關係、損害你的身體健康。抽象來說，當你埋著頭拚命求生時，倦怠也偷走了你生命中最美好的年華。倦怠會摧毀你的心理健康，導致類似憂鬱症的疲憊與無助感。

想像一下，如果你**沒有**那麼壓迫自己去做每件事及取悅每個人；如果你有額外的時間與精力去做你喜歡的事情；如果你休息或享受休閒時不感到內疚，那是什麼感覺？如果你不總是感到疲憊、壓力或疏離，你的生活會變得多麼愉快、舒適、充實？

我知道，戒除那些導致倦怠的習慣很辛苦（相信我，我真的懂），但是，活在倦怠中好幾年更辛苦。拚命工作、不設下任何界限，可能讓你功成名就——這個世界喜愛勤奮工作的人，不管那人為此付出什麼代價。這個世界對你的要求是無止境的，所以你必須對你願意付出的東西設定界限。

你不去改變的，就是你的選擇

從我們醒來的那一刻，到夜裡閉上眼睛，我們做的每件事情都是一種選擇。例如，早上醒來的第一件事是不是拿起手機、離開辦公室以後是不是仍想著工作、你讓別人怎麼對待你——這**一切**都是選擇！有些選擇很瑣碎，有些選擇對你有利，有些選擇對你有害。

這本書會讓你覺得我好像正（親切地）搖晃你的肩膀，問你：「你回顧人生時，會希望自己做出什麼不同的選擇？」你的答案可能不是投入更多的工作、參與十幾個委員會，或花時間經營那些讓你感覺很糟、而不是受到支持的人際關係。接著，我會列出你可以採取的方法，讓你的生活盡可能變得平靜、充實、易於掌控。我會舉一些客戶的精彩實例來說明如何運用種種工具。*

為了妥善管理自己、緩解當前的倦怠，也預防未來可能發生的倦怠，並維持工作與生活的平衡，你需要學會辨識你感到倦怠的跡象。我們將探討現代倦怠的複雜性，以及如何區分

＊ 客戶的名字已經變更，但個案的精髓不變。

三種倦怠類型，這有助於你迅速判斷你該做什麼改變。你會開始熟悉倦怠管理的五大支柱：心態、個人關懷、時間管理、設定界限、壓力管理。面對生活中不同的壓力源時，我們會需要這些支柱的不同組合。掌握這五大支柱，將讓你在面對未來各種壓力源時，好好地保護自己與自己的生活品質。

我提出的建議，可以根據你的特定壓力源加以調整。如果你經常想著：「我的工作量很不合理。」我很高興你將學到如何設定界限與時間管理。如果你總是跟別人抱怨：「我共事的對象很難搞。」我們可以談談心態與壓力管理。如果每週一開始時你都在想：「我根本沒休息到。」那就讓我來教你個人關懷與時間管理吧。

我的方法將幫助你創造出你**現在**想要的生活，也有助你抵抗一生中將面對的無數倦怠威脅。由於倦怠是一個持續存在的問題，這會是你一輩子的課題。在人生的不同階段，你需要不同的倦怠管理工具。閱讀本書的過程中，你可以做筆記、折角標記你最喜歡的工具，不要捨不得折角。盡情徜徉在書中，未來你便能輕鬆運用那些你覺得很有共鳴的建議。

每個人的環境與性格各不相同，因此每個人使用這些工具的起點與體驗都會略有不同。重點是勇於嘗試每一種方法。若你真的很討厭某種工具，大可不必再用，我保證。

如果你閱讀這本書時，感覺像直視太陽那麼刺眼，那是因為我曾經跟你一樣。我深知那種生活完全失控、不知該從何處著手修復的感覺——尤其當你從外界只得到讚美，看起來一切都很好，而你卻感到疲憊不堪，無力從內部做出改變的時候。

你現在的生活方式塑造了你目前的人生。如果你想要不同的生活，就必須變成不同版本的自己。你需要以不同的方式做事。你已經知道，如果繼續以現在的方式生活會是什麼樣子。既然你正在閱讀這段文字，我猜你認為你還有機會成長。你可以做一些辛苦的改變，或者，你也可以繼續過辛苦的生活。我是來支持你選擇前者的。如果我能做到，你也可以。

每個人都應該擁有醒來時感到心情愉悅的生活，即便不能如此，至少也應該擁有醒來時不感到**畏懼**的生活。

第一部

MODERN BURNOUT

現代的倦怠

Chapter 1

在高壓世界中辨識倦怠：當壓力變成倦怠

你是否曾有一股強烈的衝動，想開車到最近的鄉野，盡情地大聲尖叫、抒解壓力？你是否曾把車子開到家門口，卻坐在車裡茫然地望著窗外，不願進屋子面對種種責任？你是否曾有一天過得很糟，心裡開始盤算辭掉工作的可能性？無論是什麼原因導致你那樣想——職場責任也好，社交責任也好，個人責任也好——總之你已經精疲力竭了。你只是在硬撐，用僅剩的一點點精力撐住自己。所謂的倦怠，就是長期過著這種筋疲力竭的生活。

更常見的是，這種「筋疲力竭」的感覺，通常是長期壓力管理不當的結果。我們知道，適度的壓力對我們有益：[1]讓我們保持警覺，專注投入。但長期或無限期的高壓並不適合我們的生理機能。當我們不得不長期承受這種壓力時，它會轉變成更危險的東西：倦怠。[2]當身體持續對抗壓力荷爾蒙，睡眠不規律，每天都感到疲累時，我們就沒有機會補充能量。這不僅是身體上的消耗，也是心理上的消耗，我們開始更消極地看待我們的處境與未來。我們可以將短期壓力視為只要多努力就能克服的挑戰，但倦怠感覺上是無止境、無法克服的。我們因此變得消極又絕望，擔心情況永遠不會好轉。

我們是環境的產物

你大概不需要我來告訴你，全球的壓力源正在增加，諸如新冠疫情的影響、通貨膨脹、政治動盪、「拚搏文化」等等。儘管多數人早已習慣一定程度的壓力，但近年來有更多人表示他們壓力爆表。[3]壓力增加，而且持續的時間越來越長，這表示倦怠現象也隨之增加。[4]

隨著疫情持續蔓延，毫無減緩的跡象，以及倦怠感不斷加劇，大家終於到了崩潰的臨界點，被迫重新評估他們是為了**什麼**而工作，以及為了什麼而倦怠。大家彷彿經歷了一場集體的瀕死體驗，開始重新評估他們將寶貴的時間花在哪裡了。意識到生命有限，讓我們重燃怒火，也激發了新的動力，我們**再也不想**把時間浪費在那些無益或無法滿足自我的事情上。

這種普遍的倦怠在一些運動中表露無遺，例如「大辭職潮」（Great Resignation，大量員工離開職場）、[5]「大轉職潮」（Great Reshuffling，大家辭職後轉換工作，而不是完全離開職場）、[6]「躺平文化」（刻意決定不再做超出基本職責以外的事情）。這些由員工的不滿所驅動的全球趨勢，反映了數百萬專業人士渴望改變的心聲。我們已經準備好「為生活而工作」，而不是「為工作而活」。

假如你還不知道，這裡讓我們簡要地回顧一下：二〇二一年的「大辭職潮」中，美國的辭職人數創下了紀錄，在二〇二一年十一月達到二十年來的最高峰，[7]高達四百五十萬人。這並非單純的提前退休，員工離職的主因包括薪資低、工時太長、缺乏晉升機會、感覺不到管理高層或公司的尊重。[8]那些換工作的人更有可能選擇薪水較高、晉升機會較多、工作與生活更平衡的工作。此外，隨著遠距工作模式帶來更大的彈性，許多人開始質疑過去那種僵化的工作方式是否有必要。許多員工因此離職，改換遠距職位，以獲得比過往辦公室工作更多的自由。

現代史上，朝九晚五的工作模式首次受到員工的質疑，他們發現，換個時間、換個環境也能完成相同的工作。當人們的工作脫離了辦公室、企業文化，也脫離了分散注意力的忙碌喧囂後，許多人開始感覺到自己的角色似乎缺少了什麼。

二〇二二年與二〇二三年由社群媒體掀起的躺平趨勢，[9]進一步證明了專業人士已經普遍感到幻滅。雖然「盡心盡力」或「超越期望」是美德，但許多長期這樣做的員工發現，他們得到的「回報」只有精力耗竭與個人犧牲而已（許多情況下，甚至被要求承擔同事沒做好的工作）。職責「提升」、但職稱或薪酬沒有跟著提升的情況變得越來越普遍，令人沮喪。這也難怪員工開始擺爛，集體拒絕犧牲自己去「幫同事分擔責任」和「為團隊做出貢獻」。對這些不公平又不合理的期望感到憤怒，以及發現許多人也抱持相同的怨念，為整場躺平運動提供了迅速蔓延所需的動力。

當然，並不是所有人都大力支持這些運動。面對這類「少做點」的趨勢，大家的反應通常是「現在都沒有人願意努力工作了」。即使減少工作量的建議是為了緩解倦怠或改善心理健康，許多人仍不願承認自己已經倦怠，擔心這會讓人覺得他們「能力不足」。對於已經內化這種觀念的人，我想說的是：你應該此刻就在心理上斷開職業道德

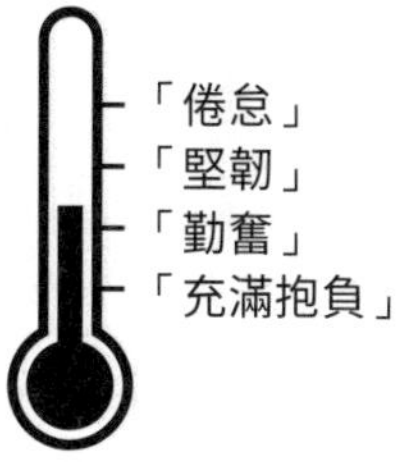

感與倦怠之間的關聯。倦怠並不是因為你不夠努力、缺乏決心或毅力不足；將倦怠視為個人失敗而非長期壓力的結果是錯的。

有一些普遍的因素會導致倦怠（例如工作過度、關係緊張、長期疲勞），了解這些因素很有幫助。然而，管理倦怠時，同樣重要的是，知道**你自己**容易以什麼方式來因應這些因素。為了幫助你在你特有的環境中發現倦怠及消除倦怠，我將教你如何在自己身上尋找跡象。

有人在重溫心靈雞湯劇

你要如何辨識自己是否陷入倦怠呢？長期持續的壓力，久而久之會引發一些明顯的症狀。思緒混亂、脾氣暴躁、感到絕望、生理疲憊——這些都是身體在提醒我們需要注意的跡象，因為有些什麼不太對勁。有些人將倦怠誤判成焦慮[10]或憂鬱[11]，因為有相似的症狀：疲累、崩潰、疏離、絕望。儘管這些問題看起來及感覺起來可能很相像，但其一大區別是：倦怠主要是環境造成的，與你的處境直接相關，[12]最常見的是與你的工作有關。環境一改變，倦怠就可以獲得緩解；相反地，改變環境通常無法完全抒解焦慮與憂鬱。患有憂鬱症的人即使減少工作量、充分休息或安排假期舒壓，可能依然感到憂鬱。

有一些內在與外在的指標可以顯示你正陷入倦怠。內在指標是你可能在自己身上發現的跡象；外在指標是其他人可能在你身上觀察到的跡象。熟悉這兩種指標，可幫助你在未來辨識出自己或他人是否有倦怠問題，並盡快處理。

內在指標：你可能因倦怠而產生的體驗[13]

- 情感耗竭（因過度消耗能量而覺得情感上無法承受）
- 憤世嫉俗或悲觀
- 疏離或解離
- 在啟動任務或開始一天的工作以前，已經充滿無力感
- 工作前的／對工作的焦慮（所謂的週日恐慌症，但週一到週日天天都有）
- 失去動力[14]
- 注意力不集中，精神渙散[15]
- 覺得工作效果很差[16]

外在指標：你可能因倦怠而表現出來的外顯行為

- 身體疲勞[17]
- 失眠[18]
- 健忘[19]
- 孤立
- 逃避（利用媒體或嗜好等事情來逃避現實）[20]
- 更加暴躁易怒
- 免疫力下降
- 拖延[21]
- 食物／藥物／飲酒方面的改變[22]
- 持續的身體疼痛[23]

這些是我們感到倦怠或表現出倦怠的跡象。老毛病容易故態復萌，所以你可能很熟悉自己的倦怠指標，但你可能也會表現出一些臨床上沒那麼常見、比較個人化的跡象。你知道自己精疲力竭時會做些什麼嗎？或許在情況惡化時，你習慣用來安慰自己的方式是重溫心靈雞湯劇、吃你最愛的垃圾食品、不看簡訊也不接電話、上網大買特買或訂外送餐、熬夜或在社交方面封閉自己。如果你經常與伴侶、家人或朋友在一起，不妨問問他們在你開始進入倦怠時看到什麼現象。在本書中，我會提供各種對抗倦怠的工具，但如果你無法察覺自己何時需要，這些工具也派不上用場。

我開始陷入倦怠時，信用卡會第一個知道。我會開始增加上網訂餐的頻率，買一些不需要的東西，以獲得令人感覺良好的多巴胺。本質上，我變成一個貪婪地追求短期獎勵的人。我睡到第三個鬧鐘響起才起床，忽略健身，鑽進嗜好中逃避現實，熬夜到很晚。當我真的陷入很糟的低潮，我會坐在淋浴間裡。我丈夫知道，如果我坐在淋浴間裡，那就是紅色警戒狀況了。

相反地，當我感覺生活在掌控之中，而且不感倦怠時，我是從長期獎勵的角度出發。我會早起，以免一天還沒開始就手忙腳亂；我期待健身；我會在合理的時間入睡；我將嗜好當成日常生活的調劑，而不是逃避現實的成癮行為（我淋浴時也是站著）。

許多客戶因為懂得辨識這些非臨床的倦怠跡象而找上我。你不需要等到住院、經醫生開了抗焦慮藥物或是恐慌發作（這是我的親身經歷），才採取行動。無論你有什麼倦怠跡象，它們在當下都是有效的提醒，今天就是你做出改變的好時機。

因應混亂

潔西卡的伴侶溫和地提醒她，**每天**收到的網購包裹可能太多了。聽到伴侶的提醒，她才驚覺狀況不對，預約了我的線上輔導。潔西卡的高壓工作使她筋疲力竭，為了自我安慰與犒賞，她陷入了花錢買爽的無底洞。上網購物為她帶來快樂，讓她在壓力重重的一週中有所期待。她覺得拿承受高壓所賺來的血汗錢犒勞自己，天經地義。

潔西卡一開始沒有想到要打電話給我，因為她不認為上網購物是一種倦怠的跡象。她拿親手賺的血汗錢給自己買點好東西，有什麼不對？但問題不在於購買的**東西**，而在於她購物的時機，她的網購紀錄往往在工作旺季達到顛峰。我解釋，倦怠的指標一開始可能是常見的身心症狀（例如疲憊、焦慮、失眠），但也可能是比較個人化、沒那麼明顯的徵兆（例如上網購物、忽視嗜好、沉溺於各種慰藉）。事實上，我有好幾位倦怠客戶都有購物成癮的問題，這是有原因的：強迫性購物[24]就像酒癮或毒癮一樣，會刺激大腦的獎勵迴路，帶來令人愉悅的多巴胺，這對於經常感到緊張和精疲力竭的人來說很誘人。

潔西卡正經歷著典型的倦怠循環。

她會拚命工作到筋疲力竭，開始顯現出個人的倦怠跡象，達到臨界點以後才做出改變（通常是在工作中設立一些界限）。然後，等她感覺比較平靜了，她又會開始增加工作量。

她一遍又一遍地重複這個循環，彷彿對平靜過敏似的。俗話說，瘋狂是重複做同樣的事情，卻期待不同的結果。潔西卡知道這種工作模式令她陷入倦怠，但基於種種原因，她總是為重蹈覆轍找藉口。「等我完成這個案子，情況就會平靜下來」，她會這樣告訴自己，「年終考核快到了」、「如果我不做，我的團

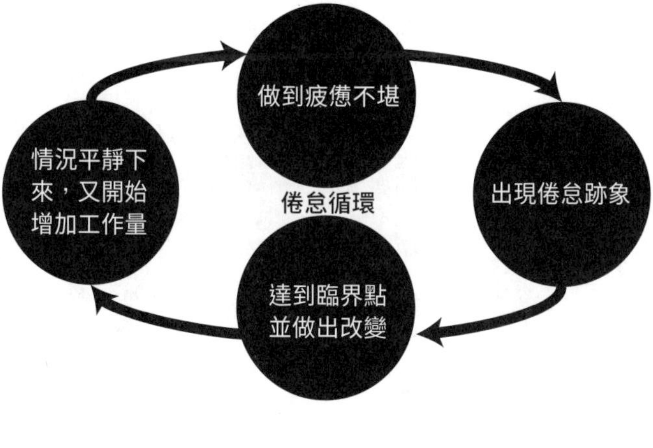

隊就必須做，我不希望他們過勞」、「萬一這是千載難逢的機會，錯過就不再有了，那怎麼辦？我必須好好把握」。

聽起來很熟悉嗎？用這類想法來為倦怠辯護，對「永遠倦怠俱樂部」（Always Burned-out Club，簡稱 A.B.C.）的成員來說並不罕見。只要有新的要求上門、時間表出現空檔，或有機會證明自己，A.B.C. 成員就會再次投身火海。

認識自己

每個人都有獨特的倦怠模式，為了更快地察覺你的模式並趁早破除這種循環，讓我們來檢視其三大組成要素：

- 導致倦怠的環境或行為
- 你陷入倦怠的跡象
- 你對導致倦怠的環境或行為有何反應

在潔西卡的案例中，這三大組成要素是什麼呢？進一步檢視後，我們發現導致她倦怠的**行為**是：在已達極限時，仍不懂得說「不」，以及難以放下工作（簡單來說就是，下班後與週末仍強迫性地查看電郵）。

她陷入倦怠的**跡象**是：為了安慰自己而購物、幾乎隨時處於焦慮狀態（她通常是個冷靜快樂的人）、在社交方面封閉自己。

為了判斷潔西卡對她的倦怠有何**反應**，我們查看了她即將面臨的工作量，找出可以簡化、委託他人或暫時擱置的項目。她承諾，在本季的剩餘時間裡，她會先拒絕非必要的工作，讓自己恢復穩定狀態。她也和團隊溝通，說她之前養成了隨時掛在網路上的壞習慣；從今以後，只有工作時間才能找到她（坦白說，團隊聽到她這樣講，可能也鬆了一口氣）。如此釐清預期，有助於減輕潔西卡對全天候待命與工作的焦慮。焦慮的減少，也進一步縮減了她用來因應焦慮的行為（上網購物與社交封閉）。

我們的目標始終是找到倦怠的根源，而不只是改正倦怠的跡象。潔西卡可以直接停止上網購物，以及恢復與朋友的社交，但那樣做無法解決她的倦怠問題。倦怠**跡象**並不是根本的問題，而是**線索**，它顯示我們正在因應問題。

思考一下引發這個循環的環境與行為：

什麼**環境**容易引發倦怠？是某些工作季節？某些類型的專案或期限？你花太多時間與某些讓人覺得壓力很大的人相處？這是弄清楚「問題是不是我能解決？」的巧妙方式。在潔西卡的例子中，她知道導致她倦怠的行為大多是自己造成的，這表示她有能力自己改變那些行為。

什麼**行為**容易讓你陷入倦怠？也許你沒有在工作中設定界限，或是你沒有對生活中那些要求很多的人設立界限，或是你正處於某些曾經帶給你壓力的情況中，又或者，你給自己太多沒必要的壓力。

什麼**跡象**顯示你正陷入倦怠？如果你接下額外的工作是因為你不懂得拒絕（行為），那麼你應該勇於說「不」的**跡象**是：下週你必須犧牲午休時間工作，才能按時完成任務。

你該如何**因應**那些導致倦怠的行為？例如，也許你可以熟記一句客套話，用來推辭沒時間完成的任務：「我先查一下行事曆，再回覆我有沒有時間做這件事，好嗎？」接著說：「抱歉，我現在沒有額外的精力做這件事，除非犧牲其他方面。」

或是「我可以幫忙，但最快要到明天早上才能回覆你，這樣可以嗎？」

你不像碧昂絲，不是天生如此*

我們大多是在不知不覺中陷入倦怠，那是一個漸進的過程，就像溫水煮青蛙。你把一隻青蛙扔進沸水中，牠會馬上跳出來，但你將青蛙放進溫水中，慢慢把水燒開，牠就不會注意到自己正活活被煮熟。倦怠也是如此。如果你把一個來自平衡工作環境的人放入高壓環境中，他必須以不健康的行為來應對，倦怠會馬上引起他的注意。但如果你是漸漸陷入倦怠，你可能不會注意到過程中養成的不健康習慣。不知不覺中，你的處境已經糟到連別人看了都會警鈴大作的程度，你卻完全沒有察覺。

了解你的基線狀態（換句話說，就是你能夠生存的水溫），並維持那個狀態，是你的

---

* 譯注：出自碧昂絲的歌曲〈完美無瑕〉的歌詞。

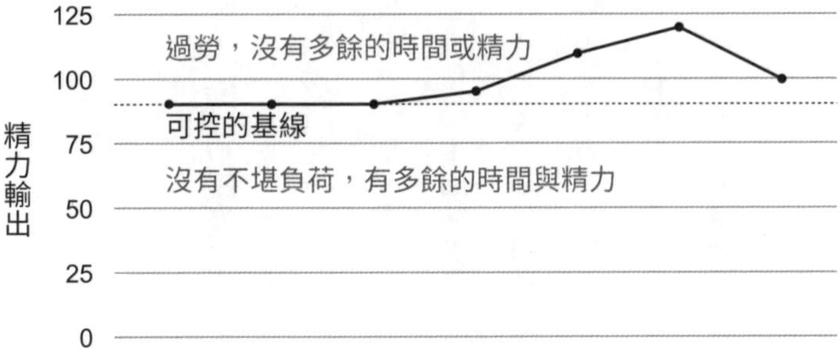

責任。你的基線狀態是你平衡時的行為方式，那是你的恆定狀態。在平靜、可控的季節，你的日子是怎麼過的？你的基線狀態應該要是可以長久持續的，你可以維持那樣一百天也不會感到倦怠。

對許多人來說，問題在於我們忽視倦怠的行為與跡象，直到「嚴重到不行了」才處理。我們可能意識到自己很疲倦、忙碌、情緒低落，卻一直等到周遭（或內心）開始崩解，才開始正視這些症狀。我們為了再完成一個案子，或是為了加薪或升遷，而為那些遠遠超出可控基線的付出找藉口。我們告訴自己那只是暫時的階段，以為自己有足夠的燃料可以繼續硬撐，直到達成目標。或者，我們甚至可能宣稱「我就是這樣的人」，以為這種混亂狀態是我們的平衡點或個人命運——那通常不是真的，但我們很容易信以為真。

多數情況下，我們之所以是現在這個樣子，是因為以前這樣做很有效。你一再重複的習慣，可能曾經對你有益。我倦怠時，知道自己忽視了警鐘，因為周遭的歡呼聲壓過了警鐘。我做得太好了，以為倦怠只是我為成功所付出的公平代價。有很長一段時間，我覺得忽視倦怠的跡象是值得的……直到為時已晚。倦怠一開始出現時很緩慢，後來你會突然發現自己從不開心一舉跌入極其不健康的狀態。

最終說服潔西卡在工作上設立更合理基線的是，她發現，她開始做出健康的改變並維持那些改變時，並沒有發生什麼對她不利的狀況。她可以維持那些避免倦怠的界限，而且績效並未惡化，同事也不討厭她。這需要先做一些實驗嗎？那當然。弄清楚她何時可以休息以及休息多久、想辦法重新引導那些在工作時間以外仍對她有所求的人、量化手上的工作以便更清楚知道自己的時間管理狀態——這些改變都需要她從某處著手，然後不斷地改善解決方案，調整到適合她和她的環境為止。不過，重新找回工作以外的時間與精力，值得這樣花心思嗎？絕對值得！

潔西卡面對的是過勞型倦怠，這是三種倦怠之一。每種倦怠都有不同的壓力來源、跡象與解方。如果她是面臨另一種倦怠，我們會用相同的方法來檢查她的倦怠循環，但採用不同的管理策略。雖然我分享的一些工具可以稍做調整以消除其他類型的倦怠，但量身打造的個人化方法最有效——也就是從診斷你的倦怠類型開始做起。

Chapter 2

三種倦怠（沒錯，你可能三種都有）

我第一次發現倦怠不是只有一種類型，是因為我的客戶麗莎。我問道：「妳的工作量多嗎？」她回答：「還好！」她每天都可以在八小時內完成當天的工作。我又問道：「妳工作時，感覺如何？」她說：「我很喜歡我的工作。」我追問：「那妳覺得是什麼導致妳倦怠？」她說：「嗯……其他人吧。」她解釋，雖然工作量很合理，但她覺得日常生活中的人際關係搞得她心很累。她的經理喜怒無常，導致她每天過得戰戰兢兢，必須隨時觀察局勢以決定如何應對。麗莎的辦公桌位於人來人往的地方，而她向來笑容可掬，所以幾乎每個路過的人都會停下來跟她聊上幾句。最後，她承認自己似乎很容易吸引需要幫助的人，白天常有朋友或家人突然來找她，或是突然打一通情緒激動的電話給她。因為有討好型人格，她不好意思拒絕他人，只能默默地承受一切。

儘管我們常認為工作量太大是倦怠的主因，但是像麗莎這樣，因為無法因應他人的需求而感到**社交倦怠**的人並不少見。她不是把時間和精力投入到工作職責上，而是將這些寶貴的資源消耗在生活裡的棘手關係中。她原本性格開朗，後來逐漸開始心生怨恨，轉趨封閉。她覺得心很累，焦慮加劇，也睡不好。為了處理這些壓力來源，麗莎開始在晚上關手機，謊稱加班，以獲得幾小時的寧靜，避免接到任何人的電話、簡訊或電郵。在工作上，她想盡辦法躲避喜怒無常的經理，並經常戴著耳機，以便在沒有精力和人聊天時可以假裝在講電話（沒有什麼比倦怠更能激發創意了，問問那些有好幾個孩子、渴望獨處五分鐘的媽媽就知道了）。

這種源於人際關係的倦怠，與我最常目睹的職業倦怠不同，但無疑也是倦怠的一種形式。

我與像麗莎這樣的客戶做了數十次的交談後，歸納出三種倦怠：（見下圖）

過勞型倦怠

因職責太多，行事曆太滿，幾乎沒有時間休息而產生的倦怠

社交倦怠

人際關係的要求超出你所能提供的社交資源而產生的倦怠

無聊型倦怠

對生活中的事物長期疏離與不感興趣而產生的倦怠

過勞型倦怠（burnout by volume）是指那些工作量超出負荷的人，大家常形容他們「貪多嚼不爛」。就像我們在潔西卡身上看到的那樣，倦怠有時是自找的。過勞型倦怠的人所從事的工作，往往很容易將他們壓到不堪負荷。**社交倦怠**（social burnout）困擾著像麗莎這樣的人，他們因為無法堅持社交界限，而導致精力常處於不足的狀態。這種人往往成為大家傾訴、宣洩或求助的對象，因為他們親切又可靠。**無聊型倦怠**（burnout by boredom）影響那些長期對生活感到無趣及脫節的人。還記得我提到的那種茫然不協調感嗎？這種無意義感是無聊型倦怠的典型特徵。

你可能同時出現多種倦怠（我有約半數的客戶同時陷入過勞型倦怠與社交倦怠），而且你可能在擺脫一種倦怠後，仍身陷在另一種倦怠中。辨識這三種倦怠，可以讓你更全面地了解究竟是什麼困擾著你，從而找到問題的根源。一旦你清楚了解倦怠的不同樣貌，就更能評估自己的需求、瓶頸與盲點，進而緩解倦怠。

過勞型倦怠：貪多嚼不爛

曼蒂買了一個掛在脖子上的手機套後，終於承認她陷入倦怠了。她忙到放不下手機，也無法把手機放在口袋裡。既然每次放下手機，很快又得接聽，那又何必收起來呢？她在一個公關團隊裡工作，負責管理客戶的媒體事務，而她的公司將每個案子都看得像是攸關生死的大事。

曼蒂的團隊所做的一切都是按照客戶的時間表進行（這些客戶常常不分週末與工作日）。他們的工作是面對大眾，所以絕對不能出錯，每個細節都要仔細檢查。每個醒著的時刻——老實說，很多睡眠時間也是如此——曼蒂都得忙著處理這些不耐煩客戶的電話或信件，他們為她公司的服務付了高額的費用。面對這些要求，她心裡老是覺得自己進度落後，事情多到做不完。就像希臘神話裡的九頭蛇一樣，她剛完成一項任務（砍掉一個頭），馬上又冒出兩個新任務（冒出兩個頭）。曼蒂承認，她知道這份工作在整個人生大局中並不是那麼重要，但日復一日的壓力與期望已經逼得她開始服用抗焦慮藥物。

曼蒂正陷入過勞型倦怠——感覺被待辦清單壓垮，生活失控，在過程中又忽視了自身的需求，變得越來越疲憊。

這種情況也適用於在家裡全職育兒的家長，育兒的心理與情感負擔將他們壓得喘不過氣來；或是必須在明天以前記住三十小時課程內容的醫學生。在這個忙碌的世界裡，我們很容易陷入過勞型倦怠，而且沒有人教我們如何擺脫它。

每當我感覺自己陷入過勞型倦怠，腦中隨時都會湧現紛亂的思緒，連半夜也是如此。我常睡眼惺忪地翻來覆去十幾次，從床頭櫃上拿起手機，在標題為「明日待辦鳥事」的清單中再添一筆。這是我存在手機備忘錄裡的一份清單，我會在明明應該入睡的晚上十一點到早上六點之間，不斷地增添內容。白天匆忙地趕赴每個任務還不夠，事情多到做不完的感覺，讓我晚上睡睡醒醒，早上驚慌地醒來，並說服自己出門散步二十分鐘一定要帶手機，不然**萬一有重要的事情發生怎麼辦？**真正讓人疲憊的未必是忙碌的工作日，反而是在原本該休閒或充電的時段，有無法擺脫責任的感覺。

過勞型倦怠是長期待辦事項太多的結果，就像《少，但是更好》（*Essentialism*）的作者葛瑞格．麥基昂（Greg McKeown）所說的，「今天做的事情，超過了明天能恢復的程度」，而且一再重複。無論你是在工作中負責大型專案、忙於應付期末考，還是承攬了太多的課外活動，你經常把自己搞得精疲力竭，破壞身體從飽受摧殘中恢復的能力。過勞型倦怠的人，行事曆通常爆滿，因此更不容許任何人為疏失。「不能超時五分鐘」、「不能犯錯」或「不能喘口氣」的感覺，讓他們更加覺得一切事關重大。為了維持秩序，一定要非常嚴格地要求自己。

嚴格要求自己，看起來往往像是你想要掌控一切，好讓事情按計畫進行。雖然一定程度的掌控可能是好事——我們需要能動性與自由來規劃我們的路線——但想要時時刻刻都完全掌控，是失望與壓力的來源。你越覺得生活是一種**經歷**，而不是一場**表演**，就越不會感受到壓力與失望。因為當你覺得生活是一場表演時，你會胡思亂想那些想像中的觀眾在想什麼，你會為了每個失誤而咒罵自己，你會根據事情的**表面樣子**而不是**感覺**來做決定。如果你總是在表演，你的體驗可能會因此受損。

過勞的受害者

容易陷入過勞型倦怠的人，通常會問：「我能做多少事情？」而不是問：「我能把多少事情做好？」或「我能做多少事情，同時還有時間把自己顧好？」我們經常如此操勞，直到整個人崩潰、健康亮起紅燈，或行為受到斥責，為什麼會這樣呢？我們的社會在許多領域都有進步，但是我們卻覺得付出再多的努力也無法維持平衡？現在的生活不是應該比以往更輕鬆嗎？

如果你曾經納悶，為什麼我們還沒有設法讓很多平凡的事情變得更容易（每年進入混亂的報稅季時，我都有同樣的疑惑），你並不孤單。一九三〇年，經濟學家凱因斯（John Maynard Keynes）寫了一篇文章，標題是〈我們後代的經濟前景〉（Economic Possibilities for Our Grandchildren），他在文中預測，工業、技術、社會的進步，將使他的子孫每週工作不超過十五個小時。[1]顯然……事實並非如此。工作責任並沒有減少，社交義務反而增加了。二〇一八年皮尤研究中心（Pew Research Center）的一項調查顯示，五五%無子女（或子女已經成年）的人「忙到無法享受生活」。[2]若是有幼子的父母，該比例則躍升至七五%。除了覺得自己忙到無法享受生活之外，沒有「兼顧一切」而產生的內疚感，也因為大家喜歡在社群媒體上炫耀成就而變得更嚴重。我們不僅活著，還公開表演我們的生活。即使某天我們過得很充實，生產力爆表，為此感到自豪，但拿起手機看到別人做了我們沒做的事情時，我們還是會為此感到難過。

人類是習慣的動物。多數經歷過倦怠的人往往會一再陷入倦怠，因為他們經常不知不覺又處於加速倦怠的環境中（比如被高壓工作、具挑戰性的產業、難搞的人所吸引），或者以前曾導致倦怠的習慣又故態復萌（討好他人、將成就看得比犧牲還重要、因內疚而答應做某些事）。容易陷入過勞型倦怠的人通常有這樣的壞習慣：即使過去的證據顯示那樣做會讓他們精疲力竭，他們依然受到吸引。

基於這些原因，過勞型倦怠的人可以從心態、時間管理、設定界限、壓力管理這幾個倦怠管理支柱中受益最多。他們需要評估導致過勞型倦怠的模式，誠實面對自己的責任，設立界限以便於責任再次超載時維持平衡，管理工作量太多或太少時所衍生的壓力。就像成長痛（growing pains）一樣，當你把習慣的工作量減少時，也會出現縮減的痛苦。從原本高壓大量的工作改成輕鬆少量的工作，也會令人不安。

ϟ 重新排列你對成就的重視程度

你如何知道自己是不是很容易陷入過勞型倦怠？以下是一些常見跡象：

- 你常說你很忙。
- 別人說你很忙。
- 別人對你已經很緊湊的行程再提出要求時，你覺得很討厭。
- 你覺得日常生活中幾乎沒有犯錯的餘地，而且由於你沒有多餘時間去修正錯誤，犯錯的代價更大。
- 你常感覺一天的時間不夠用。
- 你常覺得如果你有助理或再多兩個分身就好了。
- 你對於展開新的一週感到焦慮，因為你知道新的一週一旦開始，壓力就會接踵而來，直到週末。
- 你沒有「把握每個機會」時，會感到內疚與恐懼。
- 你對自己說「這只是旺季而已」，儘管過去幾年你一直處於忙碌狀態。

當你持續遵照這些模式來燃燒自己，我保證你只會聽到讚美。就在你累到想放棄時，總會有人適時地說：「沒有你，我們不知道該怎麼辦。」對於重視成就的人來說，改變上述模式可能會減少成就以及他人的讚美，要做出這種改變太難了。我可以向你保證，機會之泉不會乾涸。如果你真的很認真，機會就會持續出現。審慎考慮優先順序的能力，會讓你持續發光發熱。

你可能習慣以成就為優先考量。如果你想優先考慮其他事情（例如內心的平靜或自由），你就需要全心投入，即使那看起來很陌生或令你感到不安。我有位客戶是名表現出色的女性，她想利用午餐時間休息，卻擔心經理認為她不夠認真。這種情況彷彿受到眾多因素的影響，但歸根結柢只是在問：「你想午休，還是想獲得傑拉德的肯定？」換句話說，你是想提升你在別人眼中的地位，還是想改善工作與生活的平衡？

以這種直截了當的方式來呈現選項，她於是能夠決定，把午休看得比傑拉德的肯定還重要，才是正確的。雖然這個決定很難，但她認為午休對她的情緒、表現、整體平衡感的正面影響，比偶爾獲得傑拉德的肯定更有價值。這並不容易，但你可以每次改變一種優先考慮的事項就好。

許多人都會在職場上遇到他們的「傑拉德」，他們渴望（幾乎可以說是需要）獲得傑拉德的肯定，好讓自己感覺做得很棒。但是，你難道不相信，只要你在工作時間內將事情做好，工作品質本身就會讓你獲得應有的肯定嗎？為何那些逼著你透支自己的專案（無論是一大早就得開工、犧牲午休、熬夜趕工，甚至占用週末時光），反而左右著你的生活呢？我知道那些加倍付出的人，往往看起來像是最敬業、最勤奮、最可靠的人。但是，如果你**一直**被要求這樣做，那就不是特殊情況了，而是變成你的分內工作。

一次做一個決定，就可以逐漸重新塑造你內心那個求好心切的人——那個相信「績效」比什麼都重要、即使為了績效而失去一切也在所不惜的人。我們來看一些減少過勞型倦怠的方法。有哪些訣竅可以幫助你放慢腳步，又不需要犧牲你一直以來努力工作所獲得的一切？

一、設立清晰的願景：思考三年後你想優先考慮什麼？根據這個答案，你**現在**應該將焦點放在哪裡？清楚知道你鎖定的方向後，可以避免繞很多冤枉路。承擔與目標不符的任務，就像你未來不打算玩大富翁遊戲了，卻依然收下大富翁裡的鈔票。你需要的是未來仍可以兌現使用的報酬。仔細檢查你當前的任務，根據你想要的生活走向，決定你要保留或放棄哪些任務。

二、習慣設立界限：你得學會推辭非必要的事情。本書後續有一整章專門討論界限的設定，你將學習如何判斷與設立你的界限，同時不為此感到內疚。

三、對自己嚴格：你是自己人生的掌舵者！你不僅要從行事曆中剔除不必要的事情、設立界限，還要提醒自己，你不會因為沒答應所有的事情就落後於人。你已經習慣了過往的生活方式，而改變需要時間與調整，才能逐步養成新的思考與行動習慣。

相信機會無窮。**別再將成功、機會、成就視為不盡快把握就會消失的稀缺資源。**當你相信成功的機會還有很多，就可以更審慎地決定你要答應哪項任務，不再逼自己兼顧一切，也不再拿自己和處於不同成功階段的人相比較。

社交倦怠：迎合每個人

或許以下情況聽起來很熟悉：你上了一整天的班，終於回到家，坐在沙發上放鬆，這時手機突然響起。你盯著手機，猶豫要不要接聽，思考那究竟是緊急電話，還是會被捲入四十分鐘假裝愉快的交談，耗盡你當天僅剩的五％精力。不接聽的話，你會感到內疚；接聽的話，你又會心生怨念。這種情況正是社交倦怠者的典型困境。他們寧可選擇個人消耗與心存怨念，也不願設定明確的期望或優先考慮自己的需求。

社交倦怠之所以會發生，是因為人際關係是一種交換——在這種交換中，我們付出難以保護的有限資源（時間、精力、注意力）。就像麗莎的例子所示，看似微不足道的社交需求，累積起來可能會耗盡你的精力。由於她人緣好、善於社交，當她無法完全滿足每個人的期望，無法管控他人的體驗，同時又維持自己的平衡時，她就會感到很沮喪。雖然很多研究顯示社交可以讓人充滿活力，帶來效益——畢竟人類是群居動物——但社交仍然需要我們付出精力。有些研究顯示，即使我們當下互動時心情很好，幾個小時後也可能感到精神疲勞，[3]部分原因在於把注意力放在他人身上是需要耗費心力的。

如果你一直都很重視人際關係，現在突然不得不調整其優先順位，你可能會覺得自己很失敗，也覺得社交關係受到威脅。然而，假如你知道自己的確疲於因應社交需求，那麼你就需要誠實面對自己與他人。調整社交關係的優先順位，並不是反映你在乎的程度，而是資源有限下的正常措施。目前你需要承認，你資源有限，分身乏術，必須更謹慎地分配你的社交資源。

社交倦怠在討好型人格中很常見，即使他們已經無法再付出了，還是會因為拒絕他人而感到內疚。那些覺得自己要對他人的感覺與體驗負責的人（例如調解者、極度敏感或同理心爆表的人），還有那些深怕被討厭的人，都很容易出現社交倦怠。過勞型倦怠會壓垮你的日程表，社交倦怠則會壓垮你的精神狀態。

自我妨礙

我們害怕傷害他人，或是害怕自己表達出需求而被討厭——這些恐懼通常源於過度活躍的想像力。最常見、也最有害的自我妨礙方式之一就是編造故事。你是否曾有這樣的想法：「如果我不答應去那場聚會，他們會認為我不在乎他們。我猜我要是拒絕的話，他們以後就不會再邀請我了。」**編造故事**（storytelling）是指我們還沒嘗試對話，就先預測互動的可能發展，或他人可能如何回應我們。為了避免惹麻煩，編造故事是我們在實際經歷困難之前先排練的一種方式。虛構一個故事——通常是壓力很大的故事——會降低我們以合理方式處理事情的可能性，只因我們擔心**可能**會出現問題。

也許你早已說過你什麼時候才有空，但某位朋友或家人常忽視你說的話，習慣在他自己方便的時候打電話給你，而且碰到你不方便接聽電話時還會生氣。你知道你需要和他談談以釐清期望，但你遲遲沒做，因為你想像他可能會生氣或覺得很受傷，你不想讓他難過或破壞你們的關係。這種編造故事的做法，會阻止你為自己採取簡單的行動，例如發簡訊給他：「嗨:-）我不想讓你覺得我忽視你，所以我只是想提醒你，週一到週五晚上七點以前或週日，我無法接聽電話。愛你喔！期待週六再聊！」你可以選擇編造故事，但誤了自己；你也可以選擇做感覺比較困難的事：去假設最好的情況。假設對方會讀懂你的簡訊及理解你的處境。（即使你以前的經驗得到相反的結果，你也**不能**一輩子迎合別人，那太不切實際了。）

我們編造故事時，容易做出災難性的假設。（「她以後不會再理我了！」、「他會覺得很受傷，開始質疑他身為朋友對我的價值！」、「她會跟我們共同的朋友說我的壞話，他們會因此討厭我！」）我們讓這些最壞的情境臆測取代了現實，即使那些情境不見得會發生。我們可能終其一生都在避免踩到不存在的腳趾。

麗莎深信，設定任何社交界限都會危及她的人際關係。她猶豫要不要停止受到那個喜怒無常的經理所影響，要不要為朋友和家人設定明確的期望，因為她覺得自己要為他們的情緒負責。換句話說：她沒有想過，這些人都是完全成熟的成年人，他們有足夠的理智與韌性來因應自己的經歷。相反地，她認為**她**有責任為他們抵擋外界的衝擊，彷彿充當他們與現實之間的緩衝墊時，她才更有價值。這樣的想法讓她過度高估自己的重要性，高估了別人需要她介入的程度，也低估了周遭人們的自主能力。

你不必為每個人負責

我們從小就學到，樂於配合、遷就他人的人通常比較討喜。許多人的成長環境甚至會進一步教導他們（無論是透過語言還是行動），如果他們不成為周遭那些人的公共資源庫，他們獲得的愛與連結就會受限。久而久之，將別人的需求擺在個人需求之前，可能使你的日常生活、乃至於整個人生都疲憊不堪，脫離你的掌控。

最終，促使麗莎不再試圖掌控經理的情緒波動，並與朋友和家人設立更清楚期望的那個領悟是：她終於明白，**她不能任由他人的需求與感受來影響她的生活品質**。認為自己要為他人的需求與感受負責，使她活得像個受害者。不會有那麼神奇的一天，大家突然不再有需要或不再有感受，或者你突然習慣優先考慮自己。你必須**現在**就允許自己設定合理的界限來保護自己。你必須建立信心，相信你比任何人都更了解自己的需求，而且你會**不顧**他人的看法，捍衛自己的需求。你需要為自己設定能付出的上限，相信那個限度是合理的，然後決定未來要如何強化這道界限。

如何判斷你是否有社交倦怠？我們來看一些常見的跡象：

- 大家都說你是「可靠」、「無私」的朋友、家人或同事。
- 總是有一些事情需要你去做，而且要不是別人要求，你原本不會去做。
- 還沒試著拒絕之前，內疚感就已經促使你著手去做。
- 心想「如果是我，也希望別人為我這麼做，所以我應該答應」，以此來合理化你的決定，即使你向來不求回報。
- 有人邀你參加活動時，你內心的第一反應是「唉」。
- 夢想著沒有社交義務、消失好一陣子。

如果你很熟悉以上的跡象，那你有福了！本書中討論心態、個人關懷、設定界限的章節會對你特別有益。這些處理倦怠的技巧，將幫助你相信你自己才是最重要的；它們將幫助你確切找出你的需求，也幫助你捍衛那些需求。你可能會很訝異地發現，社交倦怠竟然那麼常阻礙我們關懷自己（或者，也許你並不驚訝，因為你太熟悉那種掙扎了）。

我曾經有好幾次因為受邀參加活動，而放棄了週日的超市採買行程，導致家裡沒有儲糧。我常勉強答應赴約，當下心知肚明我之後會付出代價，下週可能又要吃麥片度日了。有時候，優先考慮社交邀約是必要的，但是當你已經陷入倦怠且基本需求未得到滿足時，那就不適合了。因為諷刺的是，忙碌的時候，我們的基本需求往往是最先被忽視的。

截止期限逼近時，誰有時間煮飯？晚上十點是我唯一可以無腦地滑手機、感受一點快樂的時間，為何我要去睡覺？朋友的生日派對正好是我一個月以來唯一的休息日，為什麼我就應該錯過？有社交倦怠的人通常會先犧牲自己，將個人需求的順位往後挪。最近一項芬蘭的研究顯示，倦怠程度最高的女性，也最不可能攝入健康、營養豐富的食物[4]（畢竟沒有人覺得沙拉是種療癒美食）。研究也顯示，有倦怠跡象的人睡眠時間較少，睡眠品質較差。[5]而且還存在一種殘酷的惡性循環：可以想見，睡不好的人更有可能陷入倦怠。

當基本的生存需求未得到滿足，優先考慮社交行程是本末倒置，那只會導致你的倦怠變得更嚴重。馬斯洛（Maslow）的需求層次理論，就強調了社交需求次於生理需求。[6]

我們都聽過航空公司的空服員說，在幫助他人以前，自己應該先戴上氧氣罩。社交倦怠

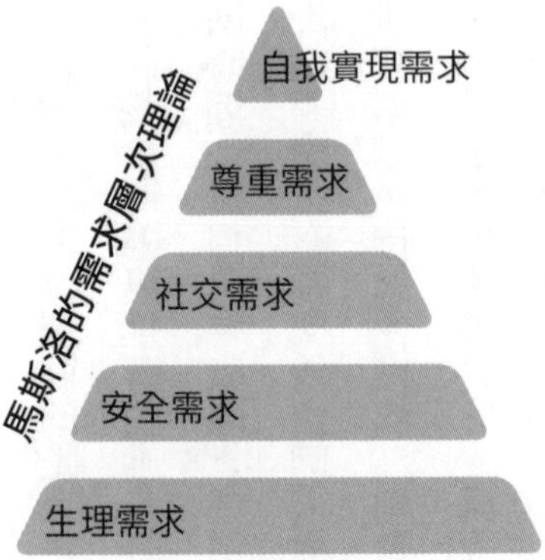

在那些難以優先考慮自己的人身上特別常見，尤其當優先考慮自己意味著無法遷就他人的時候。

錯失恐懼症（FOMO）：忙死

社交倦怠不僅在那些因內疚而勉強參與活動的人身上很常見，在患有錯失恐懼症（fear of missing out，簡稱FOMO）的人身上也很普遍。我媽笑稱我是FOBI族（fear of being included，參與恐懼症），因為那些覺得**有必要**參與一切事物的人，總是令我費解。FOMO已經變成一種流行的自我標籤，但那種想要參與一切的內在壓力其實會產生有害的影響。

信不信由你，科學家已經研究過FOMO，並發現它分成兩部分：[7]第一是那種遭到排擠的感覺，彷彿每個人都在做有趣的事情，就只有你被排除在外。你可能也會覺得自己被孤立了（即使你實際上並沒有被拒絕）。[8]ＦＯＭＯ的第二部分則是強迫自己竭盡所能去維持那些關係，這樣你就不會覺得自己又被遺漏了。你可能為了和朋友一起去看演唱會而犧牲睡眠，或是工作一整天後還熬夜追劇，只因為辦公室裡的每個人都在談論那齣戲。

如果你是這樣的人，別對自己太嚴苛，因為演化本來就對你不利：神經科學家發現，為了確保安全與生存，人類先天就渴望成為「群體」的一分子（這涉及「人多力量大」之類的概念）。所以，當你覺得自己與同儕格格不入時，就會出現遭到拒絕的感覺，[9]促使你去保護那些關係。

問題是，在這個緊密相連的網路世界裡，每次點擊與滑動螢幕都很容易引發ＦＯＭＯ，對我們產生負面影響。如果你覺得不和朋友一起去吃那頓早午餐，或不去那次社交活動，就會遭到嚴重的排擠或錯過職業機會，那你可能高估了社交風險。你需要提醒自己，以前你也曾經錯過活動，結果也沒發生什麼事。別讓模糊的ＦＯＭＯ感摧毀了你對獨處時間的需求。

變得更挑剔

理想情況下，你對自己有足夠的了解，知道哪種類型的社交對你最有意義，如此就能精心分配你的時間與精力。你比較喜歡一對一或一小群人的咖啡聚會，還是那種幾乎無法與任何人深入交談的大型派對？你從親自見面的社交活動中得到的收穫比虛擬活動多嗎？你每月只參加一次家庭聚會，而不是每週末都去時，是不是感覺比較開心？你最了解自己！當你感覺到內心亮起警示燈，那就表示你不想做某事。你可能只是變得很擅長忽視那些警訊，或很擅長為它們找藉口罷了。

了解你的偏好後，接著你要習慣於表達你願意參與的事物。我想，我們都曾經焦慮地反覆修改簡訊或電郵草稿，確保內容傳達出我們的本意，然後才按下發送鍵。清楚表達自我是一大寶貴的技能，可以幫你在人際關係中設定預期，避免關係緊張，並確保你不會因為害羞或溝通不當而浪費時間。雖然表達你的真實需求看似會危及人際關係，但它其實更有可能拯救人際關係。以下是我陷入倦怠時，幫助我拯救了許多友誼的對話開場白：

我想先說在前頭，我之所以告訴你這些，是因為我愛你，不想無緣無故地疏遠。我正經歷一段非常忙碌的時期，在可預見的未來，我頂多只能為這段關係付出四分（滿分是十分）。我無法保證我會回覆簡訊或接聽電話，但我會盡力，而且我也許只能每隔幾個月聚會一次。我處理完一切任務後，就只剩這點精力了。我期望能在＿＿＿＿以前回歸正常運作，但在那之前，你能接受我只付出四分嗎？

社交倦怠通常是因為，你覺得你需要在所有人際關係中都維持全心全意付出的狀態。你可能已經與這些人培養了深厚的關係，如果你需要在忙碌時期疏離他們一些，他們會理解的。倘若他們無法理解……那你應該會喜歡本書中談「設定界限」的那一章。我們不是人際關係中的受害者，**我們**可以自行決定要在人際關係中如何展現自己。當你經歷社交倦怠時，也正是清楚表達你想**如何**展現自己的最佳時機。

以下是幾種著手減少社交倦怠的方法：

一、自問：「如果這件事能按我想要的方式發展，那會是什麼樣子？」你的人際關係會是什麼樣子？你會優先考慮什麼？你會停止做什麼？如果你從小就被教導或相信別人的體驗比你想要的體驗更重要，這種改變需要練習。這會將你重新拉回主導地位，讓你重新掌控一切，即使你可能覺得改變你在人際關係中的表現是很可怕的事。每一位相關人士都需要做些調整，但真正適合你的友人會很樂意給你一些空間，讓你重振旗鼓。當你度過難關，重新出現時，他們會很高興和你重聚。

二、評估你的日程表。如果你在想：「我肯定有社交倦怠，但我不知道該如何削減事務，感覺每件事都很有必要。」那你就應該仔細研究日程表，找出那些最耗精力的事情，確切了解那些互動為什麼會消耗你的精力。是因為人嗎？持續太久嗎？交通太耗時嗎？頻率太高嗎？是因為大家討論的話題嗎？然後開始做必要的調整，使你的體驗更接近可承受的程度。

額外建議：同時也找出日程表上讓你覺得最充實的社交項目。分析是什麼原因讓你覺得這些活動如此愉快。是夥伴嗎？地點嗎？活動內容嗎？你越清楚什麼東西能填補你的社交能量而不是消耗能量，未來優先考慮社交承諾時，對你就越有利。

三、別再用自己的超級調適力來懲罰自己。我很討厭聽到有人用「你只要去了就會覺得很好玩」這樣的話，來說服我去做某事或去某地。我做某事之所以很開心，是因為我善於調適自己，並不表示我非去不可。

無聊型倦怠：不只是「抽離」

「你最近外務滿多的。」我的經理利用這句話委婉地指出，我過去幾週一直在找各種藉口，以便逃離工作幾個小時。他說得沒錯，我把我能想到的各種預約看診時間都排進日程表，想藉此稍微改變一下我的日程安排。我向來循規蹈矩，希望別人覺得我勤奮又敬業，所以這種行為對我來說很反常。但我光是想到要坐在辦公桌前完成瑣碎的任務，就覺得很痛苦。知名激勵演說家伊雅娜．范贊特（Iyanla Vanzant）曾說：「當你需要改變或成長時，宇宙會讓你變得很不舒服，讓你別無選擇，非改變或成長不可。」[10]我開始隱約有一種感覺，覺得現在的工作已經無法滿足我了，慢慢地，我可以確實感受到周邊的牆向我逼近。我明顯地感到不適，覺得非改變不可。

我們的大腦需要新奇與多樣性的刺激。[11]從呱呱落地的那一刻起，我們從不熟悉的新刺激中學到最多。二〇一五年，約翰霍普金斯大學的一項研究顯示，嬰兒更有可能記住讓他們驚訝與困惑的東西，而不是那些符合他們預期的東西。[12]我們之所以一再被新奇、令人訝異的事物所吸引，有一個原因在於：我們面對新事物時，大腦中的海馬迴（hippocampus）會釋放讓人感覺良好的多巴胺。[13]（這也是晚上很難放下手機的原因，社群媒體的設計就像一台提供多巴胺的吃角子老虎機。你持續滑手機會看到什麼？有趣的東西嗎？你一直感到好奇的產品嗎？你持續關注的新聞嗎？你喜歡的人嗎？多巴胺是一股無聲但強勁的推動力。）

不僅是新奇與多樣性對我們有益，缺乏新奇與多樣性也會阻礙我們。研究顯示，重複會導致任務參與度下降、思辨減少。[14]這是疫情期間很多人陷入無聊型倦怠的原因之一，[15]我們的日程表幾乎毫無新意或多樣性——我們無法出去和同事喝咖啡，或是上健身房以打破工作日的單調。連那些喜歡日常工作的人也不禁納悶，覺得自己似乎缺少了什麼。

我們需要對投入的事情有參與感，不然很容易開始放空。「放空」是一種「只是機械式地做事」的感覺，你是否曾經開車回家，一到家才發現你完全不記得開車的過程？你已經開過那條路上百次了，很可能進入了自動駕駛的放空狀態，就只是機械式地駕駛而已。相反地，當你開一條新路線時，你會保持警覺，眼觀四面，耳聽八方，確保你依循正確的指示。新奇與多樣性迫使我們維持注意力。當我們不加注意，就會錯過生活中的許多事情。適度的重複與可預測性可以帶給我們安全感，但太多的可預測性會導致我們抽離，也有可能引發不適與不滿。

⚡解讀無聊

無聊型倦怠是指長時間放空、失去參與感、缺乏啟發性的體驗。每個人表現出來的可能不同，但以下是一些常見跡象：

- 感覺與日常生活脫節。
- 不記得上次做「有趣」的事情是什麼時候。
- 看到別人對生活充滿熱情及興奮時，感到嫉妒或不解。
- 早上醒來，對自己的責任感到沮喪與怨恨。
- 難以開始新的一天。
- 知道自己不喜歡工作或學習，或不喜歡自己扮演的角色，但提不起勁來改變。
- 對自己和生活的方向缺乏信心。
- 老是覺得自己「做得不夠」。

生活中有些時候，你必須堅持完成艱難或無聊的任務。例如，學業通常需要一定的時間才能完成；在某些行業裡，累積經驗需要多年的時間。只要這些經驗最終與你的目標一致，投入其中仍是有意義的。另外，抵達終點就能讓你脫胎換骨的前景，也可以幫助你撐過乏味的過程。

然而，如果這些任務或經驗大多令人不愉快或興趣缺缺，**而且**與你的長期目標不一致，你就可能需要評估它們的必要性。假如工作會消耗你的精力，嗜好不再像以前那樣帶給你歡樂或放鬆，那可能就是改變的時候到了。在本書中，我將教你如何讓當前的環境發揮作用，以及判斷何時該離開不再適合你的東西。切記，這並不是說你感到無聊時就應該馬上放棄某事，而是注意何時可以為重複的活動導入新奇或多樣性。

靜者恆靜

無聊型倦怠通常很難克服，因為它已經有數週或數月（甚至數年！）的慣性。短時間的無聊實際上可能於我們有益[16]——它告訴我們，我們寧願做些別的事情，所以（理想情況下）我們會改變現狀，轉而追求更刺激的事物。但是，當我們因長期失去興趣而感到倦怠，便可能再也提不起勁來展開行動，那就像是從步行直接變成衝刺一樣困難。相反地，當動力還在的時候，就會像從慢跑轉為衝刺那樣順暢自然。

我聽過許多管理者說過令人沮喪但很寫實的感受：「如果你想要完成某件事，將它交給很忙的人就對了。」研究顯示，忙碌的人更有動力去完成任務，而且完成的速度比沒那麼忙碌的同事還快。[17]這可能是因為忙碌的人有太多事都面臨截止期限，所以他們更有動力去迅速完成任務，以免落後。在你已經很忙時再多加一件事，似乎比你整天都閒著，卻必須打起勁、跑一趟郵局容易多了。跑郵局只是一件事，但不知怎的，當它是迫使你離開沙發的唯一事情時，那阻力卻大得不得了。

對無聊型倦怠者來說，最有益的倦怠管理支柱是心態、個人關懷（你會學到其中也包括生活型態的設計，以幫助你設定目標及創造動力）、時間管理。在你重新確立時間與精力的分配時，持續保持投入很重要。

ϟ 正面挑戰 vs. 負面挑戰

維持正面挑戰心態對我們最有利，如此才能挺直腰桿，關注未來將發生的事情。這也是為什麼我們應該自問：「我正朝著什麼方向前進？」並藉此設定目標。正面挑戰是一套平衡的組合：同時跳脫舒適圈成長，也朝著我們想要的目標努力。[18]那是抱持「成長心態」（相信我們會因為努力而進步），是受到個人成就感和樂在其中的感受所激勵，而不是因為害怕受罰。相反地，負面挑戰心態是指以沒必要的不安方式跳脫舒適圈，去做與我們目標不一致的事情。正面挑戰提供價值，負面挑戰則是消耗我們。

馬庫司．巴金漢（Marcus Buckingham）與克特．克夫曼（Curt Coffman）在著作《首先，打破成規》（*Break All the Rules*）中，分析了蓋洛普（Gallup）對八萬名管理者的調查結果。[19]他們推斷，影響員工滿意度的一個重要因素是，讓員工有機會在感興趣的領域發展。我知道，這不是廢話嗎？沒有工作是完美的，你不可能總是獲得理想的「正面挑戰」差事，但在評估你的處境時，考慮正面挑戰相當重要。

以我自己為例，幾年前，我有一個很棒的上司，他可以感覺到我的能力已經超出了當前的職務。他建議我專攻某個領域，如此我就能跟著公司一起成長。但我知道專攻那個領域的升遷機會與我的興趣不一致，於是我開始考慮離開去尋找新的機會。正巧，一位老同學正要離開她的培訓與發展職位，她主動表示她可以告訴她的經理，說我對她的職位感興趣。我應徵了，接著面試，獲得錄取，來到了新的工作崗位。

在新的職位上，我發現自己突然從小池裡的大魚變成大池裡的小魚，但我很喜歡這種感覺。我有很大的成長空間，感覺到自己完全投入並不斷進化，因為我跳脫了舒適圈，並朝著我感興趣的方向成長。

如果你覺得自己陷入無聊型倦怠，我建議你：

一、連續兩天記錄你每小時的活動。以綠色標記那些讓你真心投入且與長期目標一致的活動。用紅色標記那些消耗精力、讓你只付出卻毫無收穫，而且與長期目標不一致的活動。

＊注意！有時紅色活動會促成綠色活動。例如，「成為藥劑師」這個綠色的長期目標，需要許多紅色的學習日。這時，你需要不斷提醒自己，紅色是暫時的、對你來說是值得的，而且最終與你的興趣一致。

二、決定你對接下來幾個月所期望的樣子，以及如何讓自己更積極地投入。你能暫停或減少目前花在紅色活動上的時間，並用某個綠色活動來取代嗎？你能開始為紅色活動尋找替代方案嗎？發揮創意，思考如何改變你日常投入紅色或綠色活動的方式。

三、如果你願意採取極端的做法，**你可以放棄目前的做事方式，從頭開始。**例如，一個月內，在新的時間起床，只買你以前沒買過的食品，在不同的時間完成例行任務，找一個新嗜好，看一個新節目，走一條新路線，讀不同類型的書。喚醒你的大腦，移除生活中你能掌控的重複因素，將它們徹底打亂。等一切塵埃落定後，看看你處於什麼狀態。即使這只是打破常規的練習，但它可能幫助你更了解自己，或讓你更欣賞原來的常態。

有了對於三種倦怠類型的全新認識後，你會更容易察覺自己何時輕易地過度承諾、討好他人，或因失去興趣而開始疏離——這正是倦怠的三種主要型態。從這裡起步，你可以進而解析是什麼信念與態度驅使你產生這些行為。接下來，我們要開始深入探討倦怠管理的第一個支柱：心態。

第二部

THE FIVE PILLARS OF
BURNOUT MANAGEMENT

倦怠管理的五大支柱

Chapter 3

心態：是我的問題嗎？是我反應過度嗎？

在我們第一次線上面談時，曼蒂提前五分鐘登入系統，筆記本也準備妥當，所以後來她形容自己是「控制狂」時，我一點也不訝異。她從小就給自己壓力，要求自己要拿到好成績。她半工半讀完成大學學業，二十幾歲就創立了自己的事業。表面上，她已經實現了職涯中的所有目標。她有穩定的六位數年收，覺得工作很有成就感，也擁有她一直嚮往的傳統成功象徵（房子、車子、許多社群媒體的粉絲）。儘管如此，她卻感到極度倦怠。她日以繼夜地工作，滿腦子都是事業，從不讓自己休息。外人看來，她的生活一切順遂，但實際上她正把自己逼到極限。

曼蒂的問題在於，雖然她知道自己做得很好，但她依然抱著工作狂及害怕失敗的心態，那種心態為她帶來了現在的成就，她認為如今的成果是拚命工作的結果。因此，無論她有多麼成功，她都不敢減少工作量，深怕因此失去一切。

許多人在看到無法持續的高產出所帶來的成果後，即使他們已經建立了穩固的基礎，可以放緩腳步了，卻還是很難鬆懈下來。曼蒂已經將那些信念與習慣內化，因此需要時間去破除那些想法，才能以不同的方式生活，抒解那些對她不再有益、只會將她推向倦怠邊緣的壓力。嚴格要求自己，並且拚命工作以實現目標，確實為她帶來了舒適的生活，所以她對改變行為感到焦慮是可以理解的。

曼蒂的生活大可過得平靜又從容，但她正陷入過勞型倦怠。除非把**所有**想得到的事情都做完，否則她無法安心地享受成就感。對她來說，感到滿足就等同安於現狀。我很快就發現，曼蒂的倦怠不是時間管理、沒設立界限或壓力管理的問題，而是心態問題。

我們總是在平衡兩種體驗：內在體驗與外在體驗。

內在體驗是看不見的；那是你的想法與感受，以及你管理這些想法與感受的方式。外在體驗是看得見的；那是你管理生活中有形事物的方式。所以，如果你在會議上發言之前感到緊張，你的內在

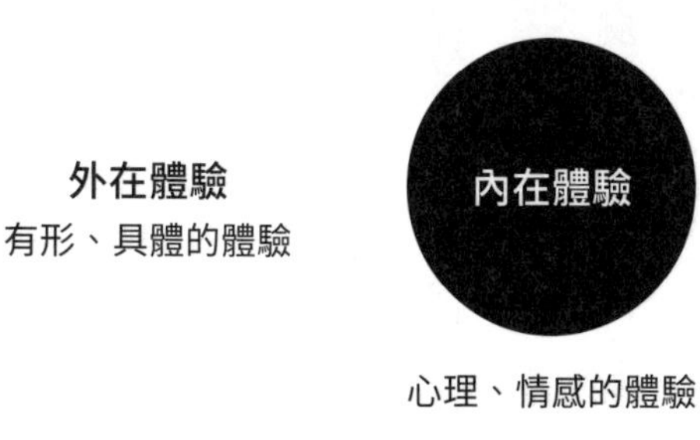

體驗可能是提醒你深呼吸或安撫自己；而你的外在體驗是你整理得有條有理的講綱與演講表現。大家只看到外在、有形的元素，但你同時也在管理你的內在體驗。

雖然曼蒂會用充滿效率的外部系統來管理她的工作量和個人責任，但每次她一想到必須完成的事情，就覺得壓力重重。她老是覺得自己做得不夠——總是有未發掘的潛力、更多需要投入的案子、更多可以幫助的人。雖然她達到了身為企業主的一切有形目標，但她管理自己的想法與感受的方式，卻彷彿她一直進度落後似的。如果有人能夠看透她的內心獨白與情緒，可能會誤以為她的生活一團糟，需要拚命工作以免失去事業。然而，事實並非如此。

許多陷入倦怠的人都對外在體驗有很好的掌控力，他們可以把需要的一切排入日程表，完成每天的任務，而且擅長排列優先順序——表面上看來，他們似乎「一切都在掌控中」。但他們對內在體驗的管理則完全不同。我們都知道，表面上看來「一切都在掌控中」，但內心感到完全失控是可能發生的——腦中充斥著紛亂的批判性想法，一再鑽牛角尖地檢討自己的錯誤，不斷給自己設定嚴苛的期望。我們無法從外表輕易判斷他人的內在體驗。我有一些朋友完成演講後，走下台時不禁哀嚎：「我講得好爛！」但事實上，觀眾認為他們表現得很出色。表面上，他們講得很清楚，回答問題也十分周到得體，但在心裡，他們卻因為沒有完美表達內容而自責。無論別人給予他們多少讚美，他們最終是否感到滿足與平靜是取決於他們的內在體驗，而不是外界對他們的評價。

心態可以指許多東西，例如思想、態度、習得的反應等等。但在倦怠管理方面，心態是指你如何管理內在體驗。想想你如何與自己對話、激勵自己、管理自己，有助你確認你是否需要調整心態。如果你老是用批評來驅動自己，覺得自己永遠做得不夠，那麼採用一種更溫和、更樂觀的內在聲音，可以改變你對同一外在體驗的感受，使你從厭惡變成樂在其中。

舉例來說，凱蒂與艾琳去一家 spa 中心，做完全相同的療程。凱蒂一整天專注地享受體驗，心想：「這實在太棒了，我很高興我好好地善待自己，身體會感謝我的。」她離開時，覺得神清氣爽、放鬆自在。艾琳在 spa 中心裡，一直在想她「應該」做的其他事情。她因為花時間在自己身上而感到內疚，無法享受當下。艾琳離開時和剛來時一樣緊繃。表面看來，凱蒂與艾琳有相同的體驗，但是在內心，由於管理自己的方式不同，她們的內在體驗天差地別。

你的心態是你觀察世界的視角，如果那個視角導致你不斷地批評自己、害怕他人的看法、反覆思考壓力來源、對自己設立不切實際的標準，或永遠無法滿足，你就更容易陷入倦怠，而且倦怠也會更頻繁地發生。幸好，我們的大腦具備神經可塑性，[1]也就是說，大腦擁有因應刺激（人、事、物、經歷、物質）而改變神經元與神經連接的能力。神經可塑性可以重新塑造思維、信念、行為模式。就像你學會當前的內在管理方式一樣，你也可以學習一種對自己更好、更樂觀的新運作模式。《樂觀向上》（*Up: How Positive Outlook Can Transform Our Health and Aging*）一書的作者希拉蕊．廷德爾（Hilary Tindle）醫師指出，即使我們不是先天樂觀的人，也能學習變得更加樂觀。然而，這種態度的轉變需要**不斷地練習**。大腦的習慣養成機制是公平的，可以為正面思維與行為鋪路，也可能將我們導向更黑暗的道路。但廷德爾指出，刻意練習可以訓練大腦渴求對我們有益的事物。每次你選擇樂觀的想法或自我關懷的反應，都是在訓練大腦追求快樂。[2]培養追求快樂的習慣有什麼好處呢？樂觀的人不僅比較不容易出現倦怠，[3]壓力荷爾蒙的濃度也比較低，[4]免疫功能比較好，[5]罹患糖尿病[6]與中風[7]的風險也較低。心態不只影響心理層面，也會擴及身體層面。

多數人的內在體驗是由多個因素交織而成：父母和早年的周遭人物（例如老師、親戚、教練）的言行方式、現在最常接觸的人、個人性情（例如外向或責任感等可遺傳的特質，以及其他個人獨有的性格特徵）、信念系統，以及他們從更廣泛的文化中接收到的訊息。這些因素通常被歸類為先天與後天的影響。你的大致性格是與生俱來的，專家認為我們的觀點有四分之一到二分之一是由基因決定，[8]但我們如何管理內在體驗主要是後天學習的，而且在我們的掌控之中。想想你犯錯時如何對自己說話、你如何看待挑戰、你在漫長的一天中是如何鼓舞自己。這些都是你後天學習的行為，它們構成了你的內在體驗。

如果你難以用這種方式來了解你的心態，不妨想像你的思想是一個二十四小時與你形影不離的人。你對這個人有什麼看法？

- 他是不是對你挑剔無禮？
- 他是不是善解人意、支持你？
- 他是不是為你感到尷尬？
- 他是否相信你、鼓勵你去冒險？
- 他是不是在對你灌輸恐懼？
- 他是不是鼓勵你成為最好的自己？

如果那個跟你形影不離的人（也就是你的心態），在你每次犯錯時都對你很嚴苛，就會影響你面對生活中各種挑戰的方式。由於心態是內在的，你常忽視它對倦怠的深刻影響。時間管理或個人關懷之類的策略比較具體，掌控那些策略似乎較容易。遺憾的是，如果你內心的聲音正在破壞那些策略所帶來的效益，做再多的個人關懷或時間管理也毫無意義。你的心態可以破壞你所做的任何外在努力，因此，先調整心態很重要。你的目標是養成以下的習慣：傾聽那些創造你內在體驗的想法，調整它們，讓它們更支持你。

假設你在工作中忘記做某件事。你下意識的本能反應是自責，你覺得很尷尬，心想：「該死！我怎麼會讓這種事情發生呢？大家會覺得我很無能。」我們都曾經有過這種羞愧感，覺得自己應該做得更好。這種自我苛責會挾持我們的神經系統，觸發壓力荷爾蒙的釋放，使我們陷入焦慮狀態。但負面的反應無法改變已經發生的事，只會讓我們在恢復過程中感覺更糟。不僅如此，當我們試圖修正錯誤時，可能還會因為焦慮而導致心思不夠敏銳。希恩．莉亞．貝洛克（Sian Leah Beilock）的研究發現，我們陷入焦慮狀態時，在數學運算或記憶測驗等活動中的表現會明顯變差。[9]

相反地，你可以試著提醒自己，情況可能不像當下感覺的那麼嚴重：「沒什麼大不了的，我只要改正就好。我還有一輩子的職涯，犯錯是難免的。」平靜合理的反應與嚴苛的反應都會產生同樣的結果：修正錯誤。但平靜的反應不會帶來批評與壓力的重重打擊；更溫和、更友善的自我對話，也會將我們導向更樂觀的心態，讓我們有更多的空間去修正錯誤，達成既定的目標。[10]

無論我們是在童年、嚴苛的學術環境，還是在過度苛求的行業或組織中學會如此嚴厲地對待自己，我們都可以摒棄這種批判性的思維，改採不同的方法。而且，在努力改變的過程中，請不要因為對自己期望過高而自責。我們之所以有今天的成就，是因為我們一直那麼嚴厲地對待自己，但如果我們想要繼續進步，這種方法已經**不適用**了。

三種倦怠心態

我之所以容易倦怠，主因之一是我向來求好心切。這種熱愛追求高成就的傾向，長期以來一直在暗中對我產生不利的影響。雖然高成就常受到讚揚，卻也可能是一種非常嚴苛的心態。在我改採較為溫和的心態以前，我是自己最嚴厲的批評者：我老是擔心自己太懶散（後來我得知，真正懶散的人，才不會擔心自己是否懶散），也擔心自己沒有充分發揮潛力。結果是，我很快就累積了不少成就，但也為此犧牲了內心平靜。

最常導致倦怠的三種心態是求好心切心態（high-achieving mindset）、討好他人心態（people-pleasing mindset）、受害者心態（self-victimizing mindset）。這些心態讓人容易產生一些行為，久而久之耗盡他們的精力。大體而言，求好心切的人為了「成就」而過度勞累；討好他人的人難以為自己辯護及設立界限；受害者心態的人，對自身處境感到無助。你可能同時面臨多種心態（我知道，這很瘋），但你需要以不同的方式來管理每一種。熟悉這些心態有助於辨識你將哪些引發倦怠的信念內化了。

求好心切的人通常認為，他們的價值是由成就來決定的。當他們表現出色、獲得傳統的成就（讚譽、金錢、尊貴頭銜、豪宅、社會地位、權力、影響力）時，他們往往覺得自己最有價值。這些人很有可能陷入倦怠，因為他們將內在的驅動力調到最大。他們拿自己與認識的前一〇%頂尖人物相比，對自己在生活中「應該」達到的位置設下極高的標準。求好心切的人可能是在重視表現與抱負的家庭中長大，家人把表現與抱負視為值得關愛與拉近關係的指標。登上榮譽榜就可以吃冰淇淋，沒上榮譽榜就挨罵。求好心切的人通常是系統導向與計畫導向，[11]擅長獨自運作，他們可能會覺得團隊合作學習很困難。[12]由於他們相信自己應該總是追求更多、更好，因此他們的行為容易促成無法長久持續的產出，並對當前的成就不滿足，即使嚴格來說他們已經做得很好了。

雖然求好心切的心態容易使人更快陷入倦怠，但他們無論面對何種挑戰都力求卓越的內在動力，表面上的確令人欽佩。優先考慮成就的人往往成為學識最淵博的醫生、奧運選手、創新者。問題出在這種心態導致生活的其他方面受損的時候，那些方面也需要像職業生活那樣悉心地培養與成長。

每天，我都會與大家很羨慕的那種成功人士交談，但他們會說：「褪下工作的外衣後，我不知道自己是誰。」他們沒日沒夜地工作，持續獲得讚揚，在周遭人們的眼中似乎很滿足。但你仔細追問，真相就浮現了：「我很少見到我的孩子」、「我幾乎見不到伴侶」、「我對自己的健康狀況不滿意」、「我還記得以前下班後會去打籃球，那時的我快樂多了」、「我沒有任何嗜好」、「即使我減少工作量，也不知道該如何打發時間」。我們看到高成就者，以為他們擁有一切。但實際上，他們只擁有**一種**東西。如果成就的代價是生活中的其他一切，那代價就太高了。我想對那些跟我一樣求好心切的人說：如果你渴望平靜、個人滿足感，以及無愧於心的休息，那就需要放下一些追求高成就的傾向。

對求好心切的人來說，最有益、但也最困難的轉變是找出成就以外的價值，並優先考慮那些價值。當求好心切的人能夠在**工作以外**的領域，找到讓自己滿足又能提升自尊的事物，就比較不會把自我認同建立在工作與成就上。讓你感到滿足的事物，**不見得**要有什麼效益，也**不見得**要有人讚賞。你不需要選擇一個沒有為你的生活增添價值或帶來快樂的炫耀型嗜好。我以前會強迫自己讀完每一本打開的書，即使我根本就不喜歡那本書。如今回想起來，那種行為完全是在浪費時間（你讀過《罪與罰》嗎？那五百頁本身就是一種懲罰）。我不再為了表面功夫或某種奇怪的責任感而閱讀，而是開始為了樂趣而閱讀（我想，我已經讀遍了市面上所有的曲棍球愛情小說，雖然這沒有為我贏得任何社交資本，卻帶給我極大的快樂）。將閱讀融入生活不見得有什麼效益，也不見得有人讚賞，但我確實樂在其中。

如果你只是為自己**體驗**生活，而不是表演給別人看，你會更常做什麼事呢？也許你想花更多的優質時光陪伴你愛的人，追求與職業或個人發展無關的興趣或嗜好，或者你只是想擁有自由，做你當下想做的任何事情，而不是過著僵化的生活。試著一點一點地改變，擱下你不喜歡的書，報名參加你關注已久的藝術課，或是放一天假，什麼也不做。想一想這些事情帶給你的感受，而不是它們在他人眼中的模樣。

有**討好他人心態**的人通常從小就學到，當他們隨時迎合他人，就可以獲得關愛並拉近關係；當他們不好好處理周遭人們的體驗，就可能遭到排擠或產生不安全感。長大後，討好型人格的人常進入一種關係，那種關係更進一步強化他們內心的想法：「**我付出越多、越是順從，別人就越喜歡我。**」這不見得是壞事，事實上，我們先天都有某種程度的社會順應性，以便在群體中和睦相處。我們從幼兒時期就展現出這種合作行為，[13]但問題出在我們忽視自身需求的時候。討好他人的心態認為，讓別人開心比尊重自己及重視自己的界限更重要。讓自己失望比讓他人失望更容易承受，因此我們不惜一切代價去避免讓人失望（即使代價是犧牲睡眠、休息時間或自己渴望的機會）。事實上，對討好型人格來說，與他人意見不合實在太痛苦了，功能性磁振造影（fMRI）的腦部掃描可以偵測到反映心理壓力與不適的神經變化。對討好型人格來說，將別人的需求擺在第一位不僅帶來不便，更重要的是，壓抑自己的真實感受所造成的緊繃，往往會引發身體的壓力反應，也讓他們在事後難以調節情緒。討好型行為不僅對你的社交有害，也對你的身體有害。

女性尤其經常難以替自己的需求發聲，怕被認為「難相處」。無論是說出她們不喜歡伴侶挑選的餐廳，還是對同事說她們認為某個想法行不通，或是坦言她們沒時間（或不想）負責公司的實習生計畫，她們都覺得很難說出口。女性從小就被教導要溫順體貼、善解人意，要在關心自己之前先考慮他人的需求。這種社會化是有害的，原因很多，尤其是給女性灌輸了「取悅他人」是理所當然的心態。雖然這種情況已經隨著世代慢慢改善，但舊習難改。

格倫儂．道爾（Glennon Doyle）在著作《我，不馴服》（*Untamed*）中寫道：「每當你必須在讓別人失望和讓自己失望之間做選擇，你的責任是讓別人失望。你終生的任務就是寧可讓很多人失望，也不要讓自己失望。」[14]這個建議可能令人害怕，也與討好型人格的本能相悖。但你**必須**相信，即使你堅持自己的想法、意見與界限，你的人際關係也能維持下去。討好型人格之所以難以擺脫討好別人的習慣，是因為他們平時「**不**討好他人」的實作經驗還不夠多，也沒有意識到大多時候不討好別人也不會怎樣。我們是從證據與經驗中培養信心的。

為了培養不討好別人的信心，我們需要有一些**不**討好他人的正面經驗。如果以前你每次優先考慮自己時，都遭遇別人的憤怒或失望，你會學到「不討好他人＝引起憤怒和失望」。在讓你生病的環境中，你是無法治癒自己的。當初教你討好他人的人，可能不喜歡你停止討好他人的行為。為了推翻「優先考慮自己會導致負面社交結果」的觀念，你需要找一些**不同的**、**理性的**人來練習不要討好他人。

以我的客戶翠西為例，她是教師，討好他人的性格讓她在工作上表現出色，但也使她容易陷入不平衡的人際關係。她的朋友莫莉在狀態好的時候依賴性很強，狀態差時簡直是超級黏人精及情緒勒索專家。翠西出於習慣與內疚而維持這段友誼。莫莉**需要**她，每次翠西設立界限時，莫莉都有強烈的被拒絕感，她也會讓翠西知道她有多傷心。為了在比較溫和的環境中練習不討好別人，翠西決定告訴幾位情緒平穩的朋友，她無法接聽他們的電話或跟他們出去喝咖啡，看看他們有什麼反應。對翠西來說，練習設立界限並得到合理的反應很重要。每次她練習時，那些朋友的表現都很通情達理。每次收到「沒問題，我們改天再約！」的回覆時，她**不**討好他人的信心就增強了一些。現在，翠西確信自己無須感到內疚了，她開始對莫莉這個依賴性很強的朋友設定同樣的界限。莫莉對此感到很不高興，但翠西對此很滿意。她的罪惡感逐漸減少，久而久之，由於她們之間的資源拉鋸導致雙方都不太愉快，於是就漸行漸遠了。

當你不再一味討好他人，很快就會發現：成為一個有主見或優先考慮個人需求的人，並不會減損你的道德水準，而是人之常情。多數人都能理解，有時候我們必須將自己的需求擺在第一位。至於那些希望你任人擺布的人，他們一定會讓你知道他們的不滿，但你可以先做好面對他們的心理準備，或者乾脆完全避開他們。

如果你一輩子都抱持討好別人的心態，改變的第一步是自問：「我**真正**的想法是什麼？我**真實**的感受如何？**我**希望這個情況的結果是什麼？」並開始為自己的需求發聲。

比方說，你的姊夫請你去接他的孩子放學，但是為了去接小孩，你不得不重新安排已經改了兩次的看診預約。這對討好型人格來說，簡直是噩夢。你的討好型人格在心中吶喊：「養兒育女需要大夥兒同心協力！他也會為你做同樣的事情，所以你必須幫他！」但你內心另一個保護自己的部分會說：「這是很臨時的要求，理性的人都知道，臨時的要求有時會遭到回絕。你需要堅守跟自己的約定。」別人的需求不見得比你的需求更重要。當然，有時你會覺得自己的需求可以或應該退居次位。重點是，每當別人提出要求時，注意看看你多快及多常放棄自己原本的計畫。某種程度上，這種犧牲自己的行為已經從無私變成魯莽了，因為你沒有照顧好自己。

最後一種容易引發倦怠的心態是**受害者心態**。受害者心態是長期感到無助，也懷疑自己能否找到長期的滿足。當過去的經驗一再不如你願，你可能會對當前與未來的努力感到失望，覺得自己無力改變任何事情。你可能會將外部因素視為障礙，[15]認為自己注定運氣不好。如果你想檢視自己是否有這種心態，可以自問：「有人提出建議時，我的本能反應是挑剔他的建議，還是欣然接受？」

假設你有個朋友說她想和先生來一場久違的約會，你幫她想了一些擠出時間的點子，但你提出的每個點子都遭到否決。你說：「為什麼不找個保姆？」她說：「太貴了，而且把孩子交給別人，我不放心。」你說：「你們可以等孩子睡著後，叫外賣，兩人一起在家裡大快朵頤。」她說：「孩子可能醒來，而且那幾乎不算是約會。」你說：「你們可以請家人在某個早上幫忙照顧孩子，你們夫妻倆自己去喝咖啡或吃早餐？」她說：「我不想麻煩別人，看來我只能接受現實了。」你聽得出來這個人有多麼堅信自己是環境的受害者嗎？她的回應在某種程度上有道理，但比起想出解決方案，她只專注在問題上。

留意自己的想法，察覺我們什麼時候會不自覺地將自己推向無助的處境，是改變這種行為模式的第一步。受害者心態的人看起來似乎**想要**不開心，似乎在**尋求**問題，因為他們對幸福抱持懷疑的態度。但受害者心態就像很多其他事情一樣，只是一種習得的模式，你不該為此自責。相反地，這表示你應該誠實地面對自己，確認自己是否真的別無選擇。情況並沒有糟到我們無法靈活應對或發揮創意。「壞事」發生時（例如你塞在車陣中，或同事得到你想要的升遷機會），你的第一反應不該是「反正我就是那麼倒楣」。很少事情的重點真的在於我們，或需要我們做出情緒反應。通常，我們只是在壞事發生時剛好在場罷了。我們不是情況的受害者，只是剛好**身在其中**。

受害者心態的人常陷入倦怠，因為他們對任何麻煩都產生過度的負面情緒，這種反應對身心都有害。有人在商店裡對你無禮，那是他的問題，不是你的問題。有人匆匆掛斷電話，是因為他在趕時間，而不是他討厭和你說話。他人沒有肯定你的辛勤工作，是因為他思慮不周，而不是刻意要貶低你。這些情況不見得是**因為你**而發生，你只是剛好遇到。你可以選擇整天反覆思索這些壓力來源，覺得別人是衝著你來，而生一整天的悶氣；你也可以選擇不把它當一回事，將注意力轉到其他事情上。

你需要抱持「尋求解方」的心態，而不是「尋求問題」的心態。或者，就像我爸常說的：「要有『做得到』的態度，不要有『做不到』的態度。」「做得到」的態度是一種積極、深思熟慮的解決問題的方法，不僅能帶來更好的結果，也可以帶給你更好的體驗。你和一個人交談不到三十秒，就能判斷他是否有「做得到」的態度。具備「做得到」態度的人會說：「讓我想想辦法」或「我們有什麼選擇？讓我們研究一下」。他們靈活、堅持、樂觀。相反地，具備「做不到」態度的人可能只會想到問題，並糾結在問題上：「看吧，問題就在這……」或是最後丟出一句「那行不通啦」，而不是想辦法嘗試可能真正有效的新方法。他們在還沒嘗試之前就先挑剔解決方案，讓你覺得他們根本不想看到事情有所進展。

這並不是說你不該承認某些嚴重的問題，或總是表現出盲目的積極。人生確實很難，失望無處不在，不平等隨處可見。即使我們努力了，事情也不見得如我們所願。但是，面對大多數的日常挑戰，你可以**選擇**如何因應；當你選擇以「做得到」的態度去面對時，你便讓最好的結果有機會出現。再次強調，受害者心態是一種後天學會依循的模式，因為它在某種程度上給人一種安全感，[16]萬一結果不如預期，至少不會感到失望，畢竟本來期望就很低了。

有些人看到這裡，可能會覺得我在胡說八道；這裡談到受害者心態並不是在檢討你，而是提出一個反思的機會，看你是否覺得這些描述聽起來很熟悉。如果是，你可以考慮未來要做哪些改變，以避免再次出現這種感覺。

無論你是因為求好心切、討好他人或是受害者的心態而陷入倦怠，你都可以改變你的心態與現實處境，也可以調整你的本能反應。人生只有一次，沒有人會來幫你改變。你想改變什麼呢？

影響心態的因素

除了最常導致倦怠的三種心態以外，還有幾種影響心態的因素可能會妨礙你追求平衡。影響心態的因素通常是從別人那裡學來的，或是你陷入某些模式中，但未能脫離。了解這些影響因素，有助你察覺它們可能正引導你走向倦怠，也可以幫助你在未來做出更深思熟慮的選擇。

ϟ順應文化

我與我的客戶查爾斯交談時感到困惑不解，他是紐約的ＩＴ顧問。我說：「聽起來你對目前的工作量還算適應，那你為什麼還要在辦公室裡待到那麼晚呢？」他搖了搖頭並回答：「這裡每個人都待得很晚，我要是準時下班，他們會覺得我工作不夠努力。」我問：「你準時完成工作，難道不是表示你很有效率嗎？」他苦笑回答：「怪的是，並非如此。」我們來看看查爾斯那家公司的文化如何影響他的心態，並導致他倦怠。

公司文化——包括認同感、價值觀、期望、傳統，決定了「事情的運作方式」——是影響員工行為的強大驅動力。查爾斯最初來找我是想學習時間管理，但聊過幾次以後，可以明顯看出導致他倦怠的根源其實是他的心態。為了融入公司這種失衡的文化，他不得不加班，而這些加班時間導致他的工作與生活失衡。無論他在工作時間內提高多少生產力，他依然不敢準時下班。每天下午五點一到，辦公室就陷入一場無聲的競賽，看誰敢先回家。第一個人起身時，大家會集體暗自評判那個人，但之後大家都鬆了一口氣，因為有人突破僵局，犧牲自己，讓其他人也可以陸續離開。在運氣好的日子，五點十五分就有人說他**不得不**離開去接孩子或去赴約，彷彿在工作以外擁有私人生活很可恥似的。他記得在旺季的某一天，這種無聲對峙一直持續到晚上九點，才有人起身離開。

查爾斯不想因準時下班而損及自己在公司的聲譽與地位。然而，我們擔心受損的東西往往已經以另一種方式受到威脅了（我們會在「設立界限」那章更深入探討）。查爾斯的心理健康以及他在這家公司的未來發展已經因為倦怠而受損。

他的選擇只有兩個：要麼開始準時下班，不管別人怎麼看；要麼讓自己越來越沮喪，最終直接離職。他下定決心每天當第一個下班的人，即使因此獲得惡名也在所不惜。他改變了心態，不再認為那是尷尬或丟臉的事，而是想著其他人可能會感謝他，因為這讓他們每天可以更早下班。事實上，後來真的有一些同事來跟他道謝。遺憾的是，他的下一季考績是他進公司以來最差的。他知道自己的表現依然很好，經理只是想藉此讓他戒除準時下班的新習慣。但對他來說，相較於生活品質，當個完美的員工已經沒那麼重要了。考績並沒有影響他的薪資，所以他繼續在下午五點準時下班。自從堅持準時下班後，他覺得自己的怨念減少了，精神也不再那麼疲憊。在這個職位上又做了一年後，他告訴我，他要跳槽到另一家主動找上他的公司——他之所以有時間與他們洽談，是因為他不再浪費無謂的時間加班。他去新公司面試時，最後問了一個最重要的問題：「你們通常幾點下班？」

企業文化是由人決定的。只要有幾個位居要職的害群之馬在散播扭曲的理念，就足以影響整個組織。如果你所在的職場文化有問題，大概會經常聽到這類的話：

「我們常看見誰加班到很晚……」

「這是業界常態，你要想辦法做到……」

「我以為你當初接受這份工作時就明白必須有所犧牲……」

這類說法傳達的訊息基本上就是：誰最沒有界限意識，誰就是贏家。但說到底，他們到底贏了**什麼**？好吧，有時確實可以獲得晉升（老實說，這種機會少之又少，完全不足以證明那些犧牲是值得的），但通常就只是考績好一點，或是一些對職涯沒什麼助益的讚揚，又或者只是一種虛幻的肯定感，就像小時候老師在作業上貼的金星貼紙那樣，讓你感到滿足，但滿足感轉瞬即逝，使你渴望獲得更多。

有時員工也會助長這種社交遊戲，看到有人充分利用午休時間或休假，就投以異樣眼光，藉此施加無形的社交壓力。這種壓力進一步促成一種批評、不信任，以及將工作看得比生活還重要的企業文化。當一名員工屈服於這種壓力時，通常也會想對其他同事施加同樣的壓力。有害的行為與態度就是如此傳播開來，影響整個團體，使每個人都不敢將個人需求擺在工作之上。

當企業文化把工作視為**至高無上**的優先要務，大家很容易忘了工作的本質只是一種服務與金錢的交換關係。說到底，你提供的服務，值得X金額的報酬。上班不是在做慈善公益，每個人都需要支付房租或房貸，也需要花錢填飽肚子。然而，我們與工作的關係已經演變到讓人很容易忘了這種交換本質。職場彷彿變成一個小型的生態系統，一個擁有自己的規則、人際關係、文化的微型世界。

一九八〇年代左右，所謂的企業文化才開始受到重視，因為當時的研究發現，文化對組織的成果和成敗有著很大的影響。[17]當時的「文化」通常是指減少職場上的抽菸行為、明顯的歧視、性騷擾等問題。[18]但整個二〇〇〇年代，企業文化的範疇擴大到涵蓋一切，包括重新思考辦公室的布局、促進平等與多元性、改善員工福利等等。

我們與工作、組織、同事有密切的關係是可以理解的，畢竟我們有近三分之一的時間在工作，一定會形成某種共生關係。然而，過去十年企業文化的演變——更高的期望、更長的工時、工作侵入家庭與個人裝置——讓我們忘記了最根本的事實：我們之所以工作，是因為簽了合約，承諾做A、B、C等工作來換取X數額的薪酬。當我們的合約寫的是一回事，文化又是另一回事時，期望就變得模糊不清。

合約可能明確規定，你每週應該工作四十小時，週一至週五早上九點到下午五點。但是，當每個人都提早一小時來上班，晚一小時下班，還放棄午休時，你想堅持合約的規定反而顯得格格不入，甚至覺得有點羞愧。你想要維持工作與生活平衡的合理嘗試，可能還會遭到主管指責。於是，員工不敢反抗文化，而是隨波逐流，漸漸偏離最初簽約時的目標。

美國缺乏保護員工的法律，導致工作與個人生活之間的界限更加模糊。作為一個以工業為傲的已開發國家，我們保護從業人員的法律卻相當薄弱。二〇二一年，葡萄牙通過一項勞動法，規定雇主不得在工作時間以外聯繫員工。[19]在英國，新手媽媽可以休假長達五十二週，其中三十九週可領約九〇%的薪資。[20]澳洲員工有權享有至少四週的帶薪假。[21]相較之下，美國既沒有強制規定的帶薪產假，[22]也沒有強制的帶薪休假，[23]許多產業還放任雇主侵入員工的私人生活。[24]理想情況下，我們應該為那些提供最佳福利的公司工作，而不是為那些只達到最低標準、還反過來批評我們貪得無厭的組織工作。既然目前還找不到理想的雇主，我們便需要尋找其他方法來保護自己，以免陷入工作倦怠。

為了對抗公司文化的負面影響，我們必須想辦法時時刻刻提醒自己：工作的本質是一種服務與金錢的交換關係。說到底，你只是在滿足公司的商業需求。如果你離職（說得更直白一點，就算你真的過世好了），你的職缺大概在一個月內就會貼出來。這並不表示你的工作不重要，或同事不重視你，而是認清這本來就是**一門生意**，即使沒有你，公司也會想辦法運作下去。有些公司特別喜歡那些忽視這種交易關係的員工，他們會用「我們是一家人」、「你必須在這個行業裡掙得一席之地」等說法，以合理化他們對你的過度索求。我們之所以接受這種文化，視之為常態，是因為我們看到其他人都這麼做，甚至連我們自己也相信那些說法——能夠歸屬於一個我們欣賞且符合職涯目標（幸運的話，也許還符合我們的價值觀）的組織，確實讓人**感覺良好**。熱愛工作、願意全力以赴並沒有錯，但要如何與工作相處，這個深思熟慮的決定必須由**你自己**來做，而不是由你的老闆或團隊來做。

我們通常沒有意識到，自己的信念與行為是如何被潛移默化成現在的樣子。回想一下，你剛開始做現在這份工作時的心態與期望。如果當時的你突然被推入今天的情況中，你會感到震驚嗎？你會注意到一些看起來不太對勁或不太公平的事情嗎？也許這些期望標準或互動方式不再引起你的注意，因為它們在此時此刻看起來都很「正常」。但是，文化和共同的信念不需要大張旗鼓就能影響一個人的心態；有時它們會悄悄地、微妙地潛入你的思維。

我們很容易將學到的想法、信念、行為視為理所當然的常態，因此我們必須維持足夠的敏銳度，以察覺那些看似正常、但其實**不正常**的事物；也要有足夠的自主意識，知道我們有能力改變。

ϟ 限制性的信念：在不存在的線條內著色

限制性的信念（limiting beliefs），顧名思義就是那些限制我們的信念。它們往往是我們自己在沙地上任意畫下的界限。我們之所以抱持那些信念，通常是因為它們一再受到強化，使我們視之為真理。有些人喜歡把自己的意見講得彷彿是不爭的事實，你也經常遇到這種人嗎？

「找新工作一定會非常困難。」這話出自一個完全不同領域、人脈圈也不同，而且十年沒找過新工作的人。

「你至少要在這家公司待滿一年才對。」這話出自不用天天上班的人。

「如果你在職場上設定界限，他們會覺得你不夠努力。」這話出自經常加班、不斷抱怨、看起來很不快樂的人。

坦白講，很多人都是在胡說八道。沒有人比你更了解你的人生，沒有人比你更清楚你的極限，就算別人說得再怎麼斬釘截鐵，他們的「真理」也不比你的體會更真實。

我們很容易把朋友、同事、媒體一再重複的訊息當成真理，尤其當那些訊息正好符合我們「害怕迎向挑戰」這種天性的時候。如果你想對抗倦怠，就需要重新審視一些信念，確保它們不會成為你的絆腳石。

即使某些信念已經不再正確（或者從來就不正確！），我們依然很容易依循那些信念過日子——許多實驗已經證實了這點。研究人員發現，我們有時會產生一種習得無助感（learned helplessness）——我們適應了最初的一套條件，後來即使條件改變了，我們的行為仍然像原來的條件依然存在那樣。[25]以下是一個說明這個現象的常見例子：研究人員把跳蚤放在玻璃罐裡，跳蚤幾乎立即就跳出來了。接著，研究人員蓋上蓋子，跳蚤繼續往上跳，撞到蓋子。最後，研究人員移除蓋子後，跳蚤仍繼續跳，但只跳到蓋子的高度。儘管蓋子已經不在了，跳蚤仍然將自己限制在原本有蓋子的地方。

我並不是說我們的自主性跟罐子裡的跳蚤一樣有限，但我們確實很容易用過去的經驗來衡量現在與未來。從某個角度來看，這很明智，不是嗎？如果你發現吃太多起司會讓你胃痛，下次看到起司時，你就不會吃那麼多（或者你還是會吃，畢竟你要吃多少，別人管不著）。我們之所以會迴避不愉快的感受，不僅是出於實際考量，也符合我們先天想要避開痛苦的生物本能。研究發現，負面感受與記憶在我們的長期記憶中停留的時間，比中性或正面的事件更長。[26]但是，當我們過去的信念不再有效或適用時，問題就出現了。你需要去觸碰看看你遇到的每個瓶蓋，別讓那些已經不存在的舊限制繼續影響你現在的生活。

我輔導的許多倦怠者都對於下班後無法待命而感到內疚，那不見得是因為現在的工作要求他們那麼做，而是在過去的工作環境中養成的習慣。他們吃晚餐時把手機或筆電放在身邊，深怕錯過任何訊息。他們一早還沒離開床就開始查收電子郵件。他們為了因應過去的工作要求而學會這些行為，但如今即使工作環境變了，還是改不掉這些習慣。唯有在認清及打破這些限制性的信念後，他們才能坦然接受新的行為模式，進而抒解倦怠。

你的人生中是不是也有一些過往限制已經不復存在，你卻依然將它們帶入現在的生活？這些限制聽起來通常像是「我不能＿＿＿＿，因為＿＿＿＿」，或是「我不夠＿＿＿＿所以不能＿＿＿＿」，又或是「我一定要＿＿＿＿」。比方說，「我不能搬到其他州」、「我沒有足夠的經驗去創業」、「我一定要存夠多少錢才能辭職」。說真的，是誰說的？這些規則是誰定的？當你了解這些限制的來源時，就更容易擺脫它們。

有太多人不會隨著時節的更迭，重新檢視那些約束我們的限制。我們覺得五年前別人對我們說的話到現在依然正確，儘管我們已經不是五年前的自己。（而且說不定當初那些話本來就是錯的！）當你開始拆解那個阻止你改變的心理牢籠，我要建議你質疑一切。你並非身在最無助的處境，並非無計可施。若你總是用過去推測未來，你永遠不會超越現在的自己。

也許你曾經嘗試跳出那個玻璃罐，結果撞到了蓋子。當你覺得自己受困很久時，感到疲憊與挫敗是很正常的。我們感到受困時，可能會覺得生活開始失控。為了重新掌控生活，我們必須認真檢視自己的生活方式，思考自己需要做出什麼改變。如果目前的做法無效，那就要換不同的做法。唯有改變，才能帶來改變。

全有或全無的二元心態

我以前很討厭上飛輪課，因為教練老是把我們當成備戰「環法自由車大賽」的選手那樣訓練。每次我已經快不行了，他們還叫我加大阻力，我就會火冒三丈。有一天上課時，我氣到乾脆不聽教練的指示。我腦中飆著連串的髒話，只把阻力調到有挑戰性、但又不至於痛苦的程度。由於我抱持著一種全有或全無的二元心態，這感覺像在作弊。儘管我已經滿身大汗，但因為我沒有百分之百按指示做，所以我幾乎沒有將那堂課視為一次運動。這種「全有或全無」的心態讓我認為，因為沒做到完美，所以一切努力都是無效的。為了讓自己有成就感，我必須在課後對著鏡子告訴自己：雖然我沒有完全照做，但運動效果其實差不多，而且這次體驗比以前好上百倍。我盡量挑戰自己，而不是拿別人的標準來要求自己，我不再火冒三丈，終於又能享受運動了。

當我意識到自己有這種「全有或全無」心態時，也注意到這種心態已經滲透到生活的其他層面。俗話說：「一事如此，萬事皆然。」這句話在我身上還真是一語中的。無論是在個人生活、社交或是工作上，我總覺得非得付出百分之百的努力，否則就不算數。例如，一定要自己煮飯，不能買現成的；一定要親手做卡片，不能買現成的賀卡；團隊下班聚會時，明明待二十分鐘就可以離開，我卻一定要待到最後。我說服自己相信，付出少於百分之百就代表我這個人很糟糕。當我意識到我有這種問題時，便退後一步問自己：「什麼情況下，我是在勉強自己投入百分之百，而不是選擇只投入百分之九十或七十，然後得到差不多的結果？」你有沒有過這樣的經驗？反覆修改一封電子郵件十幾次，結果對方只回你：「OK——從我的 iPhone 傳送」。

你發現，當初要是直接寄出第一版電郵草稿，可以省下很多時間與過度思考的功夫。你是否有過這樣的經驗：第一次做菜時，精確地衡量每一種配料；但第十次做那道菜時，你已經單靠目測來調配食材？你只遵循百分之九十的做法，相信剩下的百分之十不會影響到整道菜。我們可以適度地付出精力，不需要每件事情都全心全意投入，做得夠好就行了。總是要求自己付出百分之百，是倦怠的成因。追求合理而不是完美，就能降低長期下來精疲力竭的機率。

花了幾年的時間，把百分之百投入降到合理的百分之八十後，現在這種做法已經變成我習慣的自然反應。事實上，最近我上完一堂輔導課程後，有人問我：「妳能不能再來幫我們上（另一個主題的）課程？」我沒有慌張，也沒有一口答應，而是回答：「我很樂意為你們的培訓團隊針對該主題提供諮詢，但很抱歉我沒辦法親自設計整個課程。」對方回我：「哇，這真是很好的界限設定。」他們親眼看到擺脫全有或全無心態的好處——我知道在完全接受與完全拒絕之間還有很多選擇，只需要找到一個既能滿足他們的需求、又不會太勉強自己的方案——而且我已經準備好一個設定界限的說法了（在談「設定界限」那章還有更多例子）。

我們被要求做某件事或去某個地方時，常以為我們必須全力以赴或完全回絕。我們沒有意識到，有時選擇中間選項反而事半功倍。一件事不完美，並不表示它不好。許多求好心切的人認為「值得做的事情，就值得把它做好」，但我建議你告訴自己：「完成比完美更重要。」就算結果和你預期的不同，也不表示這件事就不值得做。

在哪些領域裡，你可能因為抱著「全有或全無」的心態、而不是適度行事，導致你感到負擔過重？將工作熱忱降到百分之八十，並不會耽誤你的職涯發展。事實上，如果你已經習慣超越極限，你的百分之八十可能已經比別人的百分之百好了。朋友約你，不一定每次都要答應，一個月見一次面就夠了。你不必完全戒掉碳水化合物並天天運動，喝足夠的水及睡眠充足也可以達到減重效果。你不必每天徹底打掃整個房子，只要整理最重要的區域，讓環境看起來整潔就好。你不必參加家庭聚會一整天，可以只去一小時，好好地交流，然後就回去處理自己的事情。

允許自己「做得夠好就好」。生活中有很多領域，其實只需要付出百分之三十就夠了。我是說真的！你買市售的餅乾去參加讀書會，而不是帶親自烘焙的餅乾，難道就會減損大家對你的評價嗎？不會。你答應每週做一次會議紀錄，而不是每次都由你來做，難道大家就會覺得你貢獻比較少嗎？當然不是，這是很合理的頻率！

找出讓事情變得更合理的方法，你就不會老是覺得不堪負荷。當你採用這種「夠好就好」的心態，就不會覺得很多事情都令人望而生畏。你得允許自己依照精力多寡來調整付出。生命中的不同階段會要求你把精力投入不同的價值觀、目標、興趣。接著，我們來談談如何辨識你想要投入更多或投入更少的領域。

時節性的價值觀：我們可以改變嗎？當然可以！

保羅是住在舊金山的軟體工程師，他覺得很沮喪，因為他的價值觀變了，工作卻沒變。他沒有直接這麼說，但深入探討他不滿的根源後，我發現他的問題在於，他的優先事項與工作所能提供的東西不再一致。剛進新創公司上班時，他追求的是地位與金錢，他在這些目標上都獲得了豐碩的成果。對他來說，每天工作十二小時是值得的，因為他可以向大家說他在新創公司工作，他也為自己的薪酬感到自豪。如今過了五年，他有了**嚴重的**職業倦怠，透過Uber Eats 點餐的金額累積達一萬美元後，他的優先要務變成了自由、人際關係、平靜。他渴望能自由支配時間，渴望有精力重新拉近人際關係，也渴望過平靜的生活，而不必老是在救火。以前適合他的生活方式，現在已經不管用了。他的價值觀改變了，但工作沒變。

「時節性的價值觀」（seasonal values）是你在當下的人生時節所抱持的價值觀、設定的優先順序或確立的目標。認清你所處的人生時節（即人生階段），就能將優先順位安排得更好。你可以把「時節性的價值觀」想成是一個篩子，用來過濾生活中的一切事物。你現在優先考慮的事情，是否符合你目前的價值觀？**不是**你幾年前過時的價值觀，**不是**父母灌輸給你的價值觀，也**不是**你所處文化的價值觀，而是你**當前**的價值觀。

以保羅的例子來說，他需要接受一件事：這份工作已經不符合他的價值觀，也無法讓他快樂。當我們勉強把不符合價值觀的事物納入生活，就會失去內心的平靜。如果你明明想住在寧靜的地方，卻住在繁忙的市中心；如果你只想要幾個知心好友，卻擁有一大群泛泛之交，你就不會感到滿足。這個道理很顯而易見吧？我相信你曾經很喜歡住在市中心或擁有眾多朋友，但那些事物適合的是你過去的人生階段，**現在**已經不適合你了。

瑪格麗特是我第一位輔導的家庭主婦客戶，她的幾個孩子終於都到了上學的年紀。在家裡照顧至少一個孩子八年後，她正在摸索如何重新過生活。以前孩子還沒上學時，她的首要價值觀是「維持理智」。現在孩子上學後，她每天有更多的時間和精力，她的價值觀可以轉變成「做些美好的事」和「創造回憶」。在這個人生階段，她想把心力花在規劃一些她和家人都能享受的美好事物上。例如，放學後在後院玩水球大戰；白天好好地泡澡、不受干擾；在餐桌鋪上桌布，把義大利麵直接倒在桌布上，讓孩子像小動物那樣享用食物。在她以前的人生階段，這些都不是優先考慮的事項，因為那會妨礙從前那個「維持理智」的價值觀（我可以很有把握地說，清理掉在地板上的義大利麵，很容易讓人失去理智）。

我們常因為想要「兼顧一切」而陷入倦怠，因為我們高估了自己同時守護多個價值觀的能力。等你度過忙碌的時期，就可以和朋友去市區的酒吧消遣。如果你已經連續一個月每天都累倒在床上，現在就不是重新學習彈吉他的好時機。就像瑪格麗特的例子所示，當她脫離了求生階段，她終於可以把重心放在美好的事物上。世界上有那麼多東西隨著季節改變（例如氣候、農產品、潮流），為什麼我們卻表現得彷彿我們的價值觀、優先順序、目標都一成不變呢？

你現在是不是正試圖塞入一些其實不是當前優先事項的事物？寫下你現在的價值觀，然後在下一個人生階段再重新書寫你的價值觀。我們犯的一大錯誤，是把計畫訂得太過永久。這種錯誤使原本可以充滿樂趣、留有探索與犯錯空間的人生，變得死板又令人憂懼。

要承認我們的價值觀已經變了並不容易。當你察覺到優先順序有所改變，你得告訴自己：你並不是要拋棄過去的目標或夢想，只是優先考慮你現在更想要或更需要的事物。暫時擱置「為剛出生的姪女編織毯子」的目標會讓人沮喪嗎？可能會！不管那是因為暫時沒時間、還是沒精力，沒有人喜歡放棄目標。我知道這很難，但你必須先照顧好自己，才有辦法顧全當前的優先事項。

在這個人生階段，你最重視的是什麼？成長、金錢、人際關係、影響力、創意，還是休息？當你的優先順序改變時，會如何影響你的日常生活？我習慣每季做一次「時節性價值觀的審查」，思考接下來三個月要專注在什麼上。有什麼事情需要先暫停，好讓我專注在其他重要事物上？有一種不錯的直覺審查法是自問：「當陌生人觀察我如何運用一天的時間，可以看出我的生活重心嗎？」

以前我總是想在一天內盡量塞進很多事情，我把每項任務都看得一樣重要，將所有的時間都當成可利用的資源。社群媒體上精心篩選的內容，使我對美好生活有著扭曲的想像，促使我把時間浪費在許多我其實根本不在意的事情上。我告訴自己：「我每天晚上都應該好好做飯。」後來才發現我吃好市多（Costco）或喬氏超市（Trader Joe's）的冷凍食品也一樣開心。我告訴自己：「我應該每天進行一段長時間的散步。」但其實只要走到戶外待一會兒，就能讓心情煥然一新。我告訴自己：「我應該培養更多興趣。」但現在我知道，只要有一個讓自己快樂的興趣就夠了。

當你不清楚自己最重視什麼，可能會陷入一種最糟的組合：**忙碌又不滿足**。留意每天耗費你時間與精力的事物，並做出改變，讓時間的運用反映你的價值觀。你**隨時**都可以恢復舊有的優先要務；但如果現在不是它們的時節，別為此感到難過。對你來說，現在什麼是最有意義的？如何優先處理這些事情，以免陷入忙碌又不滿足的狀態？

擺脫瞎忙的毛病

艾普洛是某大型國際組織的人力資源長，我已經輔導她一年多了。我看過她平靜的時期，也看過她最忙碌的時期。有一段時間，她同時忙著處理多項任務：為公司準備重要的年度報告、管理團隊、肩負身為人資長的高壓工作、自己經營的小事業剛好進入旺季、搬家、籌劃妹妹的單身派對。我相信，任何人突然被放到她的處境中，恐怕一個小時內就會崩潰。她正經歷我所謂的「煎熬期」（The Suck）——也就是說，你的生活因某些原因而變得非常痛苦或彷如天崩地裂，導致一切都糟透了。這種情況無法粉飾太平，一看就是災難。當你描述自己的處境時，每個人聽完都會不禁皺眉……情況就是那麼糟。

當你處於煎熬期，每天的狀況都很糟，你唯一的慰藉是「賣慘」，讓別人肯定你確實過得很慘。「這週我工作了一百小時」、「我今天一直在開會，會議之間連五分鐘的空檔都沒有」、「我到晚上九點才回到家」、「我已經六個小時沒上洗手間了！」就像電影《穿著 Prada 的惡魔》（*The Devil Wears Prada*）一樣，這是在美化一種幾乎無法忍受的生活。

大多數人是在無意間陷入煎熬期，但也有人是主動選擇的。你可能會問：「誰會主動選擇這樣啊？」當你可以預見煎熬期即將來臨，卻不採取任何行動以避開，那就是自己選擇的。你明明知道你應該適度縮減工作量、設立界限以避免重蹈覆轍，但你沒有那麼做。不知怎的，我們總覺得讓自己陷入那種狀態是一種美德，但那正是每個人——是的，包括你——都應該擺脫的心態。

我很喜歡一個故事，講述一個商人去度假，在海灘上遇到一名正在享受休閒時光的當地人。商人問他為什麼不努力工作，為自己打拚一番。當地人反問：「為什麼要？」商人回答：「這樣你就能夠努力工作，創造一番事業，然後退休，到海灘上享受生活。」以前的我就像那個度假的商人一樣，認為工作是一種美德，休息是我努力過後的獎賞。我心想：「憑什麼你可以不用像我們那樣拚命工作就能盡情休息？」聽了這個故事以後，我有了新的領悟：我不需要達到某個成就水準才能獲得內心的平靜，也不需要打造一番事業才有資格在海灘上放鬆。

在那之前，各種要求占據了我的時間，給我一種「我很重要」的幻覺。在現今社會裡，忙碌成了一種身分象徵[27]——「你之所以那麼忙，是因為你很重要！」更可悲的是，研究也發現，當一個人的休閒時間越少，在他人眼中就顯得越有抱負、能力越強。[28]為了改變我對有價值事物的認知，我需要重新定義什麼才是「成功」。我不再把忙碌視同成功，而是認定自由與平靜更加珍貴。

對我這種習慣追求成就的求好心切者來說，這種轉變自然令我不安，尤其是眼見朋友比我更常達到人生里程碑的時候。若是以前，我會嫉妒他們做得更多、成就更多，因為我把價值與行動畫上等號——你做得越多，越有價值。直到我轉念，真正相信自我價值不是由行動量所決定，我才能夠坦然地少做一些。

隨著心態的轉變，我開始縮減責任，並設立界限以保護得來不易的自由時間，我不再渴望成為那個在各種責任之間奔波的人。自由與平靜成了我的目標，我不再追求忙碌與讚美。現在，當我享受著自己想做的事情時，如果有個陷入煎熬期的人對我說：「噢，我永遠做不到妳那樣，那肯定很爽……」我會回答：「是啊，真的很爽！所以我才這麼做。」與其因為價值觀不同而覺得別人話中帶刺，我選擇繼續享受我熱愛的事情。

想要將自由看得比忙碌與地位更重要，你需要優先考慮內心的平靜，而不是社會的讚美。這個世界永遠不會因為你打個盹、補個眠而為你歡呼雀躍，就像他們恭賀你升遷那樣，但這並不表示小睡一下對你個人來說不夠充實。只要你的自我認同是依賴外界肯定，內心平靜就會顯得遙不可及。我希望你在沒有外界的回饋下，也能肯定自己，確定自己重視什麼。

工作只是你做的事，不是你的身分

我們求學時都認識那種把讀書看得很重的同學，只要考試成績沒拿A，他們就會崩潰，對自己極度失望，認為自己很失敗。我們都認同，從人生的大局來看，成績沒什麼大不了的，考不好也不表示他們很失敗或做錯了什麼。

那麼，為什麼我們在工作上犯錯時，不能給自己同樣的安慰呢？為什麼我們對他人如此寬容，卻給自己那麼大的壓力？想想同事犯錯時，你的第一反應是不是想淡化這個事件？你會安撫他，幫助他度過慌亂，確保他不把事情放在心上。既然如此，為什麼你會認為別人不會以同樣方式來看待你的錯誤呢？為什麼你覺得他們不會給你同樣的信任與體諒呢？

許多人認為工作成果直接反映他們是什麼樣的人，但工作成果其實反映了諸多因素。一個專案的結果取決於專業知識、工作範圍、同事的意見、你個人的努力，可能還有一些運氣成分。有太多人看到專案結果，就覺得那直接反映出自己的能力，因此覺得應該將任何錯誤或缺失都當成是個人問題。

我們的社會需要普遍地將工作與個人價值分開來看。即使肩上的工作對我們而言是一種使命或天職，但若視之為自我價值的全部反映、忽視其他眾多的影響因素，這樣的心理負擔還是太大了。我們習慣從工作中獲取自我價值與身分認同感，這導致我們很容易在工作表現不佳時否定自己。因此，培養工作以外的身分認同，可以幫助我們找到更好的平衡。

拿掉工作後，還剩什麼？

身分領域（areas of identity）是構成你個人本質的獨特生活面向。當有人問你「你是做什麼的？」，一般的直覺反應是回答自己做什麼工作。但除了謀生以外，你還會做什麼？你是誰？除了工作以外，什麼事物給你的人生帶來意義？當然，職涯與專業目標是其一，但你有什麼興趣、愛好或個人熱中的事物？你的日常生活包含什麼？你在人際關係中扮演什麼角色？這些都構成了你的個人本質，比單純的謀生方式更能描繪出一幅豐富的圖像。

如果工作占據了你九〇%的時間，當工作不順遂時，確實會覺得整個生活都很糟。假設工作只占據你生活的五〇%（或清醒時間的五〇%，假設你睡眠八小時、工作八小時、剩餘八小時用於休閒），生活的其他部分包含了豐富的人際關係（哈佛成人發展研究〔Harvard Study of Adult Development〕顯示，這是促成幸福感與健康的主因）、[29]你熱愛的興趣（科學研究顯示，休閒活動能提升幸福指數）、[30]讓你感到平靜的家，以及正在追求的個人目標。如此一來，工作不順遂頂多就像你某天沒時間投入嗜好那樣，不會影響太深。這就像某些人完全投入一段感情，當關係結束時就徹底崩潰。如果生活的九〇%都圍繞著那段感情，要填補那個突如其來的空缺，自然需要更長的時間。相反地，如果你失戀時仍保有其他的獨立身分領域，即使分手很痛苦，但你更有可能以健康的替代方案來支撐自己，讓自己更快振作起來。

工作之外的你是誰？你有哪些身分支柱？越是重視這些面向，工作在你生活中的分量就越輕。

何必那麼在意？

十年前，我在沙加緬度（Sacramento）的市中心閒逛時，在一家精品店看到一句標語：「享受當下，樂在其中！」（This is supposed to be fun.）我停下腳步，整個人愣在標語前。享受當下，樂在其中？怎麼現在才有人告訴我?!我迅速回顧了我的人生，頓時感到沮喪：為什麼我的生活中毫無樂趣可言？曾幾何時，我們從追求快樂，變成只求生存？

阻礙我讓生活變得有趣的是我的心態，我太在意一切，彷彿做每件事都有人在看似的。我總是在意別人對我的觀感，瘋狂地規劃一切，把大多數事情都當成刻不容緩的緊急狀況。由於我太在意自己，導致我不斷剝奪自己享受生活的機會。就像有人在迪士尼樂園裡快步走動，手裡拿著完美規劃的地圖與行程表，因為太專注於「把事情做對」而忘了享受。我就是那樣，總是想盡辦法把日子過得充實又完美。

我之所以容易倦怠，不只是因為求好心切以及討好型人格，也因為我把每件事情都看得太重。這幾年來，我持續提醒自己，生活沒什麼大不了的，我確實應該享受當下，樂在其中，所以現在我能以更輕鬆的心態行事，更快從錯誤中恢復過來（少了許多焦慮），也更能夠享受生活。事實上，科學研究發現，歡娛（amusement）的情緒（是的，這確實是一種情緒）[31]可以強化學習力，減輕負面情緒，[32]並幫助我們啟動親和系統（affiliative system），這是我們身體天然的自我安撫機制。[33]

我知道為這種心態所苦的不只是我，因為我在看到那張海報後，就用標籤機印了一張「享受當下，樂在其中！」的貼紙貼在筆電上。多年來，無數人告訴我，他們真的很需要看到那句話。太多人過生活的方式彷彿緊握著拳頭，想要掌控生活。不妨試著鬆開緊握的手，

張開手掌去體驗生活。

有些壓力源本來很小，但因為我們太在意自己以及所遇到的障礙，而使得小壓力變成了大壓力。真正值得我們投入那麼多精力的事情其實很少。

當我們太在意自己時，會錯過很多東西。我們不敢冒險，猶豫著要不要嘗試新事物，太擔心失敗或不完美所帶來的懲罰或批判眼光。太在意生活，反而無法好好生活。事情沒有唯一的正確做法，也不是隨時隨地都有人在觀察與評判你。你應該不想在八十歲回首過往時心想：「我白白剝奪了自己那麼多快樂。」

倦怠有許多樣貌。你會在不同時期以不同的方式經歷這些心態。你越了解這些心態，就越容易察覺它們。你現有的心態是經年累月形成的，需要花時間察覺與糾正，才能養成新的心態。這時責怪自己是最沒助益的，願意**嘗試**才有助於改變。

改變內在管理可以產生神奇的效果，如果能搭配外在管理加以強化，效果更佳。本書主要探討的是職場的外在管理，但我想先討論**個人**生活的外在管理。現在正是推翻你對個人關懷的定義並重建定義的時候！

Chapter 4 個人關懷：照顧自己是你的任務

我和艾拉第一次通話時，她已經情緒崩潰、淚流滿面。她有一份全職工作、兩個孩子、永無止境的待辦清單。她不想麻煩她的丈夫，以免增加他的負擔。下班後，她需要處理為人父母所需面對的各種瑣事，晚上則馬不停蹄地轉戰家務，包括洗碗、洗衣、清理冰箱、整理庭院——總有無數的待辦事項需要增添到清單上。有人提議週一晚上不一定要清理冰箱時，她總是立即推翻建議。在艾拉的世界裡，除非所有事情都完成了，否則她無法安心地休息。

她的身心靈都已經疲憊不堪，即使在不忙的時刻，她腦中也不斷**預想**著接下來需要完成的事情。情緒上，她就像座即將爆炸的火山，只要有人說一句「你需要放鬆一點」，就有可能引爆，使她事後後悔莫及。她總是優先考量他人的需求，犧牲自己需要的休息，這種生活方式也逐漸讓她崩潰。這個時代總有做不完的事：更多的東西需要清理，更多的目標需要努力，更多的地方需要改進。可想而知，艾拉這種「非得完成所有待辦事項，否則無法好好關懷自己」的行為模式，再加上那份永遠做不完的清單，注定會讓她無法真正休息。

我和艾拉初次見面時，她低下頭，雙手掩面，坦言：「我從來不懂得休息。」她解釋，從有記憶以來，她一直是個停不下來的人。她在成長過程中學到，休息——做一些能帶來平靜或快樂的事——應該排在最後。那是一種靠努力換來的獎勵，而且過度休息也是一種放縱。成年後，艾拉很難說服自己停下來，定期關懷自己。即使好不容易有了休息時間，她也會擔心自己沒有好好利用那段時間，這主要是因為她不知道什麼才能讓自己真正放鬆，也因為她想充分利用休息時間以「獲得最大效益」。如果你曾經思考過「如何休息才能收獲最多」，大概就能體會她的困境。

在我們找出幫助她恢復活力的方式、把個人關懷納入她的日程以前，艾拉需要先克服一個許多人都大感棘手的問題：休息的罪惡感。**休息的罪惡感**（resting guilt）是一種休息或面臨空閒時所產生的不安、焦慮，有時甚至是愧疚感——那種未能達到自己或他人期待的痛苦感受。[1]這種感覺，再加上柴嘉尼效應（Zeigarnik effect）[2]——我們的大腦比較容易想起**未完成**的事，而不是**已完成**的事——更加劇了我們的不安。雖然罪惡感在某些情況下是有益的

（例如提醒我們可能傷害了他人，需要加以彌補）[3]，但問題是，許多人在不該感到內疚時卻深受其擾。

許多經歷都有可能導致你休息時無法放鬆。例如，你的成長過程中，家人灌輸你的觀念是：休息是在偷懶；因此，有人走進房間時，你必須立刻裝忙，否則會挨罵。也許，你認為在一段關係中，如果不經常付出，就有可能失去愛或那段關係。也許，你認為你在完成所有可能的事情以前都不配休息。又或者，你覺得當你休息時，其他人正拚命努力，如果你不把自己逼到極限，就無法像他們那樣成功。

艾拉得明白，自我關懷是一項必須定期落實的重要習慣，而不是需要感到愧疚的放縱行為。唯有如此，她才能重新評估自己如何運用時間與精力，從而優先考慮個人關懷。工作與個人生活都在她的掌握之中，但她卻不斷地給自己過量的負擔，犧牲了內心的平靜。只要意識到這個壞習慣，並以不同的方式管理自己與責任，她就能削減不必要的辛勞，為個人關懷騰出空間。

你如何看待休息，決定了你與休息的關係。如果你把休息視為一種不便、一種放縱，或只是待辦清單上的一個項目，你可能永遠無法真正放鬆。若你不習慣把休息列為優先事項，剛開始這樣做時，必然會感到不自在。有些人甚至告訴我，那感覺很「不負責任」。他們不習慣擁有可自由支配的時間與精力，就像一個向來入不敷出的人，手上突然有了可支配的收入：以前一直覺得金錢很稀缺，現在突然不再稀缺了，卻擔心該怎麼使用才恰當。就像那種人需要重建自己與金錢的關係一樣，艾拉現在也需要重建她與時間的關係，學習如何自在地運用時間。

當艾拉逐漸接受休息與其他事情一樣是善用時間的方式後，她開始每晚花二十分鐘看書消遣，起初她頂多只能閒下來那麼久。她開始與丈夫更公平地分擔家務，減少**沒必要**在忙完一天後處理的個人待辦事項。當她發現花時間在自己身上並沒有帶來什麼負面影響，便將每晚的閱讀時間拉長為一小時。她逐漸習慣於花時間休息，而不是在各個任務之間疲於奔命。艾拉重新掌握及調整了自己的時間與精力，這個過程需要改變心態、刻意的選擇，以及大量的試誤與調整。上次我們對談時，她告訴我，她和丈夫一起看完了整部《權力遊戲》（*Game of Thrones*），她很喜歡「重新找回自己的感覺」。

我可以理解艾拉對休息的抗拒——我從小就一直與「休息的罪惡感」搏鬥。我成長的過程中，每天晚上都排了各種活動。我們家很少有「發懶日」（什麼都不做的日子），即使偶爾有，我們也會直接稱之為「發懶日」，因為那種日子實在太少見了。對我們來說，無所事事是一種反常的現象；對其他人來說，家裡有事要做才是反常。這扭曲了我對一天該承擔多少事情的認知。當然，我父母之所以這樣教養我，是因為他們自己就是這樣成長的。

我爸和他的七個兄弟姊妹都是第一代移民，在加州的沙加緬度長大，他們每天上學前與週末都要和我爺爺一起去賣玉米餅和麵包。他們挨家挨戶兜售十美分的麵包和二十五美分一疊的玉米餅，比多數的大學畢業生還懂得經商之道。因此，他們有著過人的職業道德感，閒下來什麼也不做的能力卻是零。

我的堂表兄弟姊妹都會認同（我想，多數有移民父母的人也會認同）：身為移民之子，你會繼承一種跨世代的躁動不安感。你知道你今天擁有的一切，都是前人**拚命努力**換來的。當你離拚命奮鬥的世代只有一代之隔時，要你從「舒適的辦公室工作」請假休息，總覺得難以啟齒。即使不是第一代或第二代移民，許多家庭也長期奉行「勤奮工作」是最高美德的信念，不管代價有多大。那句「你必須親手打造一番成就」的家訓超越了文化或語言的藩籬。

在這樣的背景之下，我想再次強調：**每個人都需要休息**。罪惡感所引起的躁動不安——不論是後天養成、還是與生俱來——會剝奪你所需的休息，這與過去、現在或未來的處境無關。你需要休息，你的前人需要休息，你的後人也同樣需要休息。

為時間而戰

你可以把個人關懷想成是長途旅行中的加油站：不會有停下來加油的最佳時機。你就是必須下高速公路，犧牲原本可以用來開車、讓你更接近目的地的時間，然後花血汗錢加油。我們之所以停下來加油，是因為不加油的話，車子會停止運轉。不過，人比車子更有韌性，我們可以在精疲力竭（油箱見底）時硬撐一段時間，而我們也常濫用這種韌性，將自己逼到極限。

個人關懷這個支柱要求我們刻意停下來補充能量，犧牲可以「更充分利用」的時間。我們習慣於不斷地回應電郵、完成家務、滿足他人需求，即使身體已經發出疲憊不堪的訊號，依然不停歇。對我們來說，在清空收件匣之前放下工作、接受家裡凌亂的狀態，或單純因為想要休息而婉拒別人的喬遷派對，實在太難了。

以前的我們比較懂得照顧自己。或者至少，以前我們不必刻意安排時間休息，因為生活步調較慢。我成長於一九九〇年代，也就是說，我是最後一個沒有智慧型手機陪伴成長的世代。兒時的夜晚，我通常在住家附近的巷子裡與鄰居的孩子玩耍。鄰里的家長把躺椅搬到家門外，一邊聊天，一邊看著我們騎腳踏車、玩遊戲。那時的電話只有家用座機，電腦還不普及，電視節目的選擇沒那麼琳瑯滿目。我們不必隨時待命，也不需要維持虛擬的社交生活，娛樂也不至於讓人沉迷，因為選擇比較少。聽起來很愜意吧？

如今，沒預先安排的空閒時間就像轉盤式電話一樣罕見。過去十年，美國全職工作者的工作時間不斷增加，[4]閒暇時間持續減少。造成休閒時間減少的原因五花八門，例如將忙碌視同成功、鄰居間的攀比心理，但結果都一樣：我們的文化變得躁動不安。人們紛紛開始學習冥想，因為如果不刻意抽身，我們永遠不可能享受片刻寧靜。我們被各種雜訊包圍——簡訊、podcast、YouTube、Slack、社群媒體、無限的串流影片——這些東西似乎都在爭奪我們的注意力。當待辦事項彷彿永無止境時，我們很容易對休息及優先考慮休閒產生複雜的情緒。

我們普遍認為，放慢腳步就會落後，但休息與休閒並非進步的敵人。事實上，研究多次證明規律的休息時間有助於提高生產力，無論是週末不看電郵、午休，還是十五分鐘的短暫午睡，[5]都有同樣的效果。研究顯示，有午睡習慣的人比沒有的人更善於記住新事物：[6]午睡基本上就像清空大腦的收件匣，讓你能夠處理新的體驗。[7]即使只是閉眼假寐，也可以讓記憶力提升近四三%。[8]戶外散步或只是欣賞自然風景的照片，也證實可以提升專注力。

從事令人愉悅的休閒活動有助於身心健康，讓我們更能妥善地因應各種責任。一項發表在《心身醫學》（*Psychosomatic Medicine*）期刊上的研究追蹤了近一千四百名女性，[9]發現那些花更多時間投入愉悅休閒活動的人（例如興趣、運動、社交、親近大自然），皮質醇（主要的壓力荷爾蒙）濃度較低，血壓較低，身體質量指數（ＢＭＩ）較低，生活滿意度較高。研究也發現，休閒活動能預防長期疲勞，[10]那種疲勞往往持續數週，可能導致疾病、甚至失能。定期安排休閒活動，能夠阻止持續的消耗，讓身體好好地進入恢復狀態。無論是單純休息、社交，還是從事有趣的創意活動，都能啟動身心的自然恢復機制，例如釋放讓人感覺愉悅的多巴胺、安撫神經系統、化解壓力反應。最棒的是，這些「迷你度假」的效益可以持續數小時，[11]所以，早上在公園散步或中午約朋友喝杯抹茶的減壓效果，能夠延續到下午與晚上。

研究發現，當你能夠完全沉浸於活動時，這些好處尤為明顯（換句話說：和妹妹通電話時，別上社群媒體；和朋友出遊時，別想著工作；上瑜伽課時，別一直想著某次糟糕的約會）。休閒時光也能打斷你對壓力事件的擔憂與反覆思考（例如腦中不斷浮現你和某位擺爛同事的棘手對話），讓你有機會為心理充電。重點是：為那些帶給你快樂的活動騰出時間與精力，對你有益；參與這些活動應該讓你感到愉快，而不是內疚。所以，別再把空閒時間視為浪費，補充能量是必要的。

我們是真的落後，還是目標一直在移動？

既然休息的好處這麼多，為何我們那麼難放鬆下來？因為「拚搏文化」（hustle culture）強化了我們對休息的抗拒。拚搏文化鼓勵我們突破極限，告訴我們應該要不斷奮鬥、超越自我，否則會顯得品格和工作態度欠佳。

就像多數人一樣，我也曾經沉迷於拚搏文化多年。結果呢？我累到需要做心理治療。最近連《富比士》（*Forbes*）都說拚搏文化有害又危險。[12]這份雜誌創造出「30位30歲以下精英榜」（30 Under 30），明知拚搏文化有害，卻又同時歌頌這種文化。（我無意冒犯《富比士》，我還是很樂意被你們列入榜單＊誇張眨眼＊）

社會一直灌輸我們一種觀念：當個過度犧牲的「烈士」，比回絕他人和機會的「自私鬼」或「懶惰鬼」要好。當我們承認自己不堪負荷或試圖減少負擔時，往往會聽到有人說：「每個人都很累，撐著點」、「有這樣的機會，你要感恩了」、「這算還好了啦」。他們這麼說也許是出於好意，但這些話語——休息的罪惡感、拚搏文化、強迫感恩——在在都要求我們忽視自己，而不是聆聽身心真正的需求：休息。

如果每次你想休息時，腦中總是浮現「別人的處境更糟，我有什麼資格抱怨」的想法，我希望你記住一點：每個人的困境都很艱難，痛苦不是一種比慘大賽。不要否定你自己的需求與感受。你不需要說服別人相信你的需求很重要，你只需要說服你自己（有時，最難說服的其實是自己）。

關於休息，你的新口號應該是：**休息不是奢望，而是必需品。我需要優先考慮我自己與我的生活品質。我是我生命的主角——如果我不照顧好自己，我做的每件事都會受到影響。**

如果你覺得太多人自認應該休息，會使世界停止運轉，請放心，過去的社會曾有充足的休閒時間，一切依然運作得很好！事實上，據說達爾文（Charles Darwin）每天只工作約四小時。[13]你知道現在我們會如何壓榨像達爾文這樣的人嗎？他會被迫當教授、寫書撰文、主持 podcast 節目，可能還要經營 YouTube 頻道。在現代歷史中，我們有多少優秀人才因為無法獲得充分的喘息空間而被耗盡？

工業革命以前，工作是根據需求、按季節進行[14]——這與現代的持續工作型態形成了鮮明對比，尤其是美國。根據國際勞工組織（International Labour Organization）的資料，美國每週工作至少四十九小時的人口比例，比歐洲與南美洲的多數國家還高。[15]我們這些二十一世紀的工作者不僅假期較少、休息較短，甚至連應得的帶薪假都不願意休。二〇一八年，美國估計有七．六八億天的休假時間未被使用。[16]即使休假是理所當然的，大多數人也不太敢休假。

話雖如此，這裡有必要指出，並非每個人都享有平等的休息資源與時間。美國的薪資差距使許多人處於不利地位，整體而言，女性——尤其是黑人與拉美裔女性——必須工作更長的時間，才能達到與白人男性同等的經濟地位。二〇二〇年，男性每賺一美元，全職工作的女性只能賺到〇．八三元。白人男性每賺一美元，拉美裔女性只能賺到〇．五七美元，[17]黑人女性只能賺到〇．六四美元。這是二〇二〇年的資料！成功與休息的機會始終不平等，這導致不同群體在休息體驗上有所差異。當你覺得你需要加倍努力才能獲得一半的成就，你很難將休息列為優先考量。我們可以說，那些需要加倍努力的群體，恰恰是最需要休息的人，卻同時承受著**無法**休息的巨大壓力。如果你現在不休息，身體最終會**強迫**你休息，而且很可能是在你不方便的時候，迫使你休息更長的時間。

由於休息不再是行事曆中的內建項目，我們必須自己創造休息時間。研究顯示，在生活的任何領域（包括個人關懷）擁有可預測性與掌控感，都與更好的健康狀況、更高的生活滿意度、更少的憂鬱症狀有關。個人關懷不該是事後的亡羊補牢，我們應該養成主動為自己創造「可預期的休息」（predictable rest）的習慣。

可預期的休息時段

回想一下你以前做運動的情況，無論是上健身課、在球隊裡，甚或是學校的體育課。直到今天，每當我收到「跑步兩分鐘」之類的指示，總是馬上就想知道：「那接下來呢？之後能休息嗎？還是下一組動作更難？」這將決定我要在那兩分鐘裡拚到什麼程度。

這種面對未知要求時的自我保護本能，不只發生在運動的時候。在工作與個人生活中，當我知道不久後會有一段休息時間可以恢復精力，我會更努力投入。為了避免資源耗盡而調整步調、保存精力，是我們與生俱來的本能。[18]

我曾經輔導過一位成功的企業家，她將成就與日常的平靜大多歸功於下午的拿鐵時光。無論晴雨，即使面臨十幾個截止期限或接連不斷的會議，她都會花十分鐘享用下午的拿鐵，這是她可預期的休息時刻。一天裡的其他時間都已經被塞滿了，而這段絕不妥協的休息時間是她送給自己的禮物。期待這段身心小憩，有助於在艱難時刻避免壓力超載，讓她專注於隧道盡頭的光明，知道恢復精力的時間即將到來，並繼續前進。

許多人不知道該如何休息及照顧自己，這是可以理解的。「自我關懷」是一個既模糊又廣泛的概念，很難知道究竟該從哪裡開始著手。為了使自我關懷變得更容易上手，我開發出一套容易執行的個人關懷方法，並稱之為個人關懷金字塔（personal care pyramid）——這是我為一個複雜概念開發出來的簡單框架。

在開發出這個模型以前，我關懷自己的方法是混亂、不一致的，而且通常跟巧克力有關。後來我了解到個人關懷的要素，也知道將它們納入生活有多簡單以後，我反而有點生氣。你是說，這一切原來可以這麼簡單嗎？我不必在壓力潰堤時，用臨時湊合的自我安慰方法來補救嗎？就因為沒有早點知道這個方法，你知道我買了多少條重力毯嗎?!*

使用個人關懷金字塔，可以落實持久的個人關懷。它能支持你的需求，幫助你從倦怠中恢復，為你帶來快樂——而且不會讓你感到難以上手。

個人關懷金字塔

個人關懷金字塔由三個部分構成：不可妥協的基本需求、三管齊下的個人照護、生活型態的設計。

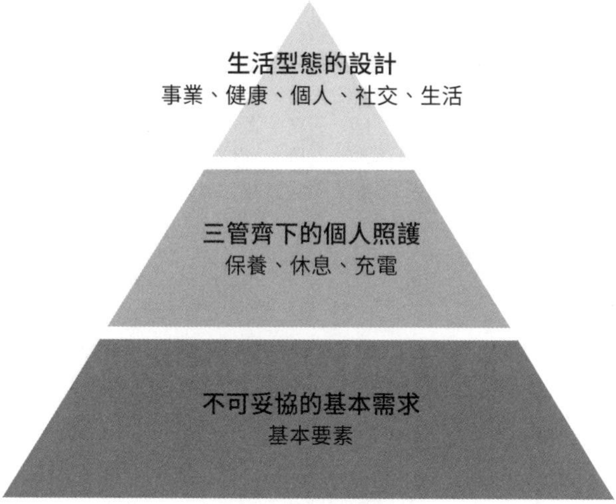

個人關懷金字塔

＊ 譯注：重力毯是把毯子加重三到八公斤不等的重量，藉由給予身體壓力，利用深層觸壓刺激，來調整、放鬆神經，達到放鬆、緩解焦慮的效果。

我們將逐一探討個人關懷的每個層次。每個層次都以前一個層次為基礎，直到你能將整個金字塔中的習慣，自在地融入生活中。

不可妥協的基本需求

忘掉你已知的一切，讓我們從零開始。在加入任何花俏的個人關懷以前，我們需要建立的第一層個人關懷是不可妥協的基本需求，這些是日常生活中不可或缺的個人關懷要素。

這些不是你在理想世界中**想做**的事；而是為了讓你感覺被照顧到、每天都能發揮最佳狀態所**必須**具備的事物。一些常見的不可妥協項目包括：喝咖啡、最少睡眠時數、固定時間進食、獨處時光、保持環境整潔、活動筋骨、親近戶外。當然，即使沒有這些東西，你也不會真的無法生存，但它們感覺就像生命線一樣重要。你**需要**什麼才能正常運作？你可能知道二到四件**真正**可以左右你一天狀態的事情。沒睡滿七小時的你是不是判若兩人？餓到發脾氣是否會影響你整天的心情？

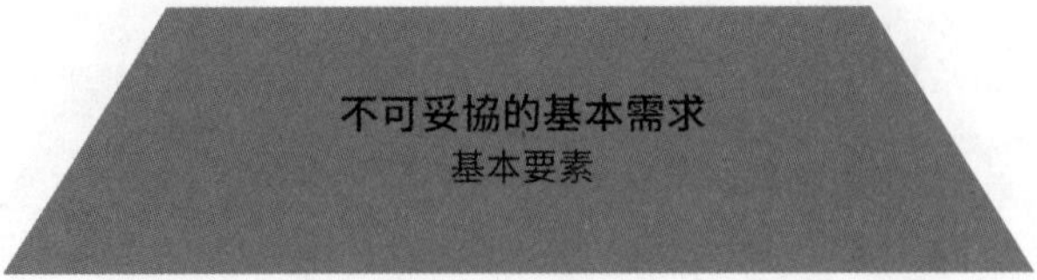

咖啡是我不可妥協的基本需求之一，如果咖啡也是你的必需品，你一定明白我的意思：要是早上醒來發現家裡沒咖啡，我會不惜冒著風雪，步行五公里的上坡路，去最近的咖啡店買一杯。沒有咖啡的話，我會變得難以相處，覺得一天中的所有事情都很難處理。連續兩天沒運動，以及每晚沒有至少一小時的獨處放鬆時間，也會給我同樣的感受。我可以接受少於八小時的睡眠，我不會因為肚子餓而煩躁，也不介意環境是否一塵不染。那些對我來說是加分選項，不是不可妥協的基本需求。我知道即使面對連續不斷的會議和充滿挑戰性的專案，只要一天之中能喝到咖啡、做些運動，以及享有獨處時間，我就覺得踏實、掌控了自己的生活。不可妥協的需求並不是要你列出一長串待辦事項，而是要了解什麼能讓你保持良好狀態，如此一來，無論生活帶來什麼挑戰，你的基本需求都能得到滿足。

如果你的工作時間表無法讓你每天在固定時間做相同的事情，那該怎麼辦？也許你是在醫療保健、災難管理或活動策劃等領域工作，這些工作無法提供所需的可預測性。這種情況下，你的不可妥協需求可能是具靈活性的基準點，在一天之中的何時完成並不重要，重要的是你知道它們是什麼，並在某個時候完成了。這些事項就像是讓汽車持續運轉所需的汽油。

一旦確定了你的不可妥協需求，如何讓它們每天都能實現呢？你可能需要為哪些障礙做準備？你可以提前做什麼安排以減少每天投入的心力？

舉例來說，我把咖啡（以及加入咖啡裡的蛋白粉）設定為自動訂購，這樣就不必等用完才下單。臨時訂購很麻煩嗎？不會，但是當它們自動送到家門口時，我覺得很安心，不用在補貨期間手忙腳亂地尋找替代品。我也會提前預約健身課程，以強化我對運動的需求。不去上課依然要付費，為了不要浪費錢，我會逼自己拖著疲憊的身體去上課，而且每次逼自己去健身後，（儘管不情願地承認）我總是感覺更好。

我們如何達成不可妥協的目標？用事前準備工作引導我們朝目標邁進，而不是過度依賴「動力」、「自律」、「意志力」這些模糊的概念。我們不見得要靠硬撐來完成艱難的事情，相反地，我們可以透過深思熟慮的準備，讓事情變得更容易。誠如健身專家奧婷．卡拉布雷斯（Autumn Calabrese）所說的：「充分準備不是戰勝的一半，它本身**就是**戰役。」[19] 充分準備，就能大幅提高實現目標的機會。

找出你的不可妥協需求，並誠實面對自己可能需要做哪些準備來實現它們。如果你晚上需要獨處時光，也許你需要和伴侶談談這個需求，而不是偷偷溜走。假如你需要經常散步，卻住在一年下雪五個月的地方，你可以在電視機前放一台走步機。如果你需要保持桌面整潔，就在每天工作結束後安排一個「收尾時段」，清理桌面並為翌日做準備。考慮你的需求，然後盡可能做好準備。

三管齊下的個人照護

確立不可妥協的需求後，可以進一步探索「三管齊下的個人照護」。許多人仍認為個人關懷就是你為自己做的任何事情，但這樣的理解並不完整。這種方法往往會導致一系列不協調的「小獎勵」，例如花錢買爽、泡澡配紅酒，或是點最愛的外送（從我在繁忙時節的 Uber Eats 訂單紀錄，看不出來我有這個習慣。但我可以保證，點外送不是一種持久可行的自我關懷方式）。這些都是暫時的安慰，一旦用餐結束、商品寄到，或沖掉身上的泡泡，效果就會消失。為了確保你有效地落實個人關懷，可以將之分成三類：**保養、休息、充電**。

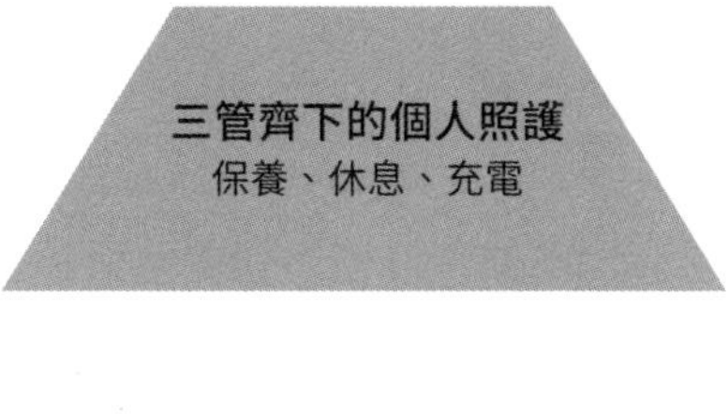

保養

保養項目是有助於自我關懷的責任或任務，讓你維持最基本的運作：空間清潔、個人衛生、採買食物與生活必需品、做家務、繳帳單、看醫生、加油。幾乎所有歸類為「保養」的事項，都是我們常說的「成年人該做的事」（adulting）——這些事情不見得有趣，卻是在現代生活中感覺獲得照顧的必要條件。

休息

休息是指真正讓你放鬆、舒緩的活動，例如散步、閱讀或繪畫等低耗能的興趣、小睡片刻、看電視節目或電影、打電動，或聽 podcast。這些消遣不需要你付出太多的能量，讓你能夠恢復活力。在這些放鬆的時刻，你的大腦狀態可能會切換成所謂的「預設模式網路」（default mode network），[20]這是一種清醒但放鬆的狀態，與思緒漫遊、甚至愉悅感有關。換句話說，你的大腦自有一套系統來幫助你放鬆。休息活動不需要「有生產力」或具表演性，其目標是幫助你恢復活力。

充電

充電，顧名思義就是有趣又令人感到充實的項目，例如與朋友、家人或伴侶共度優質時光；旅行；挑戰舒適圈以外的事物（例如跳傘！雖然我個人拒絕跳傘——想到要從飛機上跳下去並信任繩索與布料能保我平安落地，就讓我不安）；或是去聽演唱會。這些都是可以讓我們重燃熱情、全心投入，並對生活感到雀躍的消遣——亦即讓生活充滿意義的事物。這類活動喚起了我們內心的敬畏之情，也就是當某事超出或顛覆我們預期時的感受——這也能讓我們平靜下來，[21]變得更健康。

自制力與午休

為了創造生活平衡，在工作日、週末或休假期間從事這三類活動是必要的。理想的情況下，你可以將每類活動均勻地分配到工作日與休假日。如果你知道週一的壓力特別大，就不要在週一晚上安排家務，選擇休息類的活動會更好。假如你是內向者，某幾天的會議又特別多，保養類的活動（例如一邊看喜歡的節目一邊摺衣服）可能有助於放鬆心情。如何落實這些領域，取決於你和你的時間表。重要的是，要確保這三類都有做到。

許多人會不小心過度投入某一類而忽視其他類別，導致失衡。有人可能整個週末都在清理車庫（保養類），結果進入新的一週時，覺得自己根本沒放鬆，或是對於沒能為自己做些什麼感到失望。另一人可能整個週末都在狂看Netflix（休息類）或與朋友外出（充電類），結果開始新的一週時感到準備不足——家裡沒有儲糧，還有一堆待洗的衣物。這些類別可以幫助你更明智地規劃責任和休息時間。

如果你討厭框架，不喜歡被規定該做什麼，你可以將這些類別當成輔助工具。一旦它們成為你的自然習慣後，就不必死板地規劃了。你也可以為每個類別列出任務或活動清單，再根據當下的心情選擇想做的事，這樣依然能保持自由感。

如果你面對空閒時容易失去自制力或不知節制，這個架構也可以幫助你。你知道多數上班族把聖誕節到新年之間的休假日當成隨心所欲的一週嗎？他們可能作息大亂，大啖年節美食，懶散地躺在沙發上，甚至會覺得反正信用卡帳單已經因節日消費而暴增了，再買一些沒必要的東西也無所謂。那些習慣忙碌與緊湊生活的專業人士，基本上完全進入放縱的狀態，就像追求短期獎勵的青少年那樣，試圖盡情享受平時沒有的自由。這種徹底放縱的一週之所以會發生，部分原因在於，休息常被視為特定時間（週末、假日、假期）才許可的獎勵。

在休息方面缺乏自制力，這在我們這個「要麼放縱、要麼嚴禁」的文化中並不令人訝異。我們一開 Netflix，就一口氣追完一季的節目；我們平日對飲食控制斤斤計較，然後在放縱日瘋狂進食；我們在工作日拚命工作，然後在週末徹底耍廢。至少在美國，「拚命工作、盡情玩樂」的模式比適度平衡更常見。

大三的時候，我曾到西班牙當交換學生六個月。我這顆美國腦袋無法理解，每天中午都有午休、週日完全不開業，這個國家究竟是如何繼續運作的。我已經習慣了隨時都有店家開門營業的生活；相反地，我也無法理解，為何我寄宿公寓樓下的酒吧連**平日**也營業到凌晨兩點。我習慣了週一到週五都是工作時間，而不是與休閒時間交織在一起，這種文化轉變挑戰了我對工作與休息的所有認知。工作日與週末都有時間兼顧工作與休閒，只是我在美國的生活中從未見過這種模式。

並非全有或全無

我以前輔導過一位名叫布魯克的女士，她下班後，一回到家就打開電視，直到該睡了才勉強關掉。觀看那些不必動腦的節目及滑手機是她放鬆的方式，然而一旦開始休息，她就不願關掉電視、放下手機去做任何需要更多精力的事。不出所料，這種行為使她無法處理家務，也讀不了床頭櫃上那本打算閱讀的書。她想在晚上做更有意義的個人關懷活動，但是對她來說，那感覺就像是她必須在休息、責任、稍微更耗心力的興趣之間做選擇，壓力很大。

我們在心態那一章提過，布魯克的困擾並非缺乏自制力，而是一種全有或全無的心態。她覺得自己只能選擇休息看電視，或只能處理責任。一旦她弄清楚每週想要包含哪些休息與保養類項目，以及它們實際需要多少時間（比她原本想像的少得多），她就能擺脫這種全有或全無的思維模式。

現在，當布魯克下班後想去超市採買食物與日用品、但又想放鬆時，她可以對著鏡子說出以下的話，避免那種全有或全無的心態：「去超市買東西頂多花一小時。如果現在去做，回到家才晚上七點。如果我十一點才睡，那還有四個小時的自由時間，可以吃飯、放鬆，做一些我喜歡的事。騰出一小時購物，沒什麼問題。」這種構想方式可以幫助我們根據實際情況做決定，而不是憑**感覺**行事。

即使我是自我關懷領域的專家，有時我仍會抗拒待辦事項，甚至是我的不可妥協需求。比如，忙完一整天後，我不想運動，只想重看第五遍的電視劇《吉爾莫女孩》（*Gilmore Girls*）。就像布魯克一樣，我必須提醒自己現實狀況是如何。我可以騎三十分鐘的腳踏車，結束時才下午六點。做完辛苦的事情後，我仍有**幾個小時**屬於自己的時間。更何況我通常可以一邊踩腳踏車，一邊看電視。清楚了解你想完成什麼以及需要多少時間，有助於減輕那種讓你什麼都不想做的壓迫感。

那麼，你需要做哪些保養類、休息類、充電類的活動呢？你想以什麼頻率做那些事情，又該如何騰出時間呢？你需要在冰箱上貼一張家務表嗎？或是在手機或行事曆上設定提醒？你需要透過環境來強化目標嗎，例如將書放在枕頭上，或把 app 設成晚上八點自動關閉？你做這些改變時，如何幫助自己養成習慣？

在開始設計生活型態**之前**，要先讓自己習慣這些保養類、休息類、充電類的活動。

生活型態的設計

生活型態設計是個人關懷中最吸引人的部分。

許多人常常想直接跳到這個階段，卻忽略了基本需求的重要性。承認自己一年沒看牙醫當然不怎麼愉快，但幻想明年要去哪裡度假就令人興奮多了，未來是個充滿無限可能的美好想像。談論未來之所以那麼有趣，是因為我們通常是問「想要什麼」，而不是問「如何達成」。我們只顧著描繪**願望**，卻不考慮達成的**方法**。但要是沒有具體行動，願望就只能停留在想像中。因此，在這個單元，我們將幫助你定義你想邁向的生活型態，並找出實現的方法。

生活型態設計，就是在五大領域規劃你想要的生活樣貌與感覺，然後朝著這些目標穩步前進：

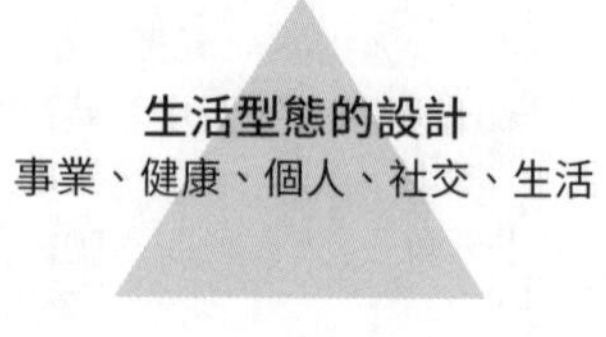

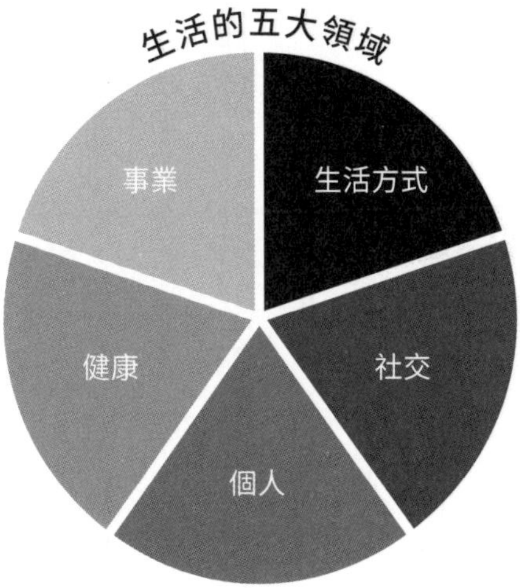

事業：你的職業及工作方式
個人：興趣、個人發展、嗜好、精神生活
健康：身體、心理、情緒的健康
社交：朋友、家人、愛戀關係
生活方式：環境（例如工作空間、居住空間）、想要的體驗（例如旅行、美食、園藝等）

設計生活型態的目的，是為了清楚得知你在每個領域的理想狀態，進而在日常生活中做出符合這些目標的選擇。這也是個人關懷的一環，因為它能確保你善用有限的資源，將那些資源投注在最終符合理想生活的事情上。

也許在你的理想生活中，工作壓力較小、完全遠距辦公，或是將工作時間從早上八點到晚上六點調成早上八點到下午三點（事業面向）。或許你想學習義大利語（個人面向），實現那趟嚮往已久的托斯卡尼之旅（生活方式面向）。也可能你希望每月與朋友相聚一次、更常打電話給媽媽，或每天能和同住的人一起吃晚餐（社交面向）。又或者，你終於辦了那張高級健身房的會員卡，可以開始晨泳（健康面向）。

在開始規劃生活型態以前，有一點必須先聲明：我遇過太多人在思考這些領域時，立刻就想到各種限制，例如伴侶的需求、家人的看法、已經投入的沉沒成本，以及**別人**對**自己**的優先考量的觀感。拜託，請先拋開這些顧慮。做這個練習時，請想像你是一個不需要顧慮外在責任的人。

我知道，在規劃時不考慮伴侶或孩子等既定因素似乎不切實際。但你做這些練習時，若考慮其他因素，就可能為自己找藉口，甚至在嘗試以前就放棄目標。這並不表示你進一步思考時也不會考慮他人，這只是一種策略，確保你不會太早壓抑你的真實需求或渴望。此外，即使「自助遊亞洲」之類的願望目前無法實現，你還是可以列入「等孩子長大後」的清單，這樣夢想就不會消失，只是暫時擱置。

當你感到倦怠時，你對生活型態的初步規劃可能就只是想回歸正常生活，這完全沒問題！也許你的理想工作狀態是回到每週工作四十小時，你的理想個人生活是退出那個總是沒時間讀書的讀書會。或者，你現在真正需要的可能是將週日訂為「拒絕社交日」，直到感覺恢復活力。在人生的不同階段，你會不斷地重新評估這些領域的願景，這只是你的初步嘗試。請尊重當下這個階段的生活型態需求。現在，讓我們開始為這個人生階段設計你的理想生活型態。

如何設計生活型態

以下是設計生活型態的基本步驟。切記，在確定不可妥協的需求，以及日常的保養類、休息類、充電類的項目以前，請不要貿然開始。如果你已經忙得不可開交，設計生活型態又會讓待辦事項增加，那就等時間比較寬裕時再來做。比起一口氣加入太多項目而不堪負荷、最後全部放棄，一開始先專注於幾項改變並徹底執行要好得多。

第一步：腦力激盪

花費約十分鐘（或你需要的時間），寫下你在五個類別（事業、個人、健康、社交、生活方式）中想要或不想要的事物。先不管條理，想到什麼就寫什麼。不要過度思考或質疑，因為這份清單只有你會看到，請盡情寫出來。

舉例來說，我的社交清單可能是：每週與父母視訊一次、每年和朋友度假一次、每月參加一次讀書會、平日晚上七點後不社交、每月一次約會之夜、舉辦晚餐聚會、向親友說工作時間不接聽電話、每晚只花一小時查看簡訊與私訊、認識鄰居等——任何我想到的社交活動，即使無法立刻全部實現也沒關係。

第二步：縮小範圍

列出這五個領域的清單後，從中選出你想優先關注的三至五個目標（總共三到五個，不是每類各選三到五個）。你可以根據你的情況來選擇（例如時間敏感度、改善生活的程度、最讓你興奮的事情等標準），這沒有對錯之分。（完美主義者、優柔寡斷者、想太多的人，請不要為此感到壓力！）你最終會有時間完成所有事情，但要從少量目標開始，並建立穩定的基礎，這才是關鍵。

在我列出的社交概念中，最能帶來立即改變的是每晚七點後不社交。為了落實這個目標，我將手機設為勿擾模式，並讓常在那個時段聯繫我的人知道這個新安排。雖然我很想舉辦晚餐聚會，但若我正處於忙碌期，便需要額外的時間恢復活力，所以我暫時將這項從清單中剔除。**切記，由於總共只能挑三到五項，所以我從社交領域只挑了一個目標，其他優先事項可能來自其他領域。**如果你覺得三個優先目標太少（求好心切者，我懂你！），請記得這個限制是有原因的：研究顯示，如果我們無法達成特定目標，我們迎接新挑戰的動力和信心會下降。[22]因此，我們要從合理且可達成的目標開始。

第三步：具體規劃

為了達成目標，每週需要做什麼具體行動？例如，若你想把運動列為優先事項，具體目標可能是每天走一萬步，或是在週一、三、五各運動四十五分鐘。如果你的目標是每週和父母視訊一次，你可以設定一個通話時間，讓大家都知道每週日早上十點要一起視訊，共享咖啡時光。研究證實，明確的行動步驟和來自外部的責任機制，可以提高達成目標的機率。[23]

第四步：融入生活

如果你還沒想過，現在就回答這個問題：**你要如何把這個新項目融入生活中？**假設你想要每晚十點半就寢（健康面向）。你可以設定九點四十五分的鬧鐘，提醒自己啟動晚間例行活動：將手機放在房間的另一端充電，然後看書直到入睡。

假設你的優先目標是準時下班。第三和第四步驟會是什麼樣子？在**具體規劃**這個目標時，你決定每天下午五點準時離開。為了把這個目標**融入生活**，你設定下午四點四十五分的提醒鈴，以提醒你啟動收尾工作；在電郵的簽名檔中註明你的工作時間，讓大家知道何時能收到你的回覆；向團隊說明你已經養成晚下班的壞習慣，如果他們看到你五點以後還在辦公室，麻煩幫忙催你離開（這等於是用輕鬆的方式傳達新的預期）。

在設計生活型態上，有很多發揮創意的方法。再次強調，「充分準備不是戰勝的一半，它本身**就是**戰役。」許多研究顯示，在規劃上投入越多時間，成功的機率越高。[24]準備得越充分，執行起來越輕鬆。

我輔導過一位名叫奧莉薇亞的三十歲女性，她討厭早上費心打扮，但又想在每天的視訊會議中顯得體面專業。精心打扮讓她感覺更好，但她不喜歡那個過程。為了簡化流程，她決定在居家辦公室的書桌上放一面鏡子、化妝品、首飾、髮夾和一件漂亮的上衣。這樣一來，她就可以趁著晨會時，關閉視訊鏡頭，利用時間打扮。這比在家裡到處跑來跑去做這些事情簡單多了，而且她發現自己很喜歡利用晨會時間動手做這些事。她把書桌的一個抽屜專門用來放這些用品，甚至還準備了卸妝棉和乳液，這樣下班後就可以直接卸妝，晚上不必再多一道卸妝程序。

為了強化這個新習慣，她讓這些行為盡可能簡單明確。這個方法之所以奏效，並非偶然。《原子習慣》（*Atomic Habits*）作者詹姆斯・克利爾（James Clear）談到，讓新習慣「顯而易見、有吸引力且容易執行」的重要性。[25]他的書之所以能夠暢銷數百萬冊，正是因為這些養成習慣的方法**確實有效**。那麼，你可以採取哪些步驟，確保你遵循專家的建議，讓新習慣變得明顯、有吸引力又容易執行呢？

維持習慣的祕訣

為什麼有些人似乎比較能幹，彷彿一醒來就能處理所有繁瑣工作，而且不會感到排斥、無聊、受阻或崩潰？輔導過許多人後，我發現那種看似毫不費力的樣子，其實來自優秀的自我管理能力。許多看似超人的人都擁有自己的系統、訣竅和工具，雖然他們未必能把整套方法明確地說出來，但那些方法確實幫助他們更容易完成該做的事。

對神經多樣性（neuro-divergent）*的族群來說，完成事情的工具可能有所不同。如果你屬於這個族群，你知道個人管理在日常生活中扮演要角，但許多傳統建議可能不太適用於你。在此，我要再次鼓勵你根據自己的需求來調整這些工具。如果你看到想嘗試的方法，但其中某些部分不適合你，就調整後再試試看。

現在，我們來談談如何透過自我管理，讓困難的事情變得更容易完成。

自我管理工具

自我管理工具有許多不同的形式，以下是一些例子。

最低標準

幾年前，一位名叫麥克斯的律師請我協助他在工作與生活之間取得更好的平衡。他告訴我，責任制帶給他更多的內疚而非動力，尤其是目標未能達成的時候。我鼓勵他轉念（我也鼓勵你這麼做）：與其因為未能完成目標而感到羞愧，不如轉念想：「我雖然沒做到，但我做到了次好的選項，那就是＿＿＿＿。」從那以後，當我傳訊息問麥克斯是否有休一小時的午餐時間，他會回應：「沒有，但我休息了二十分鐘！」這比完全不回覆我又完全忽視午餐要好多了。當我問他下班後有沒有花時間在興趣上，他回應：「今天還沒有，但明天一定會做到。」

致力做到次好的選項，是幫自己減輕壓力的有效方法，讓你更能從容地因應各種狀況。最低標準就是做到次好的選項，那是你原本目標的簡化版，是你達不到原本目標時的替代方案。如果我們要等到狀態百分之百的時候才願意行動，行動的機會很少。設定最低標準可以讓你避免這種情況。「我沒時間吃早餐，但比起完全不吃，我吃了一根蛋白棒」、「家人聚會前，我沒時間打掃房子，所以我請妹妹早點過來幫忙」、「我沒時間通電話，但如果你傳語音訊息給我，我晚上可以回覆」。有很多方法可以讓我們少做一點，但依然滿足需求。

＊譯注：異於常人，有著一般認為與常人不同的大腦類型，例如自閉症患者的大腦。

對於每個不可妥協的需求、三管齊下的個人照護、生活型態設計的領域，你可以預想一個簡化版的待辦事項，這樣當你沒有精力或能力完成理想版本時，仍能達到基本目標。你的最低標準應該要是不會讓你感到壓力或產生太多抗拒的事物。

以下是設定最低標準的其他方法：

- 準備微波食品、點心和奶昔，以備沒時間做飯又不想挨餓時食用。
- 提前在前一晚查看工作郵件，把重要郵件標記為「緊急」，留待隔天早上處理，而不是當晚就處理。
- 無法去健身房時，可以一邊看電視一邊在跑步機上走路。
- 不必每晚打掃整間房子，只清理空間裡的主要表面就好。
- 用語音訊息代替文字來回覆簡訊。

當你覺得自己陷入深度倦怠時，不妨從偶爾執行最低標準，切換成我所謂的「**極簡日**」（bare minimum days）。在極簡日裡，你盡可能地減少一切事務，只做絕對必要的事。這可能是：選擇快速簡單的餐點、叫外賣、不回覆非緊急的簡訊或電話、把可以留到明天的事情都留到明天再做。累到必須靠「極簡日」撐下去，當然不是理想的狀態，但是，如果你只剩下勉強撐過一天的精力，那就毫不猶豫這麼做吧。

我度過「極簡日」時，並非完全放棄生活，相反地，我是務實地評估今天能做什麼，好讓我明天能夠繼續前進。沒必要為了今天的生產力而犧牲明天的生產力。你需要充分了解自己，知道何時該努力，何時該放慢腳步。承認自己精力不足並好好照顧自己，**並不是**性格缺陷。事實上，這是一種自我關懷與務實的表現——你正採取必要的行動（只有你知道自己真正需要什麼）以堅持下去。如果你覺得你快崩潰了，就給自己多一點寬容與同理心，試試極簡日吧。

關於自我關懷的一點提醒：這聽起來可能有點感性，但許多研究顯示，自我關懷是一種強大的做法，可以提升你的韌性[26]、心情、動力。它會啟動我們的「照料與結盟」（tend-and-befriend）模式[27]——那種支持與照顧自己及他人的本能。研究者兼《堅定的自我關懷》（*Fierce Self-Compassion*）作者克莉絲汀・聶夫（Kristin Neff）指出，在自我關懷測試中得分較高的人，通常更健康、壓力較小，甚至更有可能按時就醫。以善意與同理心對待自己，比強迫自己完成待辦事項有效多了。

浪漫化

浪漫化就是把平淡或不愉快的經歷變得愉悅。例如，由於週一最難熬，你可以穿上最喜歡的衣服，上班前買杯咖啡，或是計劃在傍晚五點下班時訂晚餐。這些小舉動雖然沒什麼大不了，但我保證，這些小事可以讓辛苦的一天變得更容易承受。

許多人有個糟糕的習慣，會將所有不愉快的事情都集中在一起處理，想一口氣搞定，結果反而讓自己更加抗拒或害怕這些任務。我曾輔導過一位名叫泰咪的女士，她會強迫自己一邊騎健身腳踏車，一邊聽教育類podcast，想要一舉兩得。不出所料，這反而使她更不想騎腳踏車，因為她把運動和另一項令她抗拒的活動連在一起。只要簡單地換成一邊看最愛的電視節目一邊騎車，運動就變得輕鬆愉快多了。

你的生活中是否有一些枯燥的事情需要浪漫化？煮飯時，能不能換上睡衣，一邊看有趣的新節目？洗衣服時，能不能來杯拿鐵，聽聽喜愛的podcast？別低估了環境與一些小小的享受為你增添愉悅感的效果。

下次當你抗拒眼前的任務時，不妨檢視你的五感，看看有什麼可以改善。能否換上更舒適的衣服？你做那件事時，能否啜飲美味的飲料或吃點零食？播放音樂或搭配喜歡的YouTube 影片？開電視、到戶外活動或調整燈光？點上蠟燭來培養氣氛？在日光燈下，穿著牛仔褲安安靜靜地洗衣服，和穿著舒適的睡衣、在柔和的燈光下、伴著最愛的節目及香氛蠟燭洗衣服，是兩種天差地別的體驗，我是說真的。

每當我需要在週六加班時，我不會像平日那樣拘謹。相反地，我會穿著舒適的衣服去咖啡館，戴上耳機聽音樂，讓整個過程感覺比較優雅時髦，而不是悲慘。這種小改變可以大幅提升整體體驗。

遊戲化

遊戲化聽起來有點科幻，其實是指運用遊戲中常見的元素（例如設定計時器、獲得獎勵），來促進及改善表現。這是一種科學證實有效的方法，[28]有助於提升動機和參與度，從運動員、教師到企業執行長，都會用這種方式達成目標。

面對繁瑣的任務時，我的第一反應幾乎總是「唉，我不想做」。但我運用遊戲化時，馬上就會轉念為：「我該如何讓這件事變得更有趣？」例如，週末不想打掃家裡時，我會告訴自己，只要打掃四十分鐘（或是一集 podcast 的時間），完成後就可以散步去咖啡館或看書。帶著這種緊迫感和期待獎勵的心情，我的完成速度比沒有遊戲化元素時更快、更有效率。如果有衣服要摺、有碗要洗，我會告訴自己，只需邊做邊看一集《俏妞報到》（*New Girl*）就能完成。這很簡單，但正是因為簡單才有效。你能不能為自己設定新的遊戲規則，讓繁瑣無聊的活動變得更有趣呢？

提醒

提醒就像有人輕拍你的肩膀，告訴你該做什麼。提醒的形式可以是鬧鐘、行事曆的提示功能、便利貼、冰箱上的星星圖表，或是把物品放在顯眼的位置。我知道提醒看似簡單，但確實**有效**。二〇一七年荷蘭有一項研究探討提醒的效用，[29]該研究顯示，當失眠患者透過 app 接收視覺與聽覺的激勵提示，以提醒他們做放鬆練習及記錄睡眠日誌，他們更有可能依循治療計畫並改善睡眠品質。

我輔導過一位名叫傑夫的男士，他總是感到很疲憊。他常在第一個工作會議開始前約五分鐘才驚醒，從床頭櫃拿起筆電，放在腿上就開始工作。工作結束後，他會和朋友連線打電動，直到深夜。午夜嗎？「夜晚才剛開始呢。」凌晨兩點呢？「可能該睡了。」凌晨四點呢？「糟糕，又來了。」

他會爬上床，滑社群媒體，盯著藍光螢幕直到累得睡著為止。他向我描述他的作息後，我們倆面面相覷了一會兒，因為這種作息顯然不可能讓人精神飽滿。傑夫和朋友連線打電動時，或許做了「充電類」的個人關懷，卻忽視了他對「休息類」個人關懷的需求。缺乏真正讓人恢復活力的休息，再加上糟糕的睡眠時間，導致他在工作與生活中都很疲累。在討論了他需要充分休息才能讓自己感覺更平靜並有效掌控生活後，他決定養成一套早晚的作息規律。睡醒後直接進入工作狀態，或從盯著螢幕直接進入睡眠，這是行不通的。為了鞏固新的作息，他設置了十幾個提醒與鬧鐘，幫助他戒除舊習慣，培養新習慣。

一套良好的早晚作息規律的關鍵，在於應該同時涵蓋生理與心理，早上幫你「暖身」，晚上幫你「冷卻」。心理的暖身可以是聽音樂、寫日記、冥想、閱讀、將腦中思緒寫下來或聽 podcast。身體的暖身可以包括伸展筋骨、短距離散步、喝咖啡或果昔、洗臉或沖澡。身心的冷卻活動可能和暖身差不多，只是你需要以茶來取代咖啡、將燈光調暗，讓身體知道該準備休息了。

就像你不會沒做暖身就直接運動一樣（不先暖身容易受傷），你也不該從深度睡眠直接跳到專業工作狀態，你應該讓大腦和身體有暖身的機會。傑夫決定將早上的鬧鐘提前半小時，給自己時間喝咖啡、看新聞、伸展筋骨，然後才開始工作。晚上則設定提醒，以養成在晚上十一點半結束電玩的習慣，接著開啟夜間例行活動，在床上看書直到入睡。

這套作息規律和大多數的作息規律一樣，最難的部分是在該執行的當下確實做到。即使是他**自己選擇**要如何度過早上與晚上的時光，但是當起床的鬧鐘響起，或朋友邀他打電動時，要改變舊習慣還是很難。他承認，要是沒有那些提醒，他可能根本不會嘗試改變作息——因為想要追求即時快感的欲望，終究會讓他功虧一簣。把手機放在房間的另一頭並設定響亮的鬧鐘，才能幫助他打破固有模式，順利從一個活動切換到下一個活動。他也告訴朋友，看到他晚上十一點半還在線上時，要記得趕他下線。朋友當然還是希望他留下來一起打電動，但他需要外界的約束與督促。於是，好友答應配合，結果是他的睡眠品質改善了，每天的活力也增加了。

督促機制

督促機制是最後一項要件。許多人在缺乏外在督促下難以行動（這完全沒問題，了解自己很重要），如果你也是這樣的人，我們來看看如何善用督促機制。督促可以有多種形式：找一個人一起去散步（要你獨自一人散步，你根本沒有動力）；告訴朋友，你會在某個日期之前完成個人專案（這樣就有一個期限逼你，萬一做不到，朋友會善意地給你一些壓力）；約人去某個地方（看電影、咖啡館、農夫市集）；報名課程，不去上會浪費錢（用金錢來證明你的決心）。這些督促機制往往是許多人需要的推動力，促使他們去做他們宣稱想做、但需要一點激勵才會去執行的事。

我的客戶瑪麗就是運用督促機制來幫助自己早起。她想在上班前擁有一些私人時間，但有個問題：她向來是夜貓子，不是早起的鳥兒，而且她**討厭**早起。為了激勵她改變行為，我們必須找到她更討厭的事情。我們發現除非涉及金錢，否則她不會認真看待這個改變。瑪麗決定將五百美元交給她的丈夫保管，如果她無法連續一個月的週一到週五都在早上六點起床，那筆錢就歸她丈夫所有。結果呢？沒錯，瑪麗馬上變成早起的人。沒有什麼動力比押上現金的效果更強。

想像每個人體內都有一個杯子裝著動力。有些人一醒來，動力杯就是滿的，不需要任何刺激就能行動。其他人醒來時，動力杯是空的，需要額外施壓。瑪麗醒來時，她先天的動力杯是空的，需要金錢壓力的外在刺激才會行動。

相反地，有些人的動力杯是滿的，若是再從外部施壓，反而會不堪負荷。我就是這種人，醒來時動力杯滿滿，不需要外在壓力就能完成晨間例行事務、運動和工作。事實上，外在壓力太大時，我反而難以發揮。舉例來說，如果我有一串家務要處理，我可以很有效率地完成。但若有人告訴我，他二十分鐘後會來訪，我就多了有人要來檢視成果的壓力。原本我可以一邊悠閒地聽 podcast、一邊打掃，就會突然變得手忙腳亂。相反地，我遇過許多**需要**壓力才會行動的人。

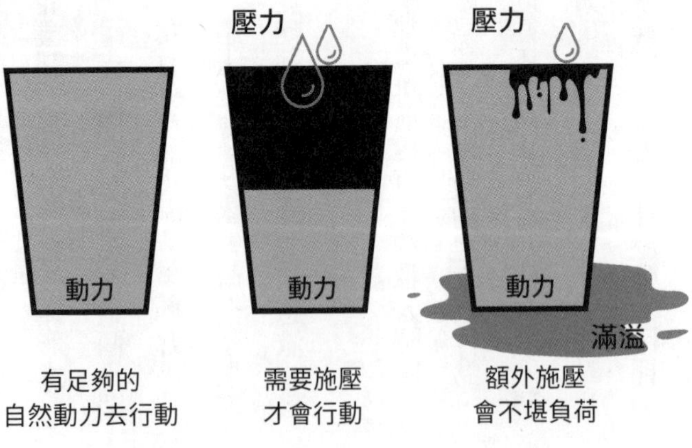

給他們一個緊迫的期限，他們就會完成任務。沒有期限呢？嗯，那大概不是很重要吧。這並不是要你抱怨自己的需求，而是鼓勵你接納自己的現況，誠實面對什麼方法最適合你。了解自己，再加上充分準備，可以讓自我關懷輕鬆上千倍。

克服對個人關懷的不利心態（休息的罪惡感、將休息視為獎勵、把休息視為補救措施），你就能開始修復你與休息及恢復的關係。從基礎開始，確保你把不可妥協的需求持續納入日常生活中。然後，嘗試不同組合的三管齊下個人照護。根據每週的需求，保養、休息、充電的方式都會有所不同。持續調整，直到你找到最適合自己的方式。一旦確立不可妥協的需求及三管齊下的個人照護習慣後，你就可以在事業、個人、健康、社交、生活方式這五大領域中，思考什麼是你理想的生活型態。運用你學到的技巧，如設立最低標準、浪漫化、遊戲化、設定提醒、建立督促機制等，以強化你正在努力達成的目標。根據自己的需求來調整這些建議，讓習慣真正扎根。再次強調，這些都是輔助工具。一旦持續得夠久，就會變成你的新習慣。

當我們感覺其他待辦事項比自己更需要關注時，便很容易將自己排在最後，辜負自己。我們可能為了滿足他人的需求而習慣忽視自己的需要，對此，我想溫和地提醒你，照顧好自己也是你的責任之一。俗話說，你不能對別人盡心盡力，卻對自己無所作為。你要對自己負責。優先考慮自己的需求可能不容易，但絕對是一大要事。

個人關懷不是一種奢求，而是必需。我希望你能在個人關懷上好好下功夫，**即使有時這樣做可能有些麻煩**。這可以避免十年後回首時，才赫然發現你未曾好好照顧自己。

Chapter 5 時間管理：當下就是你的人生

你準備好做一些數學題了嗎？（我知道這聽起來很可怕，但請相信我，這麼做是有原因的。）給自己一分鐘的時間，解開下方題目，盡可能拿高分。

這一分鐘內，你優先考慮了什麼？是先解簡單的題目，確保先拿到一些分數，以防較難的題目耗費太多時間？還是先解分數最高的題目？或是根據自己的能力挑選題目？又或者，你是按題目順序解題，因為你認為你可以在六十秒內解開所有題目？我請受試者解題時，有些人說他們純粹為了好玩而先選簡單的題目，不在乎分數。也有人完全沒解題，因為他們認為這個測驗不重要。

（1 分）：29 + 17 =

（2 分）：(45 × 9) - 31 =

（3 分）：(54 + 957) × [62 × (17 ÷ 3)] =

（4 分）：(9 × 482) - (56 + 84) × [(89 - 32) - (45 + 17)] =

我在時間管理課程的開頭會用這種測驗來說明：即使面對相同的四道題目，在時間限制下，每個人可能採取完全不同的行動決策。同樣地，在職場上，每個人都以不同的動機與理由來管理有限的時間。這些數學題只是一個簡單的例子。當我們考慮到上司的要求、同事的請託、截止期限、突發狀況、不同的緊急程度與重要性，以及由考績決定的加薪幅度時，實際決策又變得更加複雜。

時間管理決定了你的日常體驗，不僅影響你的工作表現，也影響你的心理健康。研究顯示，善於掌控時間的人不但工作考績較好，更普遍擁有較高的生活滿意度，也較不容易感到壓力。良好的時間管理——在規劃、排定優先順序和執行任務時，保持清醒的自我意識和策略思維——可以提高生產力、控制混亂、保護你的休息時間，這些都有助於預防倦怠。糟糕的時間管理——持續不當地管理時間，導致工作變得更辛苦，還影響到生活的其他層面——讓人感到不愉快，總覺得自己很忙，卻毫無進展。無法掌控清醒的時間，會使人產生深深的無助感，覺得生活失控。當你覺得自己無法掌控寶貴時間的運用，就不可能感覺平衡。

難以管理時間，不見得是因為任務太多又想盡量有效地完成。有些人有「時盲症」（time blindness）的問題——有意或無意地不考慮或錯估完成某事所需的時間——那會影響他們追蹤時間的能力。時盲症的人可能打算早上八點起床，以便九點左右抵達辦公室，卻沒有考慮各種可能的影響因素（交通、天氣、穿錯衣服等問題），只是假設一切都會順利進行。在職場上，這些人也可能在沒有清楚了解情況下，就答應接下任務。「當然，我可以完成」、「我很樂意幫忙」、「好，我加到我的待辦清單」。但無知並不是福，清楚才是福。我們在接受新任務時，若未充分考慮任務範圍以及它對現有工作的影響，就容易使自己過勞而陷入倦怠。唯有清楚知道自己運用時間的方式，才能更周全地判斷我們有時間做什麼。

我活到這把年紀，大部分的時間裡，我的問題正好與時盲症相反；我與時間有既緊繃又親近的關係。每當我陷入困境，我會變得更結構化，精確地規劃每一分鐘，不容許任何人為失誤。萬一出了問題，就會出現骨牌倒塌效應。我把時間表排得滿滿的，還自以為這就是良好的時間管理。我因效率高而受到讚揚，但實際上，我只是一個有條理、可靠的執行者，我用多種顏色來標記行事曆，與行事曆維持著一種不健康的依戀關係。我的時間管理其實很糟——面對他人的要求，我從來不懂得拒絕，只會一味地騰出時間來處理那些要求，直到我毫無生活可言。我完全沒有自我保護意識，也從不優先考慮休息。只要我有時間，時間就會被占用（而且最後永遠都會被占用）。

時間管理就像一個天平：一端是時盲症，另一端是過度規劃。理想的狀態處於中間區段，太偏向任何一端都可能導致倦怠。缺乏時間意識，意味著你不知道什麼時候時間不夠用。對時間的控制感太強，則可能讓你對操控時間的能力過於自負。時間管理太鬆散時，你可能因過度承諾及失控而陷入倦怠。但如果時間管理太嚴格，你也可能因過度承諾及給自己太大壓力而陷入倦怠。請記住，倦怠是長期的壓力與疲憊。我們如何運用時間以及如何處理待辦事項，都對我們承受的壓力有很大的影響。

為了與時間培養良好的關係，你必須要能夠清楚地思考時間，不讓它支配你。強大的時間管理需要幾個關鍵技能：安排優先順序、條件管理、執行力。為了達到最高效率，這三項技能缺一不可。在意識到自己於時間管理方面的錯誤之後（我因火車延誤而哭太多次了），我決定從頭開始。我需要在不犧牲進展之下減少所承擔的任務。我學會優先處理真正重要的事，並果斷回絕那些偽裝成機會的干擾。我找出讓我用更短時間完成更多工作的工作條件。我對時間管理做出了看似微小的改變，但這些改變提高了我的生產力、改善了工作品質，也讓我找回時間，重拾生活。

首要任務是判斷什麼才是真正影響成果的要事。我們來討論優先順序的安排，以及它如何影響你的日常生活。

優先排序是一項對抗型運動

我們每天都有一個「決策預算」（decision budget），也就是說，每天用來做決定的認知能量是有限的，一旦用完，就會出現認知疲勞。

決策預算

我們**需要**做好優先順序的安排，才能把決策預算花在最重要的優先事項上。你知道嗎？歐巴馬擔任總統期間，堅持只穿同樣款式的西裝，「因為他每天已經有太多其他的決定要做」。當我們在瑣碎的決定上耗費太多精力，就會消耗掉決策預算，很可能在做出所有重要決定以前就耗盡精力。我們為早餐吃什麼或上班穿什麼而煩惱；花十五分鐘修改一封初稿已經寫得不錯的電子郵件；擱著更重要的事不先思考，反而先回覆不緊急的簡訊——工作日都還沒開始，我們已經在浪費決策預算，以致下午就出現決策疲勞。等到下班時間，經過一整天緊湊密集的工作後，我們通常已經太累，無法投入額外的專業發展或為第二天做計畫。我們以各種藉口說服自己不去健身房、放棄與朋友之間的棘手對話，或放棄挑戰那道複雜的晚餐食譜。避免這種疲勞的方法是：了解我們真正的優先事項，如此才能預留決策預算，而不是在精疲力竭時強迫自己做決定。

因工作性質的緣故，我經常收到非正式的請求。例如，有人會來「請教我的意見」，朋友或家人向我傾訴他們的壓力來源並詢問該如何應對。這些尋求我關注的請求不盡相同，然而當它們在工作日一大早冒出來時，我必須做出選擇：我究竟應該開始處理當天真正的工作重點，還是應該回應這些意料之外的請求？答案是，先做有錢領的工作。但是，當你所關心的人發來求助訊息，要置之不理並專注於該優先處理的事依然很難。如果你接了那通電話，或是不厭其煩地幫朋友修改他要寄給老闆的信，你就浪費了原本該用於關鍵產出上的寶貴精力。不要誤解我的意思，有時你可以隨心所欲地分心及幫助他人，但不是在你已經精疲力盡、忙得焦頭爛額、需要好好爬梳優先順序的時候。

雖然區分干擾與優先事項通常不難，但要決定哪些優先事項應該最先處理，卻不見得那麼直接。當我們有太多**必辦**事項時，該怎麼辦？

以我輔導過的一名女子荷莉為例。荷莉向來積極進取，除了管理團隊以外，還擔任專案經理。她來找我時，正為了要同時讓直屬員工、客戶、管理高層都滿意而苦惱。可想而知，這三個群體各有不同的要求，荷莉覺得三者都一樣重要。儘管她已經告訴管理高層，她和團隊的工作量已達極限，但高層仍繼續增加團隊的工作量。為了避免直屬員工過勞，她持續承擔額外的工作。她的工作是直接面對客戶，不能容許任何疏漏，萬一工作有所疏忽，客戶一定會發現，也必然會遭到指責。荷莉不希望自己不堪負荷的工作量影響到客戶的體驗，她不得不加班以免進度落後。她的工作並非單純地排列任務的先後順序，而是必須在諸多急迫的優先事項中做取捨。

在諸多急迫的優先事項中做取捨，就像在駕駛一艘受損的船。你需要到達某個目的地，但船帆破損，而且船身有個洞。你必須先處理船身的洞，因為萬一船沉了，即使有完好的船帆也沒用。當你檢視優先事項時，需要區分哪些優先事項是船身的洞，哪些是破損的船帆。

對荷莉來說，「船身的洞」（也就是會危及其他所有工作的問題）是，她說團隊的工作量已經無法負荷，但管理高層不相信，仍持續交派更多任務。她可能有完美的團隊，而且可以最高

效率處理客戶專案（完好的船帆），但如果工作量持續處於無法負荷的狀態（船身的洞），即便有再好的團隊及再高的效率都沒有意義。因此，她的最優先事項——最重要且時間敏感的任務——是要讓管理高層相信團隊的極限在哪裡。我們會在「設定界限」那一章詳細討論她是如何表達這些限制的，但這裡可以簡單預告一下：她比以前更堅定地主張團隊的界限在哪，並確保團隊得到足夠的協助，以支援他們的工作量。

優先處理船身的洞（無法負荷的工作量）以後，荷莉設法改善了團隊的日常工作流程與長期的體驗。一旦她修好了船身的洞，就可以著手修理船帆（確保團隊的效率與凝聚力）。時間管理工具可以幫助你精進績效，但在決定優先順序時，你必須注意這個操作順序——先處理船身的洞，再修理船帆。

我們進一步來討論，如何在日常工作中為眾多相互競爭的需求排定優先順序。

安排優先順序的工具

早上八點五十九分，你拖著沉重的腳步來到辦公桌前，你剛癱坐在椅子上，就聽到手機傳來訊息通知，昨天還有一堆電郵有待你回覆。你不敢打開即時通訊軟體，因為一旦打開，那些訊息就會變成你該煩惱的問題。手上還有幾個進行中的專案，需要盡快完成。今天排了幾場會議，但你完全沒有準備。沒有任何計畫之下，你決定先打開通訊軟體，就這樣混混沌沌地度過工作的第一小時。接著，你這樣繼續下去，根據寄件者的資歷或催促程度來決定處理順序。等你回過神來，已是下午三點，只剩幾個小時，你就得去接孩子，或與朋友喝一杯，或回家準備晚餐。除了處理完收件匣裡幾十個緊急事項以外，這天你到底還完成了什麼？我們都經歷過這種情況：時間被源源不絕、難以預測的需求占用，使我們徹底忘了什麼才是我們的優先事項。

這是我建議你每天從「晨會」開始的原因。**晨會**（morning meeting）是在你正式啟動工作日以前，與自己開的短暫會議，目的是釐清思緒。為了避免讓收件匣變成待辦事項清單，請將你知道你需要完成的所有事情都寫在一張空白紙上，然後開始找出當天最重要的事項。這種晨會不必開很久，差不多一首輕快歌曲的時間就夠了（輕快歌曲不是必需，只是建議。山塔那樂團〔Santana〕的〈Smooth〉是經典之選）。晨會讓你能把事情安排妥當，當同事或主管詢問你的時間安排和優先事項時，你便能給出自信的回應。

有了任務清單以後，就可以使用以下三種優先順序系統之一，來精簡你的待辦事項清單。

艾森豪矩陣

艾森豪矩陣（Eisenhower Matrix）是非常簡單好用的方法，可以應用在生活的任何領域。這種方法因史蒂芬・柯維（Stephen Covey）在其暢銷書《與成功有約》（*The 7 Habits of Highly Effective People*）中推廣而廣為人知，[1] 如果你很熱中於時間管理，有可能聽過這個方法，這個矩陣是按緊急程度與重要性來分類項目。

這個矩陣就像是安排優先順序的輔助工具，有助你養成一種習慣：聽到要求時，迅速評估其緊急程度與重要性，這樣就能決定如何處理，以及要多快處理。

並不是每個任務都很重要，也不是每個任務都很緊急。認為每件事都很重要、都值得優先處理，

艾森豪矩陣

	緊急	不緊急
重要	優先處理	規劃
不重要	執行 委派 安排時間 設定預期	自動化 刪除 委派 外包

正是倦怠者老是覺得「事情永遠做不完」的原因。

經常使用艾森豪矩陣，你會發現，將時間花在矩陣上半部的任務最理想。你優先處理「緊急且重要」象限裡的事項，並為「重要但不緊急」象限中的事項做規劃。「緊急但不重要」的事項往往帶給你最大的困擾，因為它們會打亂你更想做的重要工作。為了對抗「緊急但不重要」任務所帶來的突然壓力，你可以**執行**任務、**委派**任務、**安排時間**再處理，或者**設定新的預期**以避免這種情況持續發生。（如果你常成為他人時間管理不當的受害者，總是被要求在最後一刻處理緊急任務，你可能需要和對方談談這個習慣，因為它妨礙了你把其他工作做好的能力。）盡可能不要將時間或精力花在「不緊急又不重要」的類別上，把那些事項加以**自動化**、**外包**、**最小化**、**委派**、**暫停**或**消除**。我們會在本章的「執行」部分重新討論這些時間管理工具。

如果你無法減少花在「不緊急又不重要」任務上的時間——無論是因為你在公司階層中的職級，還是因為完成這類任務是你職責的一部分——我的下一個建議是：**整合**、**規劃**、**提醒**。

我們從**整合**開始看起：那些耗費精力的任務能不能集中在一起處理？這樣就不會感覺

它們沒完沒了。例如，若你討厭整天都在安排會議，那就改成每天一早把所有的會議都安排好。下午出現新的開會要求時，做個記號提醒自己，明天早上再安排。**規劃**：你能不能為重複性的任務建立一個可預測的時間區段，以減少其煩擾？例如，在每小時的開頭回覆電子郵件與即時訊息，而不是一收到就回覆，這有助你減少分心，也讓不可預測的通訊變得比較有條理。最後，**提醒**自己：你可以把工作做得很出色，不必將每天出現上千次的壓力源放在心上，而且這個需要處理大量耗神任務的階段很有可能只是暫時的。*試著發揮創意，想辦法讓這個階段變得更容易忍受。

時間框

第二個可用於安排優先順序的工具是**時間框**（time blocking），這是一份視覺化工具，有助你確保時間的使用方式與你想優先處理的目標一致。如果我手上有一份你的每日時間分配表，我應該要能看出你的優先事項是什麼。

這個工具很簡單：思考你的優先事項，然後在你的時間表中「框出」這些事項，如此便能清楚看到你是如何運用時間的。

時間框

在Outlook行事曆出現以前，時間框就已經幫助領導者很長一段時間了。事實上，如今已知最早使用時間框的人是班傑明・富蘭克林（Benjamin Franklin）。[2]時間框可以作為艾森豪矩陣的後續步驟（只要將各象限的事項巧妙地排進你的時間表就行了），也可以作為獨立的日程安排方法。

時間框還有一個額外的好處，可以減少對任務的焦慮預期。你是否曾經一醒來就開始想著所有必須完成的事情？當你有許多責任，但不確定何時能完成，這種感覺可能令人不知所措。更好的做法是利用晨會來處理你在想的所有事情，找出優先事項，然後在時間表中**框出**這些任務。如此一來，當你開始預期某事並為之擔憂時，便能安撫自己，你已經為它騰出一段時間了。這就像在心理上把壓力源分隔開來，將它限制在你特別騰出來處理它的時段內。

＊ 如果這項任務的大部分內容讓你痛不欲生，而且這種情況不是暫時的，我想提醒你：不妨翻到本書後面「何時該離開」那一章看看。

關於時間框，最常見的問題是：

「如果我的時間表總是在變動怎麼辦？」

假如情況改變，不要害怕跟著改變。我知道，事情沒有按計畫進行時很令人沮喪。但時間表改變時，不要抱著全有或全無心態而完全放棄計畫。相反地，要自問我們在討論「最低標準」時問過的同樣問題：「次好的選項是什麼？」如果你的時間表變了，計畫A行不通，就轉向備案B。

「如果其他人不尊重我的時間框怎麼辦？」

思考一下為什麼其他人可能不尊重你的時間框。你是不是一直允許他們覆蓋你的時間框？可能的話，最好設立界限來保護你的時間框（我們會在「設定界限」那章深入討論這個概念）。如果這樣做不可行，就發揮創意來移動時間框。例如，將它們安排在一大早或晚上，那些時段比較不會被占用。如果在你移動時間框以後，別人依然覆蓋你的時間框（你肯定對此感到很沮喪），我得很遺憾地說，你可能需要接受一件事：你的時間框在公司裡是不受尊重的。這時你需要評估：這種被忽視的情況是你可以接受的，還是長期下來會讓你感到身心俱疲，最終陷入倦怠？

「萬一我無法在時間框裡完成任務怎麼辦？」

如果你需要的時間經常比你框選出來的還多，要麼設定更長的時間框，要麼先暫停、等待更合適的時間再繼續做。當我用完一個時間框、但任務尚未完成時，我會先讓當前的思緒告一段落，然後記下我現在的進度和下一步需要做什麼。這樣一來，當我又回頭處理那個任務時，我會記得上次做到哪裡，不需要太多時間來進入工作狀態。

試著為一週框出優先要務的時間，把會議、專案、處理電郵，甚至午餐時間都框出來，而不是知道這些事情都需要完成，卻不確定什麼時候要做。

下一個工具是為像我這樣的「清單控」所設計的，這是最靈活的系統，因為說到清單，你最了解自己，也最清楚如何為你的任務分類是最好的。

老派清單

「回信給吉姆」、「疏通淋浴間」、「提交專案」、「打電話給媽」這些事情不該放在同一張清單裡。把待辦事項混在一起，不分生活領域或重要程度，這樣做無法讓你發揮最大的效率。清單的組織方式很重要，當你將上述項目都放在一起，你可能會憑感覺去選擇先做什麼，像是什麼看起來最容易，或直接按照排列順序，而不是先處理最重要的事。你應該將各種任務拆分成幾份清單，以強化優先順序。

待辦清單：**今天必須做**的事項。真正的優先事項。

雜事清單：其他你想做或需要做、但不是必須立即完成的任務。這個清單是用來蒐集那些可能干擾我們完成真正優先事項的事情，例如，回覆那則即時訊息、上傳你忘記的文件、退回那個包裹——這些事情可能比較容易完成，或做起來比較有趣，但我們需要謹慎地安排處理的時機。

當我們在優先事項與雜事之間切換時，如果沒有保持警覺或用心思考，就會破壞「心流狀態」（flow state）。在心流狀態下運作，是指全神貫注於一項任務（神經科學已經畫出我們大腦在「心流」狀態下的樣子），[3]這種狀態常被形容為全神貫注到「忘了時間的流逝」。當我們為了做一些瑣碎小事而打斷心流狀態，也破壞了真正的生產力。這裡的目標是把雜事清單的項目留到更適當的時機再做。還記得「決策預算」的概念嗎？既然我們的精力有限，就應該按照輕重緩急來運用精力，優先處理最重要的事。

雜事清單應該按照重要性，由高而低排序，**以便在有時間處理的時候依序進行**。一項研究探索了工作遭到中斷的影響，[4]結果發現，受試者才受到二十分鐘的干擾，就明顯感到更大的壓力、挫折感、費力、緊迫感。做事遭到打斷（無論是雜事清單上的事，還是其他事），會降低我們的效率，也影響我們的工作記憶。[5]這是因為工作記憶（保存著當前任務所需的相關資訊）在我們堆著事情沒做時會超載，例如，轉身回答某位同事問你如何修理印表機的問題，或者「迅速接聽一通電話」。（你聽過「媽媽腦」嗎？這個詞是用來形容母親工作記憶下降的現象，這很可能是育兒過程中不斷受到打擾的副作用。）任務切換與多工並行會造成時間浪費（我們需要更長的時間才能重新專注並完成本來在做的事），也會降低準確性。研究顯示，頻繁切換任務及多工處理的人比較容易出錯（抱歉了，喜歡一心多用的人）。[6]分心有礙產出，不僅影響我們表現的速度與準確性，也影響我們體驗的好壞。這也是為什麼需要先處理優先事項，讓雜事清單項目退居次位。

生活清單：這是我們想優先處理的個人待辦事項。「吃早餐」、「出門走走」、「運動」、「喝兩千毫升的水」、「列出超市採購清單」、「回爸爸電話」——這些和工作待辦事項同樣重要。我們的待辦清單與雜事清單反映工作品質，生活清單則反映生活品質。多數人以為自己會記得做生活清單上的事，所以要麼不寫下來，要麼將它們和工作優先事項放在同一清單上。列一份專屬的生活清單，會更容易記住及優先處理這些項目。這些小事往往決定了我們在一天結束時，是否感到今天有好好照顧自己。

我也非常建議大家設立一份**之後清單**（Eventually List），用這份清單來蒐集任何不需要**很快**完成的事。像整理儲藏櫃這種任務可能永遠躺在你的待辦清單上，我們的目標就是要避免這種情況。這些清單不該長到令人不知所措。如果某項任務有「完成期限」，就在行事曆上設定提醒，到時候再重新檢視。不要讓它停留在你經常檢查的清單上，徒增不必要的罪惡感。

這些排序方法很適合用來整理超出負荷的待辦事項，你可以根據當前的情況，選擇及組合不同的排序工具，然後逐步調整到最適合你的方式。

下一步是了解你在**什麼情況下**工作效率最好。並非所有的工作條件都一樣，因此要先找出你需要什麼樣的環境，才能發揮最佳表現。這裡不會有任何人對你指指點點，即使你說你在海灘上喝著調酒時工作效率最好，我也可以接受。

工作條件（亦即「我無法在這些情況下工作」）

我的朋友蘿拉說：「過去兩年我一直在浴室接聽電話，讓我先生在客廳接聽電話。」她是位傑出的人才招募者，新冠疫情爆發時正住在一間美麗的複層公寓裡，她和丈夫在疫情**之前**都很喜歡那個空間。後來他們發現，對於每天都要講好幾小時電話的人來說，開放式的複層空間實在不是理想的格局。他們夫妻的對話很快就演變成爭執，為了誰占用這個空間、誰又在干擾對方的工作而爭吵不休。他們決定讓蘿拉在浴室接聽電話，因為她的電話比較多，而且她希望她正在通話、但先生沒有的時候，先生可以在家裡自由走動。不出所料，這種安排無法讓蘿拉發揮最高效率。

你工作的環境會影響工作品質。從環境、工作時間，到你穿什麼或聽什麼，這些條件都會影響你的生產力。如果工作條件阻礙你做該做的事，即使你有一個完美平衡的待辦清單也沒用。

你在哪裡工作效果最好？什麼樣的環境能讓你專注，減少干擾？自然光、新鮮空氣、適宜溫度——這些因素都證實對一個人的工作體驗有正面影響。但個人對工作環境的獨特偏好，也對其工作績效有同樣大的影響。你穿著舒適的服裝工作效率較好，還是正式的專業裝扮更能讓你進入狀態？你專注工作時，需要完全安靜，還是喜歡背景音樂，或周遭有交談聲？你和其他人一起工作時更有效率，還是獨自一人時更專心？手機放在身邊對你來說是干擾嗎，你需要將它放到別的房間嗎？

你有沒有聽過「穿得更體面，會讓你表現更好」或「為你想要的工作裝扮自己」之類的建議？我聽過，但不知怎的，我的穿著越接近窮困大學生，反而表現越好。當我在咖啡館裡，戴著降噪耳機，穿著大賣場買來的運動褲與運動衫，這時候的工作效率最好——這些是我的理想工作條件，不過也可能是別人最糟的噩夢。

我第一次注意到每個人對工作環境的偏好有那麼大的差異，是在我以前上班的地方。當時公司大力推動「打造卓越員工體驗」的計畫，希望能全力支持每位員工。那天稍後，我戴上耳機，想專心完成一個專案。這時團隊中的某位同事走到我的座位旁，打趣地問我：「戴耳機也算是卓越員工體驗嗎？」我說：「對我來說確實是。」我們都笑了。不過，這個小插曲正好說明了，對某人來說是絕佳體驗的事物，對其他人來說未必如此。

時機是關鍵

除了對工作環境的偏好以外，你也應該知道，一天中的不同時段分別最適合做什麼類型的工作。廣義來說，有四種不同類型的工作：（見下圖）

我早上喝著咖啡，聽著輕快的音樂時，做創造類與完成類的事項，效率最好。下午一點到三點，我的工作效率很差。我試過在這個時段逼自己進行完成類或創造類的事物，但總是事倍功半，有如逆水行舟。相較之下，我喜歡在下午時段做協作類的任務。與人會面可以讓我恢復精力，是最有效運用這段時間的方式。

了解自己什麼時候、以什麼方式工作的效率最好是非常重要的，這樣你才能在執行任務時，為自己創造最有利的條件。以一○○%的效率工作一小時，比以三○%的效率工作三小時要好。在時間管理方面，很多人誤以為量比質重要。清楚了解自己，並針對不同類型的工作採取恰當的策略，不僅能節省時間，還能提升整體

吸收	創造	協作	完成
接收資訊（學習、閱讀、研究）	發揮創意（寫作、腦力激盪、規劃）	與他人合作	執行待辦事項

工作體驗。

我常聽客戶說，他們在某個時段工作效果最好，但那個時段常被打斷。這也是為什麼注意自己何時最適合處理哪種類型的工作**格外重要**，這樣你才可以盡可能為那個活動保留那段時間。

我曾經輔導過一個團隊提升時間管理技巧及減少工作倦怠，威廉是那個團隊的成員。他告訴同事，他早上一開始進行完成類與吸收類的任務，效率最好。他在品管部門工作，需要閱讀與撰寫很多報告——這需要一杯咖啡及清醒的頭腦。當他將閱讀及撰寫報告留到太晚才做，速度會明顯變慢，也容易分心。他也說，他比較喜歡利用完成報告後的下午進行協作類的任務。

威廉向團隊說明自己最佳的工作時段後，使得大家更重視彼此在行事曆上框出的「專注工作時段」。團隊成員同意，假如有可能，不要在他人的專注時段安排會議，因為他們更了解這段時間對完成特定工作的重要性。相對地，他們也能接受，在這段時間內，電子郵件與即時訊息可能不會立即得到回覆。此外，團隊也約好早上十點以前不開會，並設定固定的每日問題排解時間，而不是整天都得隨時回應，藉此保護每個人的最佳工作時段。三個月後，該團隊跟我回報他們的工作日變得更充實，也更有成效。

你要將你的工作日拆分成幾個主要工作類型。你可以使用前述的四個工作類別，也可以自己分類。注意一下，你平常都在做哪些工作？什麼時候做那些工作最有效率？又是在什麼條件下？

接下來，思考如何讓你的工作日更符合個人偏好。也許你需要調整工作時間（可能的話），讓它更加配合你的高效時段。或許你需要正視你效率低落的時段，並利用那段時間去處理雜事清單上的事項，因為比起需要高度專注的任務，處理這些事情更容易有進展。

當然，提前預防可能影響工作效率的因素也很重要。你是否需要在特定時段或處理特定類別工作時，將手機設為勿擾模式？你是否需要告訴那些容易打擾你的同事（就是那些喜歡在工作時間閒聊的人），某些時段你無法參與交談？你是否需要戴上降噪耳機，這樣就聽不到你的狗在門外嗚嗚叫，想引起你的注意？試著進行一個月，為自己創造**理想**的工作環境，看看這對你的表現與體驗有什麼影響。

準備，開始，執行

你有**一大堆**工作要做，於是你去到一個安靜的環境，點了一杯昂貴的拿鐵。你攤開記事本，打開筆記型電腦，戴上耳機……結果在開始工作以前，先滑了三十分鐘的手機。你為完成工作做好了一切準備，現在卻遲遲無法啟動。我們**都**遇過這種狀況……也許你今天早上就是這樣。

即使在最理想的狀態下，執行任務也需要一些毅力；而當我們陷入倦怠時，這個挑戰的難度又成倍增加了。這是因為倦怠其實損害了大腦中負責執行任務的區域。研究顯示，倦怠者的前額葉皮質會變薄，[7]這是負責處理複雜決策的大腦區域。這些區域的損耗可能導致記憶不佳、難以專注、情緒低落。換句話說，倦怠可能讓最求好心切的人也很難去做基本的事情。（別擔心，一旦倦怠消退，這些改變是可逆轉的。）

這種認知疲勞和情緒困擾，使我們更容易受到各種干擾因素（例如不堪重負、追求完美、抗拒任務等）的影響，而且這些干擾因素在壓力下往往會惡化。這三種干擾因素其實有一個共同點：待辦事項看起來**太龐大**，讓人不想面對。再次想像你坐在前述那個安靜的場景中。工作就擺在你面前，你知道一旦開始做，就必須完成。那很容易讓人完全不想開始。

把大事化小的一個方法，是採取**分段式衝刺**的方式。衝刺是一段十五到五十分鐘的時間，在這段期間，你有明確的目標且全神貫注，之後會休息片刻。大家常低估自己在某段時間內能完成的事情。也許你以為某項工作需要花一整天才能完成，但是，當主管突然說他兩小時內就要拿到成果，你突然也能在兩小時內完成。當你想到要發送那些會議提醒郵件，可能會覺得很無聊、繁瑣又耗時。試著設定一個三十五分鐘的計時器，告訴自己**必須**在這段衝刺結束之前發送（或至少草擬）**所有**郵件——我敢打賭你辦得到。

假設你告訴某人，他需要在跑道上跑一個小時。不管他跑多快，反正就是持續運動一小時就對了，他很自然便會用慢速度跑步。現在，想像你告訴某人要跑兩圈。有了明確的短期目標後，他會跑得更快。當你用這種方式來設定任務——具體且範圍清楚，不僅會讓目標更加明確，也增加了完成任務的迫切感。少了明確性與迫切感，你就會像那個有一小時在跑道上慢慢移動的人那樣，悠哉悠哉地完成任務。明確性與迫切感迫使我們專注，而專注正是時間管理的黃金法則。

在衝刺工作時，盡量減少一切可能的干擾：把手機放在房間的另一端，把雜事清單放在手邊，記下任何腦中浮現的不相關想法或任務。你選擇的衝刺時間，會根據當天的需求及你能專注多久而改變。你所選擇的衝刺時間是長是短都沒什麼好丟臉的，那是為了支持你而設計的。我輔導過許多很聰明的人，他們是以二十五分鐘為一段衝刺時間，將工作日分成十六個小段，那感覺比一個八小時的大區塊容易應付多了。

這不表示你在這二十五分鐘內完成的就是最終成品，你只是把工作分成一段段可控制的時間來處理，直到你達成想要的品質。使用衝刺工作法的目的，不是敷衍了事，而是為那些你可能拖延不做的工作創造專注力和迫切感。採用衝刺的方式工作，就能在有限的時間內全力以赴，而不是強迫自己以較低的效率、工作較長的時間。

在密集衝刺的空檔，安排能真正讓你恢復活力的休息時間。舉例來說，瀏覽社群媒體無法讓大腦真正休息。相反地，你可以利用那短短二到五分鐘的休息時間離開座位、做幾次深呼吸、去倒杯水、隨著你喜歡的歌曲起舞以重振精神、伸展筋骨，或是到戶外走走。當同事潭美突然來到你桌邊閒聊，那並不是休息，而是干擾。休息和干擾的區別在於，休息是我們可掌控的放鬆時段，而干擾通常不在我們的掌控之中，也無法讓人放鬆。每隔三十到六十分鐘就休息一下，看似會降低工作生產力，但長時間專注於單一任務反而會降低效率，短暫的休息則可以讓你重新投入工作時更專注。[8]如果工作特別耗費心力（需要非常專注），那麼適當地延長休息時間，反而可以提高後續的績效。[9]

當然，某些工作比較適合用衝刺法完成。社工不能在家訪過程中，因衝刺時段結束就喊停，但他們可以分段完成報告的撰寫。心理治療師也無法在諮商中途暫停，但可以分批處理及寄送帳單。重點是在可行的範圍內靈活地運用這個方法。

從不完美開始

完美主義和拖延症是阻礙執行的兩大絆腳石。從某個角度來看，完美主義是一種優點，許多完美主義者通常很有動力，[10]也很投入。他們做事是為了把事情做好，不需要外在獎勵就能完成任務（這是主管夢寐以求的員工特質）。但追求過高的標準，也可能導致時間管理不當與倦怠。事實上，研究發現，有「失調性完美主義」（maladaptive perfectionism）的人比一般人更容易出現倦怠。[11]這類人設定的標準高到近乎無法達成，他們做事不是為了追求成功帶來的喜悅，而是因為害怕遭到批評。這些人往往在工作上投入過多的時間追求「完美」，卻始終對結果不滿意，導致既耗時又令人情緒緊繃的惡性循環。即使你不是一〇〇%

的完美主義者，也可能落入這個陷阱。我不是典型的完美主義者，但我也會在寄出郵件之前反覆檢查五次（此外，如果我的指甲油斑駁剝落了，就不會發布影片；房間亂了，就不拍照；覺得講話沒有條理，就重錄留言十次……好吧，也許我真的是完美主義者……）。

為了追求完美，我們可能會推遲必須完成的事情。因此，完美主義者常有拖延的傾向。[12]拖延的方式有很多種，包括忙著做其他事，卻不專注在當前最需要完成的任務上。這種拖延行為太普遍了，甚至出現一個專門用語：「拖延式生產力」（procrastivity）。例如，你該準備明天早上的會議，卻在拖地洗衣，還自我感覺良好。你確實很有效率地完成了一些瑣事，卻犧牲了真正**該做**的事。

完美主義者往往認為，初稿就該接近完稿的水準。如果你也這麼想，請放下這樣的包袱。做任何事情的第一次都可以亂一點沒關係。事實上，對前幾個階段的成果要求越低，越容易跨出第一步。**從不完美開始**，然後逐步改進。

開始著手通常是最難的，所以要強迫自己動手（即使是從小處著手）。快速完成一份簡略的初稿，遠比一直拖延、期待一下筆就完美來得有效。我想澄清一點，「從不完美開始」只是一種理念，與另一種常見的理念「一次就做對」剛好相反。這兩種理念在不同情況下、對不同的人都可能適用。如果辛苦工作了一整天，你還有想要完成的任務，你可以二選一：迅速完成一份不完美的草稿，等明天再完稿，或是把整件事留到明天再做。這個選擇得看哪個做法當下對你最有利。草草開始雖不完美，但是否會讓你明天更快進入狀況？還是將工作留到明天，一氣呵成的效果更好？

心理狀態也是一個重要考量。我們都遇過這種情況：盯著螢幕，卻無法進入工作狀態。時間允許的話，不妨先轉做比較容易完成的任務（例如回覆郵件、整理其他專案、處理雜項清單上的瑣事），然後休息一下（例如散步、小睡片刻、喝杯咖啡、打電話給朋友），讓自己轉換心情後再繼續。重點是：了解自己，聆聽注意力在告訴你什麼，尊重當下大腦的狀態與極限。

掌握了安排優先順序、管理工作條件、啟動執行力等基本工具以後，接下來我們來看其他有助你減少倦怠、提升效率的時間管理工具。

時間管理工具箱

卡拉來找我時，有如一個即將沸騰的水壺。她在科技公司上班，有份高收入又富有成就感的工作，副業則是販售珍本書，生意蒸蒸日上。業務成長令她振奮，但現在她等於一個人做兩份工作。她不想放棄任一個，這表示她必須找到有效管理時間的方法。她的朝九晚五工作已經運作得井井有條，所以她決定在副業上測試各種時間管理工具以提升效率。

我為卡拉準備了一系列實用工具，開始著手改善效率。首先，她把訂購或尋找珍本書的時間**集中**在每月的一兩天，而不是隨時都在進行。這幫助她將心力與壓力限制在特定時段。接著，她讓客戶競標流程加以**自動化**，把客戶導向網站的競標頁面，那個頁面會自動進行拍賣，不需要卡拉手動管理出價。自動化系統幫她省下大量的時間和精力。然後，她決定將日常業務的瑣事**委派**給雇來的助手，並把遛狗**外包**給專業遛狗師，以騰出更多時間。最終，卡拉在不影響正職及個人生活之下，管理了副業的成長。更棒的是，這些改變讓她有足夠的時間，重新參加之前因為太忙而放棄的陶藝課。

這些工具的優點在於，能夠配合各種情況靈活地調整。讓我們逐一來了解這些工具，看看為何如此有效，以及如何發揮作用。

工具一：集中處理

將類似的待辦事項集中在一起處理，因為處理類似的任務比在不同類型的任務之間來回切換更節省心力，不必每次都重新開始。前面提過，任務切換會逐漸消耗我們的注意力。

在工作上，你可能需要追蹤多個同時進行的專案。與其零散地發送追蹤郵件，不如安排特定的時間，趁著你進入工作狀態的時候，一次處理完畢。在家裡，假設你買了花椰菜，打算這一週每晚都吃花椰菜。你可以每天晚上都清洗、切塊、烹煮花椰菜，也可以一口氣清洗與切好一週的分量，之後只需要在吃的當天烹煮。雖然前期作業稍多一些，但整體來說可以節省時間。

當我們已經處於適合執行某項任務的身心狀態時，一次完成相似的工作更有效率。我們往往沒注意到啟動與結束一項任務需要耗費多少精力。透過集中處理，你可以減少反覆開始與停止所損耗的精力，趁著進入那個身心狀態時，一次做完需要完成的工作。

工具二：委派或外包

雇用他人或請人幫忙處理原本需要自己完成的事情。

假設你這週特別忙，完全不想煩惱晚餐的問題。你可以提前安排幫手——也許可以請伴侶負責規劃和準備一週的餐點，或是向專業廠商訂一週的套餐，又或是向住家附近喜歡的餐廳訂外賣。當你需要充分利用時間，請誠實面對自己需要幫助，不要害怕尋求協助。你可能認為自己做更有效率，但你應該把精力花在真正需要**你**親自處理的事情上，其他可以交給別人做的事就委託出去。

工具三：固定排程

在固定時間處理某件事，就不必一直擔心「到底什麼時候才能做完」，也不會一拖再拖、沒完沒了。

也許你不喜歡打掃，但不定期整理空間的話，你又覺得壓力很大。與其等到「夠糟」才動手（我最慘的經驗是，因為家裡沒有乾淨的叉子，只好用筷子吃沙拉），不如每天晚上八點安排十分鐘進行簡單的整理，或是在晚餐後排一段十分鐘的時間，全家一起收拾。將這些事情安排在可預期的固定時段，而不是每次都要花心思決定何時要做。

工具四：自動化

任何出現「每次」的情況，都很適合自動化。「每次有人問這個問題……」或「每次要訂購這個產品……」都是建立某種捷徑的提示：建立範本、在電郵的簽名檔加入常見問題（FAQ）、製作目錄、錄製教學影片（這樣就不必一再說明同樣的事）。訂購固定配送、設定自動付款、提前預約（因為你知道以後一定要處理）。和集中處理一樣，這也是前期多投入一點心力，之後就能省下更多功夫。

我經常需要發送二十種郵件（例如「感謝你的關注」、「感謝你雇用我」、「以下是後續步驟」、「隨信附上你索取的表格」、「這是通話連結」等）。不管郵件多短，我都會把這些範本儲存起來，省去每次重新撰寫文字的時間。這種自動化不只節省我斟酌用詞的時間，也減少了回覆郵件的阻力，因為我知道每個回覆已經完成七〇%，只需要編輯特定的資訊就好。再小的事情都值得自動化。

工具五：疏通瓶頸

每當發現會拖慢工作或影響工作品質的問題點，就記錄下來。

二〇一七年的某個寒冷一月天，主管帶了一篇印出來的文章來參加團隊晨會。那篇文章談到「停止生產線」的概念，內容是關於一間產品品質下滑的工廠。仔細檢查後發現，員工覺得自己沒有權力在發現錯誤時停止生產線。如果第三階段出現錯誤，第四、五、六、七階段等後續的工序就會在這個錯誤的基礎上繼續進行。解決方法就是授權工人在發現問題時停止生產線。每個生產階段都配置一個按鈕，按下後就可以立即停止生產線，讓他們修正錯誤。

有人可能擔心這會降低整體的生產速度，但實際上產品品質與員工體驗都改善了。主管讀這篇文章給我們聽，是想強調他希望我們對自己的工作負責。一旦發現可改進的地方，他支持我們採取行動。

在你的工作中，哪些經常遇到的問題是可以改正的？你需要誰的支持，才能「停止生產線」並做出改變？我建議你明確指出想改進的方向，以及過程中會受到影響的人，你們很可能擁有提升效率與品質的共同目標。

舉例來說，也許每次你啟動一項專案都需要某人核准，但他很難聯絡上，有時要等上數週、甚至數月才能啟動專案。與其老是在心裡抱怨等羅傑回信核准要兩週，不妨問問他，是否願意把核准權委派給較容易聯絡的人。如果這個提議不適合你的工作環境，也可以試試把每週的核准申請集中在一封郵件中，或是和羅傑約好固定的會面時間來處理那些核准事項。

一開始，先提出暫時更改的請求，因為相較於永久性的改變，一般人比較容易接受暫時性的改變。在試行期間，蒐集資料來證明改變的好處：減少來回溝通次數、受益人數、專案進度、節省或賺到的金額——任何能夠證明新方法更有效且值得保留的有力證據都可以。

工具六：誰、何時、何地、如何

「什麼」就是你的任務，但任務不見得有彈性。假設「什麼」讓你抓狂，但短期內又無法改變，那就檢視「誰」、「何時」、「何地」、「如何」，看看是否有可替代的執行方式。參與任務的人員可以更換嗎？執行的時間可以調整嗎？完成任務的方式可以改變嗎？

梅蘭妮是一間大型非營利組織的專員，她討厭處理發票，因為發票總是堆積到月底，需要花好幾個小時來整理與處理。她決定做個簡單的調整：改在每週五早上處理發票，而不是月底才處理（固定排程／集中處理，這等於改變「何時」），並設定五十分鐘計時器來完成這項工作，以免分心或感到無聊（使用衝刺工作法，這等於改變「如何」）。梅蘭妮也在完成五十分鐘的工作後，到附近咖啡店買杯冰咖啡獎勵自己（遊戲化／浪漫化），這樣一來，處理發票就不再令她頭痛了。在不愉快的工作周圍建立小系統，讓它變得更有趣，可以產生很大的差異。發揮創意來改變「誰」、「何時」、「何地」、「如何」，藉此把討厭的任務轉變成可接受的事——這種技巧不僅在職場上有用，在生活中也能派上用場。

思考一下哪些任務最令你疲憊。以上工具能幫助你改善體驗嗎？你可以將這些工具寫在便利貼上，放在手邊，下次在時間管理方面遇到困難時，就能立即參考。

精力管理：時間管理的失散兄弟

「每天早上送孩子去學校後，我一天的精力已經消耗了一半，工作都還沒開始呢。」育有三子的露西向我吐露心聲。困擾露西的其實不是時間管理的問題，而是精力管理的問題。她已經使用自動化與集中處理等工具來管理時間，但每天走進辦公室時，她早已經為了指導孩子完成早晨例行事項而耗盡心神。她發現，即使她有**時間**處理優先事項，也缺乏**精力**完成所有任務。

精力管理是指觀察及調節我們一天中的精力消耗。精力是我們投入的認知、情感或體力。如果你一起床就看到緊急郵件，直接投入危機處理，你的一天就是從大量的精力耗損開始。或者，如果你上班的最後四小時壓力特別大，下班後的你可能很後悔答應和朋友共進晚餐。沒錯，你確實在行事曆上預留了聚餐時間，但你已經沒有精力了。

每項責任或任務都會消耗不同程度的精力。和喜歡的人共事，比起和不喜歡的人共事，兩者消耗的精力並不相同。處理專業領域內的專案和處理超出舒適圈的專案，所消耗的精力亦有所不同。做討厭的事，比起做沒什麼好惡的事，更容易陷入倦怠。當你意識到自己如何運用時間與精力，就能更準確地估算自己能付出多少，以及自己的極限在哪裡。

倦怠是因為你持續消耗精力，卻沒有給自己足夠的時間恢復活力。為了治癒或預防倦怠，你必須同時關注精力管理與時間管理。精力之於時間，就像起司之於通心麵。無論你把麵條煮得再完美，沒有起司的話，你永遠無法煮出美味的起司通心麵。當你有時間但沒有精力，你就像一盤無味的麵條。

你越清楚什麼會消耗或增加你的精力，就越能妥善地安排優先順序、規劃恢復時間，並避免耗盡心力。以露西為例，她決定在孩子還小時，盡可能讓工作日的一開始保持平靜。她需要一兩個小時，一邊喝咖啡一邊回覆郵件，讓自己慢慢進入工作狀態、恢復精力。當你無法停止消耗精力的任務，就要以補充活力的行動來平衡。精力管理通常取決於我們如何管理自己，但有時最消耗我們精力（能量）的是其他人，我喜歡把他們稱為「耗能鬼」（energy vampire）。

耗能鬼會吸光你的正能量

我從眼角瞥見同事走過來，不知道現在是不是還來得及鑽到桌子底下假裝我不在？「妳還好嗎？」肯特問道。這個超愛聊天的同事習慣每天走來我這兒聊幾句，我微笑回應：「還可以。」但身體沒有轉離電腦，手指也沒離開鍵盤，希望他能看出我現在太忙，沒空聊天。肯特繼續閒聊（我永遠搞不清楚，他是刻意忽視我的肢體語言，還是根本沒注意到我的暗示），他開始聊起午餐，講得比我預期的還久。他聊夠了，才會去找下一個「獵物」。他一離開，我長吐一口氣，努力將心思拉回工作模式。我的損失不只是和肯特閒聊的時間，還有工作動力、專注力，以及重新進入工作狀態所需的時間。

肯特就是一種耗能鬼。你可以想像，每天遇到幾次耗能鬼，對你的生產力、平靜感、工作品質有多大的影響。耗能鬼可能需要你為他的職場困擾提供情緒支持，或是他與你不對盤，或者他就是你討厭的類型，和他相處令你感到疲憊。無論他們讓你疲累的原因為何，你需要限制與他們的接觸。你設定的界限不必針對他個人，而是為了保護**你**所擁有的有限資源。例如，與其說出你的真實想法（「別在我桌邊閒晃，你在消耗我的精力」），不如試試較委婉但依然有效的說法：「抱歉，我不想掃興，但現在我有任務**需要**完成，無法多聊。」

假設你開完晨會，已經規劃好今天的工作。如果你察覺今天可能會遇到耗能鬼，那就準備好因應策略，以免被耗能鬼盯上而無法脫身。也許你今天的工作之一是和某位特別健談的人開會，積極主動的做法是在會議一開始時說：「嗨！今天我的行程排得很滿，容我快速帶領我們完成會議目標可以嗎？」對方同意後，你就可以在取得需要的資訊後離開。如果你經常接到社交電話，或有人來你的座位串門子，與其說「嗨！你還好嗎？」，你可以用下列句子展開對話：「嗨！有何貴事？」（或「有什麼需要我幫忙的嗎？」）這樣就可以直接切入重點，而不是啟動閒聊。這種方式可能比你習慣的更直接，但不這樣做的話，你會陷入不必要的長談，消耗你有限的精力。直接一點通常是更好的選擇。

當然，在職場中培養及維繫人際關係很重要，維持人脈確實很有價值。但為了維持理智，你要懂得分辨何時適合與人交流、何時不適合。如果聽同事凱西分享她昨晚去的餐廳時，你會一直想著下一項任務做不完了，這可能就不是聽她大談市區最棒檸檬派的最佳時機。（我也覺得這確實是重要資訊，但還是要挑對時間。）

對外向的人來說，這種直接應對同事干擾的方式特別困難，但這是減少閒聊、完成工作、管理時間、避免倦怠的最佳方式。希望對方能直接說出他有何「貴事」（或需要你協助什麼），這樣你就能告訴他，你已經記在待辦事項中，很快就會處理。切記，你不是在說「我討厭和你說話」，你只是善意地讓對方知道此刻你無法多聊。

關係的緊張大多是源於不明確的預期。例如，別人在你沒時間的時候來找你聊天，因為你沒有表明你很忙；你一直撐到晚上七點才下班，因為你不確定企業文化或主管的預期；你參加一些你不確定是否真的需要出席的會議。你得清楚了解每次互動或任務的預期，然後試著控制你投入的精力。

也許你的耗能鬼是那些影響工作效率的不必要會議。有幾種方法可以提高會議效率：制定明確的議程、直接提出要求、選一位擅長掌控時間的會議主持人。如果你無法控制這些因素，只能控制自己的出席情況，那你可以透過以下方式來**限制**會議對你的消耗：事先說明你有「硬性時間限制」、關閉視訊鏡頭（如果這是線上會議且允許這樣做）、要求讓你先報告或提問，或是詢問主持人你是否真的需要出席、能不能請你信任的團隊成員代替你參加並做筆記。

你可能擔心這些做法會顯得無禮，但這些做法只是把話說清楚、把立場講明白而已。我保證，你可以同時做到說話清楚、立場明確，又**不失和善**！如果你不太習慣，加句「不好意思」也是可行的。切記，這些對付耗能鬼的方法，可以減少你因為別人或會議耽誤你的工作時間而必須加班的次數。你是在為自己設想（優先保護你的精力和時間），不讓別人硬塞給你的社交活動和沒效率的事務消耗你。你是在確保你有足夠的精力以完成公司雇用你來做的工作。

你越清楚知道你的優先順序，以及什麼樣的工作條件最適合你，就能越有效率地完成優先要務。善用時間管理工具，確保你將有限的時間和精力都用在最有價值的地方。當下就是你的人生；不是等工作完成以後，不是等達到某個目標以後，也不是等退休以後，當下就是你的人生。妥善管理你的時間和精力，才能讓你有限的時間過得更有意義、更深思熟慮。如果到了生命盡頭，才發現自己的時間從來都無法自己做主，那有多可惜。

若你不敢表達你已達極限，就無法有效地管理時間和精力。為了自在地承認及設定極限，你必須先學會如何劃清界限。

Chapter 6

設定界限：學校沒教的必修課

蒂娜是業務員，在工作狂老闆的壓迫下苦不堪言，差點憤而離職，所以才來找我輔導。她的同事幾乎都是工作狂，奉行「使命必達」的理念，簡直毫無私生活可言。所謂的「工作時間」根本是假象，從清晨六點開始，她就不斷收到老闆發來的電子郵件，直到老闆上床睡覺為止。即使她感覺晚上六點就可以完工了，但仍擔心隨時都有可能冒出更多緊急任務。壓力使她咬指甲的壞習慣變本加厲（手指都咬破了，連打字都痛）；她與伴侶的互動大多變成疲憊的爭吵；她已經不記得上次好好吃午餐是什麼時候，現在都只能吃火腿起司捲，草草地填飽肚子。她幾乎沒有私人時間，僅有的一點時間也在為工作感到焦慮。最諷刺的是，蒂娜並不討厭她的工作。這份工作有趣又緊湊，多數客戶也令她樂於共事，但老闆的預期與企業文化讓她無法享受日常工作。

令她醒悟的最後一根稻草是什麼呢？從來不抽菸的蒂娜居然在考慮買支電子菸來舒壓。這讓她驚覺：她居然打算養成一個危險傷身的習慣，只為了在某個**工作崗位**上撐下去！她不禁思索：「我怎麼會淪落至此？該如何脫身？」她陷入許多人都曾面臨的困境：究竟該拚命在現有的崗位上設立界限，還是該換個職位、換個老闆、換個團隊，甚至換一家公司？她決定給自己三個月的時間，嚴格設定界限，如果情況沒有好轉就離職。（我知道對一般人來說三個月似乎很短，但我保證，當你每天上班都想撞牆時，這一點也不短。）

當我們不對造成倦怠的原因設定界限，倦怠就會持續下去。對工作或個人壓力沒有設限（或設限太少），就等於放任那些壓力源肆無忌憚地發威。二〇二〇年疫情期間，缺乏界限與倦怠之間的關聯特別明顯，當時許多人轉為遠距工作，工作與生活之間的界限變得模糊，干擾接踵而來：在工作會議之間，還要指導孩子上網路課程；另一半在隔壁房間開視訊會議的聲響，打斷了你的注意力；晚餐時間、甚至晚餐之後還要加班趕工；午休時間得自己解決技術問題。研究人員發現，這類干擾——所謂的「界限侵犯」（boundary violations）——與倦怠率的上升有關。[1]即使現在我們已經適應了居家辦公的新常態，或已經重返辦公室，許多人仍未設下嚴格的界限來保護自己的時間、精力、健康和理智。

由於你無法控制他人的界限（或公司、文化的界限），學會設立自己的界限便顯得格外重要。那麼，為何這項技能對我們的福祉那麼重要，卻那麼難掌握呢？原因有幾個，設立界限包含兩部分：

一、知道、表達並堅持自己的界限。

二、管理相關人員的體驗、情緒和觀感。

我們之所以難以搞定，是因為這兩個部分各有其難處。

人們難以做到第一部分，是因為還沒有認清自己的需求，或難以表達這些需求，或是沒有足夠的信心去堅持界限。至於第二部分的困難，在於人們總覺得自己有責任要安撫他人的感受。換句話說，怕惹惱別人或怕給人留下負

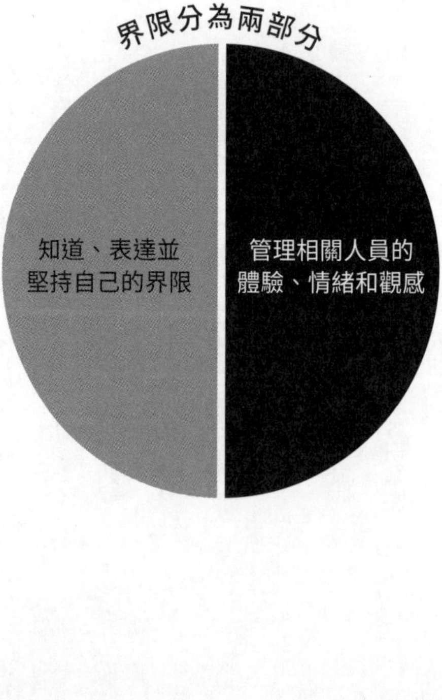

面印象，因此不敢設立界限。這種恐懼可能是源於過去的經驗：以前設立界限時，遭到他人忽視、批評或反彈。

在處理這兩個部分以前，你需要謹記：界限就只是限制。你之所以需要設限，是因為你能付出的資源有限，必須妥善管理。時間、精力、金錢、注意力、耐心——每樣東西都有極限，若不設限就容易透支、令人心生怨懟，甚至感覺人生失控。當你意識到自己的資源有限，而設立界限是維護這些資源的最佳方法時，你就不會覺得設立界限很自私，也比較容易捍衛這些界限。第一步就是了解你的資源極限，以及如何表達與堅守它們。

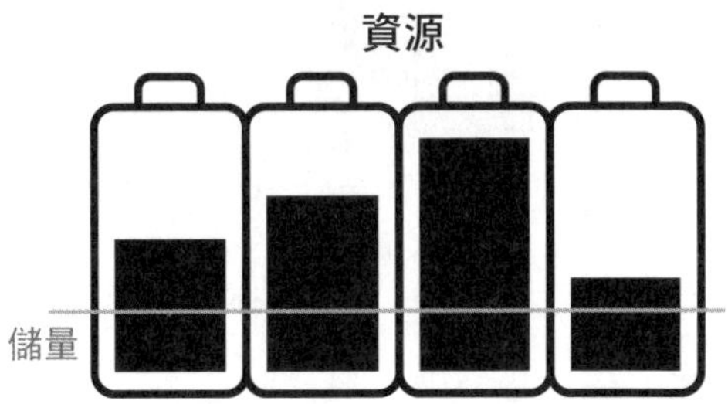

了解及重視你的極限

蒂娜考慮抽電子菸，是她已經達到極限的明顯警訊，但在這之前，她身上早已出現許多令人憂心的狀況。我們通話時，她顯然焦慮不安，每隔幾分鐘就要瞄一下手機，深怕錯過老闆的來電、簡訊或郵件。我問她下班後會做什麼，她說：「我會一邊看劇，一邊隨時注意有沒有電郵進來。」這種行為常導致一種令人不滿的結果：既無法真正放鬆，工作上也沒有實質的進展。我問她下週是否有空再通話，她一邊翻看行事曆一邊猶豫，最後說「調整一下行程」就能擠出時間。這些令人憂心的狀況，雖然不像錯過截止期限或希望自己生病以便請假幾天那麼嚴重，但確實顯示出你該設立界限了。

了解及重視你的極限有三個關鍵步驟：

一、具備足夠的自我意識來認清極限。

我們會問：「所以，什麼時候該設立界限？」彷彿我們的身心狀態與行事曆沒有即時反映我們的時間與精力——或反映我們如何缺乏時間與精力。蒂娜其實顯示出了需要設立界限的跡象，她自己卻沒有察覺。知道何時該設立界限，並不像你想像的那麼模糊；當你接近極限時，會出現內在與外在指標。**內在**方面，需要設立界限時，可能會出現身體壓力反應（心跳加快、呼吸急促、思緒紛亂），收到要求時感到恐懼或怨懟、焦慮、想逃避或僵住。**外在**方面，需要設立界限時，可能會出現時間相沖、缺席活動、出現平常不會犯的錯誤、白天沒有空閒時間，或是被人說看起來心不在焉或很忙。就我而言，當我必須控制臉部表情，以免露出「呃，我真的沒時間搞這個」的表情時，我就知道我需要設立界限，想辦法回絕對方。

一旦注意到這些跡象，你就該問問自己：「我有時間和精力做什麼？我手上的資源足夠做什麼？」蒂娜最初察覺這些跡象時，將原因歸咎於工作量和老闆，但深入思考後，她發現工作量其實還可以應付，真正耗費她時間與精力的，其實是老闆不斷傳來的突發訊息與要求。為了重新掌握生活，蒂娜需要向老闆表達她的極限。

二、能夠表達你的資源與界限。

蒂娜檢視了自己的工作量，並安排與老闆會面談談，以建立新的工作界限。她說，在特定的工作時段，為了處理大量工作，她無法回應；晚上六點以後，她不會回覆非緊急的郵件和簡訊；當她無力接受新任務時，她也會明確告知。她在行事曆上框出這些時段，以強化這些改變，並設定了自動回覆郵件的功能（晚上六點以後，系統會自動告知寄件人，若有急事可來電，否則請等候隔日回覆）。

聽完蒂娜的話後，她老闆的反應就像許多工作狂老闆一樣：極力強調他們從來不期望員工跟上自己的工作狂習慣。至於老闆是否真的尊重這些期望和界限，那就因人而異了。以蒂娜的例子來說，她相信老闆的話並落實了新的界限，後來情況確實有所改善，所以她又撐了六個月。但最終，她已經厭倦了對抗這種文化。公司比較喜歡那些永不停歇的員工，她已經準備好換個比較重視工作與生活平衡的環境。

我曾在一個團隊工作，成員都很尊重彼此的界限，也很清楚什麼樣的問題才值得打擾別人的休假。剛加入那個團隊時，我遇到一個問題，那個問題只有某位正在休假的同事能夠解答。我聯繫他，他也回覆了——可能因為我是新人，他禮貌性回覆了。但我後來又追問時，他就沒回我了。這讓我感到尷尬又困惑，因為我以前的團隊對於休假時被聯絡毫無顧忌。（我相信他們一定有點不滿，但因為每個人不管有沒有在工作都會回應要求，所以這種要求從未停過。）

在新團隊中，我透過「**行動界限**」（active boundary）學到，我聯繫的那位同事在休假時不處理工作。**行動界限**是一種加強界

限的行為或舉動，而**陳述界限**（stated boundary）是以書面或口頭表達的界限。

在這個例子中，由於我們之前沒有討論過界限，所以他休假時不回覆我追問的問題——這就是一種用行動來展現界限的方式，傳達了未陳述的界限。單純陳述界限卻不用行動強化，通常沒有效果（這樣的人會被認為「好欺負」）。相反地，只有行動、沒有陳述，可能給人一種擺爛的感覺。因此，習慣同時運用行動界限與陳述界限是很重要的。

假設你養成了一邊吃午餐一邊工作的習慣，這讓你一整天都心情不好，暴躁易怒。你可以在行事曆上框出午休時段，並告訴團隊，你決心要好好利用午休時間，藉此**陳述**你的界限。如果有人把非必要的會議排在午休時間，你可以利用下列方法設立**行動**界限：婉拒參加或請他改時間；在那段時間走到戶外或另一個房間；或是到附近咖啡館暫時放鬆一下。對於每個你認為需要設立的界限，都要思考如何透過**陳述與行動**來強化，使它盡可能穩固。（稍後我們會提供一些實用的對話範本和工具！）

然而，這些陳述與強化若是缺少以下這點就毫無意義：

三、有信心堅守界限。

為了設立界限，你必須相信你有權利這麼做，很多人就是卡在這裡。他們可能知道自己需要什麼界限，也知道該如何設立界限，卻因為強烈的不安全感而難以堅守界限。

心態是最大的障礙，許多人（尤其是女性）從小被教導要當聽話、通情達理的人。我們長大後，沒有人會告訴我們：「你一直遷就他人，最後只會被榨乾。」但這確實是事實！需要做的事情很多，而你只有一個人。你能付出的資源有限，所以當然需要設立界限並堅守界限，這只是合理的資源管理。

如果你和多數人一樣，難以設立與堅守界限，請記住：設定界限並不像我們想的那麼自私，越是客觀看待界限，就越容易堅守界限。想想底下的比喻：你有十個籌碼，你必須為自己保留三個籌碼。有人向你要五個籌碼，現在你只剩下兩個可以分配，這時又來了一個人，要求三個籌碼，但由於你只剩兩個，你的界限就只能給兩個籌碼。你不需要因為向對方說你只剩兩個籌碼而愧疚——那個限制就是現實狀況。你甚至可以告訴對方明天再來，到時候你會有多餘的籌碼可以分給他。

不相信自己有權表達這種界限的人，會犧牲一個自己的籌碼，好讓索求者立即得到三個

（如果你就是這種人，我不是在批評你，但你確實需要改變）。若你習慣放棄自己的籌碼，很快就會發現，不管你手上有三個籌碼、還是毫無籌碼可分配，人們都不會停止索求。我們之所以不把資源想像成籌碼，是因為這看起來太過簡單，但這個比喻恰好說明了：設立界限可以是一件很直接、很單純的事。

想想你的工作時數。如果你每週有四十個工時，其中三十五小時已經安排了任務，這時有人來找你，要求你處理一個需要二十小時的案子，你需要明確地告訴他，很抱歉，你沒有額外的二十小時可以投入，這就是簡單的數學運算。這不代表你對那個人的感受，也不反映你的能力或熱情。這週你只剩五個小時的空檔；你可以跟主管討論，看能否重新安排任務的優先順序來容納新的要求；或者告訴對方，最快要到下週才能完成案子。但你不可能憑空變出二十個小時，你不該因為覺得不好意思而盲目答應，然後犧牲十五個小時的私人時間去做那件案子。

問題就在於我們有時會盲目答應。我們會說「我會找時間」，彷彿多餘的時間就躲在公園的石頭下面等著被發現似的。如果你決心治癒倦怠，就必須停止這種行為。你需要盤點你的時間，然後審慎地決定你是否有資源可以付出。評估自己作為個人與專業人士的極限，相信這些極限是合理的，而且要有信心堅守它們。

我們要透過經驗來累積信心，因為越常設立界限，就有越多證據證明我們做得到，而且設立界限不會有什麼問題。設立的界限越多，就覺得越自在。當然，走進老闆的辦公室，對他說你這週沒有二十小時可以完成那個案子，這確實令人膽怯。但有信心這樣做，是因為你相信你提出的要求很合理，也覺得你是在謹慎管理有限的時間。你不必等到情況變得很糟，才覺得自己有理由設立及堅守界限。你不需要列舉一堆理由來說明為什麼這週不能工作六十小時（事實上，任何一週都不該如此），而且，成為一個自信主張界限的人，並不會傷害你的職涯發展，反而更有可能加速你邁向成功的腳步。

停止管理他人的感受

以下的想法聽起來是否很熟悉？「如果我不去參加派對，他們會覺得很受傷」、「如果我不答應，他們會認為我很懶」、「如果我不＿＿＿＿，他們會說我＿＿＿＿」。當我們這樣想時，彷彿覺得自己有必要為別人的想法、感受、體驗負責。我們想控制別人對我們的看法，或是不想讓人感到絲毫不快。

這一章並不是要鼓勵你成為一個只在乎自己、不在乎他人的自私鬼。你可以同時顧及周遭的人，又保有自己的界限。

如果你不相信自己能同時做到這兩點，你可能已經養成了一個危險的習慣：完全忽視自己，只顧及他人的需求。人們這麼做通常是為了不要「惹麻煩」。你不想得罪人，不想讓自己顯得難相處，不想引發爭執，但這往往意味著為了他人而犧牲自己的平靜。

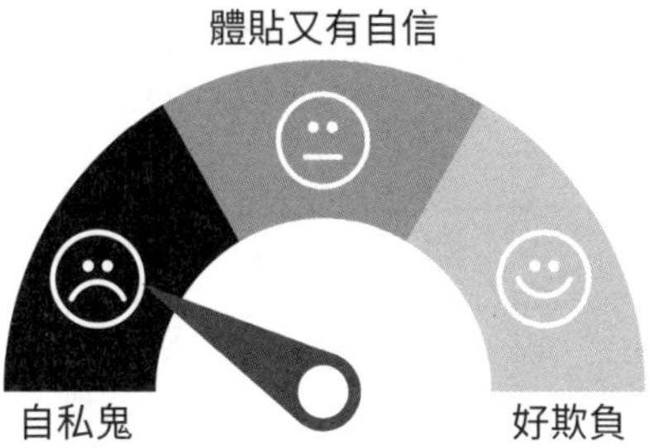

設定界限有時感覺像是一場可怕的社交遊戲。答應對方似乎能拉近彼此的距離，回絕對方就像築起高牆。我們對「設定界限」的看法，從小就很複雜。許多人從小時候就被教導，順從與遷就他人是一種愛與尊重的表現。孩子不聽話時，常被貼上「調皮搗蛋」的標籤，他們所受的懲罰常讓他們感覺失去愛或遭到疏離。（想想那些做錯事後遭到照護者冷落的孩子。）青少年不聽話時，大人常怪他們沒大沒小，而不是認為他們正在探索自身需求和他人需求之間的界限。從童年到成年初期，我們所處的環境幾乎都把不服從視為不尊重。當我們不再順應他人時，常聽到鄙視或情緒勒索的話：「我為你做了這麼多……」、「你要是有心的話……」、「下次你需要時，我會記住這次你怎麼對我。」

在這種環境下成長，讓我們與自己的內心脫節。因為我們從小就被灌輸要顧及他人的感受，於是逐漸忽視了自己的欲望，高估了我們對他人情緒的責任，也低估了他人自我調適的能力。每個人都要為自己的情緒負責——我們稱這個概念為「情緒責任」（emotional responsibility）。當我們承擔他人的情緒，可能會導致無端的內疚感，[2]並誤以為自己有責任為所有人解決一切問題。你不需要去翻閱別人的使用手冊，試圖為他們排除故障。

不過，有些人無法設立界限是因為對他人缺乏信心。他們認為別人無法了解自己的立場，因此無法接受拒絕或不如己願的情況。在某些情況下，這確實是事實——那個需求過度的朋友、要求苛刻的主管、難搞的客戶，或是那種一回絕就引來驚呼或反彈的公司文化。但那些都是例外，並不是常態。一般來說，人們能夠理解你的界限，不需要你詳細說明為什麼你敢設立界限。

有一次，我剛到一個新職位，想要對我的團隊設立界限，我怕他們不理解，所以解釋太多。一位同事笑著說：「妳不必向我解釋，我也在這裡工作啊。」沒錯！他自己就明白現況，我不需要過度解釋，也不需要為設立合理的界限而過度道歉。那次對話讓我相信人們能夠接受界限，這也讓設立界限變得更容易。

在設立界限的過程中，許多人會因為擔心別人的反應而停滯不前。蒂娜原本一直猶豫要不要設立界限，但她更想知道一個答案：「我有沒有可能在這裡工作並維持界限，還是我的需求在這裡無法得到滿足？」害怕得罪他人是很自然的反應，但這並不是永遠委屈自己的好理由。

根本的恐懼：遭到排擠及失去身分認同

擔心得罪人及遭到排擠的這種心理，自古就與人類共存。誠如我們在社交倦怠那個單元所說的，人類先天是群居動物，在生理與心理上都渴望獲得認同。「請喜歡我！」這種想法並非單純的虛榮心作祟，那可能感覺像是攸關生死的大事，這其實是有原因的：從演化的角度來看，我們需要獲得他人的接納才能融入群體，進而確保生存。因此，遭到排斥與批評時的情緒反應[3]——包括羞恥、嫉妒、內疚、悲傷、尷尬——都是深植於人性的自然反應。事實上，光是想像、預期或回想過去遭到排擠的經驗，就能引發強烈的情緒反應。[4]關於社交排擠對大腦影響的研究甚至顯示，遭到忽視或遺棄的情緒痛苦可能與身體疼痛一樣劇烈——這些經歷會刺激大腦中相同的區域。[5]因此，如果你屢次因設立界限而遭到排擠，想要自在地設立界限的確需要時間練習，但這**確實是**可能做到的，[6]而且絕對值得努力。我們不會在某天一覺醒來就準備好得罪別人；但我們會在某天一覺醒來終於受夠了委屈自己。我們常常忽視不設限所帶來的問題，直到不設限所付出的代價超過了效益。

在職涯之初，對工作時間始終保持彈性，也許確實對你非常有利，它強化了你的聲譽，讓你成為「好相處」和「富有團隊精神」的人。但現在，多年過去了，這已經變成常態，你感覺工作與生活完全沒有界限。你已經過了「證明自身價值」的階段，現在正處於「這正在消耗我內心平靜」的痛苦階段，而你並不孤單！最近一項研究鎖定了居家工作的專業人士，該研究發現，那些工作與生活界限模糊的人，比有明確分界的人更不快樂，且情緒耗竭程度更高。或許，總是在晚上十點回覆老闆的郵件讓你顯得「可靠」，接聽所有親友的電話讓你成為大家最信賴的知己。你不想失去那種地位，但現在你看到手機螢幕亮起時，你不再感到自豪，反而感到焦慮，因為你不想上線或通話，而是更想把時間和精力花在其他事情上。

這就是界限與身分認同交織在一起的地方。我有一位摯友，是我認識過最體貼無私的人，她總是為每個人的生日盡心準備，接送大家往返機場，幫別人完成工作，隨時準備好回應任何人的需求。身為她的摯友，我看到她的付出為她帶來豐富的回報，包括許多深厚的人際關係，但我也看到這種體貼付出對她精神的消耗，以及別人不以同樣方式對待她時所感到的落寞。當她因社交倦怠而情緒崩潰時，我問她為什麼不退一步、少付出一些。她說：「這是大家所認識的我。如果我不繼續維持，誰知道會怎麼樣？」這就是她在人際關係中的一貫作風。如果她突然設立界限，她會失去那些朋友嗎？依賴她的人會難過嗎？大家會覺得她變了嗎？大家會因此認為她是什麼樣的人呢？這些未知讓她那顆充滿關懷、但已經疲憊的心感到害怕。

對於設立界限的恐懼，往往是因為擔心那可能削弱人際關係、地位或他人對自己的評價。我無法保證這些壞事不會發生，但我能向你保證，真正愛你和尊重你的人會相信你盡了最大努力，也會了解你設定界限的道理，尤其當你以善意溝通的時候。理性的人會視你為一個獨立的個體，而不是任人支配的資源，他們不會介意你設立對自己有益的界限。如果他們真心為你著想，無論是出於私人還是職業原因，他們都會理解的。

我們陷入倦怠時，必須學會擁抱「健康的自私」[7]——尊重自己的需求、成長、快樂、自由。「健康的自私」與「病態的利他主義」形成鮮明的對比。「病態的利他主義」是迎合他人的欲望，永遠將他人的需求看得比自己的需求還重要，也就是說，行善反而傷害了自己。當你的資源不足時，過度的無私會降低你的生活品質，加速引發倦怠。有社交敏銳度、懂得察言觀色是一回事，為整個場面與現場每個人的感受負全責，又是另一回事了。

察言觀色

開完團隊會議後，我和同事一起走回座位，她問道：「妳有沒有注意到，我對瑪姬說我週五不會來時，她用怪怪的語氣說『沒關係』？」我歪頭看著同事問道：「妳在說什麼啊？」她緊張地環顧四周，重複說道：「她說『沒關係』的語氣有點不耐煩。」我盡可能用安撫的語氣說：「我沒注意到，但就算真的是這樣，她還是說『沒關係』啊。」我的同事大嘆了一口氣，以不太相信的語氣說了一聲「也許吧」，就垂頭喪氣地回到座位。以我對她的了解，她大概會為了那句話整天心神不寧。

這就是「察言觀色」從有益變成有害的時候，簡短的字句就能破壞你一整天的平靜。這種預測他人需求及察言觀色的壓力，在那些從小就必須揣測他人的想法、感受、經驗以保護自己的人身上特別常見。如果你以前需要從腳步聲判斷某人的心情，我很遺憾，真是辛苦你了，你不該承受這些的。我為你感到難過，因為你必須把這當成生存工具來學習。我希望你現在已經建立了新的生活，周遭都沒有需要你這樣做的人。

當你不必去揣測無數種可能性（這本來就太難了，你又不是靈媒），而是能從容地自問「我是否重視自己的極限與可付出的程度？」時，設立界限就容易多了。我相信我們都有過這樣的經驗：在團隊會議上，有人提出新專案的構想，接著問道：「有誰能接下這個任務？」現場一片沉默，令人煎熬。如果你跟我一樣，你會開始感到內疚，然後心裡開始編造故事：「每個人一定都在想，我應該自告奮勇。他們可能都比我忙，所以我應該接下這個任務。看到大家都很不自在，感覺實在太糟了，我應該主動接下任務，盡快結束這場尷尬的沉默。」但你知道嗎？最容易感到內疚或最有同理心的人，並不需要承擔每個重擔。其他人可能根本沒有那樣想，只是在擔心自己會被迫接下那個任務。預測這類事情只是給自己添加額外的心理負擔，你不需要那麼做。這些無益的想法不該成為你決定是否答應的依據。

客觀的現實是，這個專案需要花三小時，你可以騰出三小時嗎？究竟是接下這個專案比較合理，還是把時間留給更符合你職責的事務比較合理呢？我們很容易迷失在人際關係的糾葛中，但若我們越能專注於實際的要求，就越容易設立界限，也不會覺得這麼做會得罪誰。你的時間與精力都是有限的。設定界限反映的是你的承受力，而不是你的能力。

但他們會怎麼想？

俗話說，如果我們知道別人想到我們的頻率有多低，就不會擔心別人怎麼看我們了。人們大多只關心自己。如果我告訴某人：「我無法參加下午六點的會議，因為那超出了我的工作時間。」我猜，對方可能為了要重新安排會議時間感到有些不悅，但很快就會轉而煩惱今晚要吃什麼。別人並不會花好幾個小時一直想著你（這應該會讓你感到解脫才對！），你不能因為害怕別人怎麼看你，而讓這種恐懼主宰了你的人生。

設定界限是為了維護你的理智健康，而不是為了傷害他人。如果維護你的理智健康確實會傷害到他人，那可能是責任分配失衡的問題。設立界限的確可能讓人感到不自在，尤其是在職場上（諷刺的是，職場原本應該是最適合設立互惠界限的地方），所以讓我們進一步來探討這個問題。

職場界限（緊張冒汗的時刻來了）

在時間管理那章，我們談到了我的客戶荷莉，由於主管替她答應了額外的工作——這些工作是她和團隊無法合理應付的——導致她難以控制工作量。儘管她提出抗議，主管似乎不相信她和部屬已經達到極限。隨著壓力持續增加、工作量不斷上升，荷莉知道，除了嚴格地安排優先要務之外，她也需要設立清楚的界限。即使內心充滿擔憂，她還是安排了一場與主管的會議。以下是荷莉說的話：

「目前我每週工作八十小時，這樣的工作量是無法持續下去的，但管理高層與客戶都可以明顯看到我的工作內容，如果我不加班把事情做完，看起來就像我準備不足，而不是工作過量。我之前已經反映過這個問題了，我不希望等到出現疏漏，大家才開始重視。我們要如何減輕這個工作量？我想知道時間表。」

荷莉在這場對話中的明確訴求是：「目前的情況是無法持續下去的。這種狀況要如何改變？何時才會改變？」為了避免這個時間表一再拖延，她特地安排了後續的會議。如果這個問題得不到答案，那就可以遺憾地假設，她的工作量在短期內不會有任何改變的計畫。

雖然擔心這樣的對話會讓人覺得你「能力不足」是很自然的，但你需要相信你是個理性的人，提出的是合理的要求。你一天的時間和精力都是有限的。你想要設立界限，並不是為了找麻煩，而是因為你尊重自己，想把工作做好，但目前的工作量讓你無法做到這些。

在荷莉的例子中，她的主管決定多雇用幾個團隊成員來分擔她增加的工作量。情況在好轉之前一度先惡化了，因為她突然必須抽出時間來培訓新人。不過，在接下來的幾個月裡，壓力逐漸減輕，後來她的工作終於變得更容易掌控了。通常，我們必須在進行一場棘手的對話和繼續過苦日子之間做選擇。許多人為了逃避棘手的對話，寧可繼續過苦日子。但你永遠、**永遠**都應該選擇棘手的對話。

多數人之所以設立界限，並不是因為討厭工作。相反地，是因為他們**喜歡**工作，希望能夠繼續做下去。如果不用界限來保護工作，通常會導致你厭惡工作變質的樣子，最後不得不離職。如果是在「棘手對話」及「六個月後你離職，公司被迫補人」之間二選一，由於招募與培訓人才對組織的成本極高，[8]我很確定他們會更希望你選擇棘手的對話。

為工作量設限的無痛指南

如何展開為工作量設限的對話呢？用非常客觀的方式。首先，將工作分解成具體的部分。試著列出你目前在做的工作、每項工作需要多少時間，以及你如何將這些工作排入你的時程表中。這樣的視覺化整理，有助於把工作量的討論聚焦在具體的資源上，而不是較難衡量的概念上，比如能力或「工作承載量」（bandwidth）。事實是，你幾乎什麼都能做到，但那不是一個好的衡量標準。

「工作承載量」的對話往往模糊不清且容易產生誤解，「你還有工作承載量嗎？」這種衡量工作量的方式不具體又模糊，必須換成明確具體的問題，才能準確回答。這個問題真正想問的是：「你這週有五個小時可以投入這個專案嗎？」或是「你願意在接下來一年內，每週花兩小時指導新進員工嗎？」又或是「你可以加入這個委員會，並在正常工作時間以外，每月多花一小時來開會嗎？」要求越明確，我們就能給出越清楚的答覆。而且，只有在充分了解自己目前的工作內容後，我們才能給出恰當的回答。

如果現況把你壓得喘不過氣來，請按上述方式列出工作量，並安排這場對話，說明你每週的時間是如何分配的，以及你理想上希望做出什麼改變。附上一份建議的改變實施表，以免你被逼到倦怠的邊緣（如果你已經到了那個地步，一定要詢問過渡期間能否先移除一些工作）。你甚至可以準備一份清單，列出你覺得與你最重要的目標不符的工作項目，以及你認為該如何處理（例如暫停、簡化、委派或自動化）。這樣你就不是只帶著問題去找主管，而是同時提出問題與**解決方案**。如果第一次會議無法達成共識，就安排後續會議，如此才能知道何時會再討論，而不是一直處於懸而未決的狀態。

該壞就讓它壞

想像你是一位小學教師，某天發現其中一位導護義工沒來。出於好心，你接手這項工作，並通知學校，畢竟你也不介意比平常晚一小時回家，這感覺像是做了一件好事。第二天，你發現那個導護崗位仍未遞補，你又再次擔任那個角色，並聯繫學校的行政人員，告訴他們需要派人來接手，他們含糊其辭地回應正在尋找人選，但非常感謝你在這段期間的幫忙。當你連續代班五天的導護工作後，你開始感到不滿：這感覺不再像是善舉，你反而有種被利用的感覺。

我們常在工作中遇到這種情況，為了維持正常運作，有太多環節、太多人、太多事情要做。當出現問題而剛好有人可以暫時遞補，長期解決方案就不會被優先考慮，因為你已經在處理這個問題了。最難記取及落實的教訓之一就是：大家往往要等到東西真的壞了，才會相信它出了問題。

你的公司不會修復那個讓助理湯姆痛苦地手動處理的軟體，因為工作還是完成了。公司不會招募團隊迫切需要的額外人手，因為所有的工作依然做完了（即使每個人都在加班）。「沒壞就不用修」不只適用於你奶奶最拿手的食譜，也是許多行業的生存理念。問題是，它確實壞了！需要修理！如果他們非得等到真的壞了——而不只是有可能壞掉——才肯修，那就該退一步，放手讓它真的壞掉（要在合理的範圍內，請善用你的最佳判斷）。

你看過妻子「罷工」的影片嗎？她們故意不打掃房子，好讓老公**看到**家裡有多亂，而不是告訴他們可能會有多亂。前面提到的「該壞就讓它壞」是這種罷工的職場版本，我有個朋友的工作量實在太大，最後索性不在某個截止日期前出一批貨。刻意放任失誤後，她確實被「訓話」了，但也終於獲得乞求已久的支援。

讓後果自然發生很困難，因為這往往意味著讓某人或某事失敗，看著你付出心力的東西失敗很痛苦。此外，我們也擔心，讓事情失敗會顯得我們很糟糕。我們不想讓自己的名字與失敗扯上關係，但問題不會憑空發生。你之前很有可能提過這個問題卻遭到忽視，其他人也知道這是個問題，你的前任也面臨過同樣的困境，又或者這只是「目前無法解決」的諸多問題之一，而公司正在看它們還能拖著不處理多久。如果公司正仰賴人力來彌補從A點到Z點的所有缺口，這就不是個人的問題，而是整個系統與結構的問題。

你可能很想繼續當安全網，或許是因為那麼做可以保全你的飯碗，或是因為你無法放任事情出錯。但你正在為他人的問題受罪。想像一下，你一再告訴大家爐子很燙。不管是什麼原因，他們都不相信你，還繼續伸手去碰爐子，你一直把手擋在他們和爐子之間，防止他們燙傷，結果自己反而被燙傷了。你當中間人，反而阻止了他們的學習。當你已經盡責地提出警告，他們可能需要記取慘痛的教訓才能學會。放手讓自然的後果發生並不邪惡。無論你在不在，這些後果都有可能發生，你只是暫時抽離，讓他們自行體驗問題罷了。

想想那個總是拖到下午四點半才來請你幫個什麼忙的同事。如果每次發生這種事時，你雖然感到不悅卻依然幫忙，他會以為他可以持續這麼做。（我相信你能分辨意外、偶爾的請求，以及那些屢教不改、習以為常的行為。）你可以考慮這樣說：「我每天下午五點半以後都有事。我快下班才收到請求時，通常要等到隔天早上才能處理。」或者，你可能需要說：「你能在下午三點以前讓我知道你是否需要支援嗎？三點之後的請求，我無法保證能在當天優先處理。」同事可能不喜歡聽你講這些，但下次他們需要幫忙時，更有可能提早發出請求，或不再期待當天就解決問題。為了用行動強化這個陳述的界限，下次當他們違反你的原則時，你必須堅持你的立場。這不容易，但別人會從你容忍的底線，學會該如何對待你。你可能要讓他們吃幾次教訓，他們才會相信你說到做到。

當然，你想設立界限的對象與你之間的階級差距越大，你遇到的挫折可能就越多。面對一個比你高五個層級、又不知道你的名字與工作內容的人，想要設立界限確實令人望而生畏。你必須記住，不管是面對誰，設定界限都只攸關你的資源和你能夠提供的時間與精力。職位比你高的人可能不尊重或不喜歡你設立界限，但他們無法爭辯一天有多少小時。「你要求的報告至少需要兩小時才能完成」是無可否認的限制，「這週六我能開會，但我無法每週六都開會」也是合理的限制。也許一開始你必須答應幾次要求，以展現「團隊精神」，但若那些麻煩的要求變成常態，你就需要想好表達界限的說法。如果你覺得很可怕，請放心，這不是非黑即白的概念。並不是「好，我會完全照你的要求做」或「不，我完全不做」，還有中間地帶可選，例如「我會先照他們的要求做，以便更了解他們在要求什麼，然後試著找出一個替代方案，以滿足每個人的需求，同時不會讓我不斷地超出負荷。」你不是想找麻煩，你依然想完成該做的事，只是同時也尊重你自己的極限，保護現有的職責，並防止倦怠及憤而離職。完全無視自己的極限與需求是無法持續下去的，我保證你最後一定會很痛苦。

設定界限的下一步是學習如何具體執行，讓我們來探討一些通用的方法，幫助你表達你的極限。

設定界限的工具箱

以下是四個幫助你設定界限的簡單工具：

一、創造思考空間

想像底下的情境：在團隊會議即將結束時，有人問你：「下班後要不要跟團隊一起去喝一杯？」你抬頭發現同事都在看你，差點就脫口說「好」，儘管你之前並不知道這個聚會，原本還打算下班後好好休息。與其當場答應，不如養成在承諾前先為自己爭取思考空間的習慣。在這種情況下，你可以輕鬆回應：「噢，我不知道有這個聚會，我先看一下行事曆再回你。」

其實我們很少需要立即回應。創造思考空間是避免不小心過度承諾的好方法。另一個給自己時間整理思緒的方法是追問其他問題，假如有人邀請你加入新專案，你可以追問：「如果我答應的話，你對我的期望是什麼？」這不僅讓你有時間思考，也可以獲得更多資訊，幫助你做出明智的決定。

創造思考空間的另一個好處，是讓你有機會在回應前調整情緒。在職場上，我們容易將緊迫感誤以為是緊急狀況，或感到不知所措。你可以先問對方：「讓我先想一下這對我當前的截止期限有什麼影響，好嗎？」並做幾次深呼吸再回應，可以減輕一半壓力。

當你收到要求，並察覺到可能需要設定界限時（例如感到恐懼、呼吸加快、需要臨時更動行事曆等），試著在回應前先創造思考空間。你可以想像成暫時撤退，再重整旗鼓。創造思考空間也是設定界限的前奏，當你說出「讓我查看行事曆再回你」，雖然你沒有明確設定界限，但你為後續的回應鋪路了：「查看行事曆後，我發現目前沒有餘裕接手。」或是「查看行事曆後，最快要到週四才能完成，可以嗎？」又或是「查看行事曆後，我發現我可以協助A案，但實在沒有餘力再接B案與C案。」

這麼做並不是在刁難對方，而是展現出你對職責的重視。

二、運用「我」陳述句

想想這句話：「你管得太細，我需要一些工作自主權。」不難想像，人們通常不太願意接受不請自來的負面意見。雖然這類意見很直接（而且可能是事實），但無論是在職場上、還是私人關係中，這種直白的表達往往都不太恰當。

一個比較圓滑的方式是使用「我」陳述句——把重點放在自己身上，而不是對方身上。與其說「你管得太細」，不如說「我有自主權時，工作效率最好」或「我喜歡在不受打擾的時段專心工作，並在工作空檔回覆訊息」。表達需求時，將焦點放在**自己**身上，而不是他人身上。設定界限時，把重點放在自己、自己的需求或改變上，你就不會覺得你需要說服對方承認或改變他的行為。研究也發現，相較於使用「你」陳述句，使用「我」陳述句的人比較沒有敵意，[9]也比較容易被視為問題解決者。[10]設定界限不是為了改變他人，而是為了改變

你與他人互動的方式。

假設你和一位同事經常在工作中聊天，討論彼此負責的專案進度。雖然你很喜歡和他交流，但你發現每次聊到最後都變成他在發洩情緒，而你實在沒有精力在工作時間陪他抒發負面情緒。你可以使用「我」陳述句來設定界限：「我發現我們的對話最後常常變成抱怨，我覺得這會影響我對工作的態度，所以我打算暫時不抱怨工作的事，看情況會不會改善。」下次發生類似情況時，你可以用輕鬆的口吻來執行你的界限：「等等！我正努力改掉抱怨的習慣，我們換個話題吧！」你可以帶著微笑這麼說，一點也不失禮。如果對方有意見，你可以接著說：「我知道很掃興，但我真的需要改變，因為我現在對工作的態度是地獄級的。」在原本可能緊張尷尬的對話中，適當的幽默可以緩解氣氛。如果對方**還是**繼續抱怨，你可以站起來打趣地說：「我得走了，我必須堅持住，抱歉啦。」

你也可以使用條件句，也就是「如果……那麼……」（if-then）的句子。「如果發生**這件事**，就會有**那樣的結果**。」「**如果**你對我大吼大叫，在你冷靜下來以前，我會先離開。」「**如果**你在我開會時傳訊息給我，我會等會議結束後再回你。」「**如果**你下午四點後寄信給我，我可能要等到隔天才會回覆。」許多界限都可以用這種方式表達。事實上，研究顯示，連三歲小孩都懂這種句型。既然連三歲小孩也能理解，我相信和你對話的成人應該也沒問題。（如果對方真的無法理解，那麼任何口頭上的界限都無法幫你了，你只能實際拉開彼此的距離。）

「我」陳述句和「如果—那麼」條件句也可以在職場之外幫助你。或許你下班後渴望安靜的獨處時光，但不知如何溫和地告訴伴侶：「你太依賴我來打發時間了，請讓我獨處一小時，好好放鬆一下。」你可以這麼說：「我發現我需要更多的獨處時間來放鬆，所以我打算每晚在房裡看書一小時，你能幫助我養成這個習慣嗎？」你把焦點放在自己身上，而且——這樣講還有額外的好處！——請對方協助你養成習慣，對方會覺得他是在支持你，而不是被剝奪了什麼。

在即將到來的家庭聚會上，你也可以用「如果—那麼」句子來因應那些討厭的私人問題。與其陷入恐懼及焦慮，不如先想好：「如果有人問起＿＿＿＿，我就回應＿＿＿＿，然後離開。」設定界限能保護我們。沒有界限時，我們很容易在壓力面前感到無助。當我們自信地設立界限，就不會那麼害怕可能發生的事情，因為我們知道無論發生什麼，都能表達自己的想法，必要時也能找到理由，適時抽身。

三、陳述明顯事實

假設每次你與某人合作時，他總是在最後一刻才把你需要的資料傳給你，迫使你必須在正常的工作時間以外完成專案，這讓你心生怨懟。以陳述明顯事實的方式來設定界限時，你可以這麼說：「之前你都在下午四點左右傳資料過來，以後可以請你在中午以前傳送嗎？」不需要過多解釋，也不需要拐彎抹角，只用明顯的事實來表達你的請求。陳述明顯事實，就不必絞盡腦汁想出委婉陳述問題的方法。

你不需要找完美的措辭來解釋已經發生的事，他們也在場，聽到你需要加班，大概也不會感到意外。你不必特意強調他們遲送資料造成你的不便，讓明顯的事實自己說話就好。雖然很多人設立界限時，會使用「**請求＋原因**」的句型，但我建議你使用「**明顯事實＋請求**」的句型，讓明顯的事實自然成為理由。

這種就事論事的方法，在為工作方式設定界限的時候特別實用。你是不是經常不知道該如何告訴同事，他們提出的策略可能行不通？陳述明顯事實可以取代那些棘手又不必要的對話，避免討論偏離解決方案。

「上次我們用這種方式做專案，結果是＿＿＿＿。我們可以做些什麼，以確保這次的結果不同？」

「根據上次花的時間，這次可能要到＿＿＿才能完成。這個時間表合適嗎？」

「預測未來如何發展的最佳指標是過去的經驗，而過去的情況是＿＿＿。我們要如何確保這次有不同的結果？」

你可以根據你的情況來調整這些表達方式，個性、行業、資歷會影響你陳述明顯事實的彈性空間，但基本上，任何人都可以運用這個工具。別誤會了，陳述明顯事實，對方不見得會**欣然**接受，但這樣做有機會重新設定預期，並為自己發聲，而不會覺得你必須解釋你對這件事的感受。使用「我」陳述句是把焦點放在**你**身上；陳述明顯事實則是把焦點放在**情況**上。無論你是指出目前的情況、還是過往經驗中的明顯因素（時間投入、可用資源、時程），這個方法都能幫助你在不帶情緒下設定界限。

四、設定預期並達成共識

這個工具對於需要共事的A型人格和B型人格的組合特別有幫助。A型人格做事積極主動，確保一切提前完成，並為工作相關的任何人負責（換句話說，他們傾向要求他人達到他們的標準）。B型人格較為悠閒，覺得截止期限比較像是建議時間，做事步調也比A型人格放鬆。只要工作能夠完成，兩種性格並沒有孰優孰劣之分。然而，當這兩種性格的人一起工作時，往往容易導致關係緊張。

A型人格想確保B型人格做好該做的事，B型人格則希望A型人格別那麼緊迫盯人。在這些情況下，使用「我」陳述句及陳述明顯事實有時管用，但更有效的策略是設定清楚的預期並達成共識。例如，如果你是A型人格，即將與一個你不太信任能準時完成工作的B型人格共事，你可以說：「為了節省時間，減少來回溝通，我想先說清楚，我需要在＿＿＿＿以前收到＿＿＿＿，這樣可以嗎？」一旦對方同意了，就發一封電郵重申剛才達成的共識。雖然B型人格可能還是覺得這種做法太強勢，但前期的明確溝通可避免之後管得太多太細（這是B型人格**特別**討厭的），也能預防因為預期不明確而可能產生的焦慮或衝突。

這個工具的第二部分和第一部分一樣重要：你需要讓對方認同你設定的預期。光是設定預期，但沒有獲得各方的認同，就只是在發號施令而已。（我同意這樣做確實比較容易，但遺憾的是，不見得有效。）相反地，**協作**是真正看見並聆聽你的合作對象，確保他們同意這些預期，以維持互相尊重的關係。

弱勢群體如何設定界限

如果你對設定預期感到猶豫，該怎麼辦？基層員工、新進人員、弱勢群體的成員——這些群體因不同的原因，在職場上表達自我時，可能會有額外的恐懼。弱勢群體的成員可能會覺得別人不喜歡看到他們設定界限，或是之前設定界限後出現負面經驗。如果工作環境也不支持設定界限或包容文化，這種恐懼會更強烈。

女性、有色人種、身心障礙者、育有子女的女性、體型較大的人，以及LGBTQ+社群*的成員，比其他群體更容易在職場上遭遇微歧視，[11]甚至是明顯的歧視。因此，這些族群更需要建立自信，學會設立界限，在必要時保護自己。有多少次，有色人士被直接指派到多元共融委員會，卻無人事先徵詢他們的意願或是否有時間？又有多少次，大家理所當然地預期團隊中唯一的女性成員應該負責做會議紀錄？在求職面試中，女性又有多少次被（非法地）詢問是否已有子女或是否計劃生育？然而，要開口爭取平等對待，往往不像隨口表達預期那麼容易，不是嗎？

首先，過往的經驗可能會讓你認為，設定界限或表達預期會帶來負面結果，例如被貼上難搞或破壞和諧的標籤。二〇二二年德勤職場女性（Deloitte Women @ Work）全球調查發現，一六%的女性（主要是少數族裔）不會向上通報自己遭到騷擾或微歧視，[12]因為她們擔心會影響職涯發展。在設定界限時，她們害怕被視為「愛找麻煩的人」。[13]另外，雖然可能不是完全無關，但有色人種女性比非少數族裔更容易出現倦怠。[14]無論種族，性別歧視都是造成倦怠的風險因素。[15]

要改變這些體制，光是設定個人界限與職業界限是不夠的，但了解自己的極限還是可以保護及幫助你。當你明確表達你的預期與界限時，你不是在無理取鬧，只是在清楚說明什麼是你可以接受的、什麼是無法接受的。

Upwork 公司的多元包容歸屬部門副總裁艾琳．湯瑪斯（Erin L. Thomas）告訴我，她給弱勢群體的首要建議之一是：反思你是否已經內化了社會強加給你的角色？例如，身為黑人

＊ 譯注：LGBTQ+ 分別代表：女同性戀者（Lesbian）、男同性戀者（Gay）、雙性戀者（Bisexual）、跨性別者（Transgender），以及認為自己不屬於傳統性別或屬於複合型者（Queer）或正在摸索自己性向者（Question）。「+」表示其他更多的無限可能。

女性，你是否覺得你必須像超人那樣，時時刻刻表現出支持他人的樣子，無論面對多大的壓力都**必須**展現出堅韌不拔的特質。她鼓勵大家「重新調整自己，找到更健康的基線，這樣才能找到平衡」。這個過程可能曠日持久，但對於學習及尊重自我界限來說，是很重要的一步。

湯瑪斯分享了設定界限時需要特別注意的兩個面向：

一、缺乏能見度、認可、機會。

二、缺乏尊重或安全感。

如果這些問題正影響你的職業體驗，為自己發聲是你的權利。「有疑慮就開口，別讓問題沉默。」你是保護自己的第一道防線。重點是，如何用安全又有效的方式設定界限？湯瑪斯說「每個人的考量都不同」——辦公室文化、你的溝通方式、你是否信任正式管道等等——但你還是可以參考湯瑪斯提供的以下選項。「人們常執著於單一方法，但其實有很多方式都可以處理情況，例如自行處理、直接表達、尋求非正式支持、透過正式管道向上通報。」

- **私下練習。**練習設定界限，讓你在表達自我時更自在——你可以獨自練習，也可以找信任的同事或朋友陪練。這樣下次你說話被打斷時，就能自在地說出：「抱歉，讓我先說完我的想法，待會再請教你的意見。」
- **尋求支持。**請信任的同事在會議中幫你說話，澄清事實（例如，「阿曼達花了很多時間修改開場簡報」），讓大家更清楚知道你的貢獻。假設你提出的建議或完成的專案被他人搶了功勞，那些願意為你發聲的人可以隨時支持你，即時澄清事實。「阿曼達，妳的建議很好！我很喜歡妳的想法」、「阿曼達上次開會提出這個想法時，我就覺得很有創意」、「這個專案是阿曼達主導的，你可以直接向她道謝！」

如果你需要設定一個很難的界限，又擔心自己的分量不夠讓人尊重，我建議用另一個策略：找出願意當你「寄件副本盟友」的人。所謂「寄件副本盟友」，就是答應支持你的人，你在必要時可以於電郵中將他們加入副本，讓你的立場更有分量。「這封信的副本也寄給了法蘭克，因為他也想看看你週五要傳來的資料。」如果收件人原本認為週五的期限還可以商量，現在大概就不會這樣想了。把別人拉進對話容易給人一種拍馬屁的感覺，但有時你確實需要一個見證人，給對方額外的約束力。在這種情況下，像法蘭克那樣的人通常也很樂意幫忙——這可說是指導後輩（mentoring）最簡單的方式了。偶爾在電郵中被加入副本收件人，就能支持一位上進的後輩？對法蘭克來說，這種協助幾乎不會對他造成任何不便，但對請求幫助的人來說卻意義重大。如果你是主管，也可以為團隊成員提供這種支援以表達你的支持。

- **提出問題。**如果你受邀參加座談會，但你懷疑自己只是去當人頭——只是為了營造多元化的假象——你可以詢問具體細節以釐清狀況。我在這個座談會的角色究竟是什麼？我需要做什麼準備？我如何融入這個群體？這對我的團隊有什麼效益？有時，光是提出這些問題就足以表達你的觀點。得到答案後，你就能決定是否需要設定界限。
- **考慮正式管道。**尤其是在涉及尊重與安全的議題上，如果公司有這些資源，不要忽視「向信任的主管、人資部門或多元化專員反映」這個選項。選擇這條路的一個優點是，可以把處理情況的責任交給公司。湯瑪斯說，許多人浪費心力去判斷事件是否值得設定界限或通報。她認為，如果你的體驗不佳，界限一再被侵犯，影響了你的表現，那麼這不只是「你的」問題，而是公司的問題。這值得透過負責解決問題的管道來處理。湯瑪斯說：「創造更安全、更公平的職場環境不是你的職責，而是人資或法務部的職責。你的職責是分享你的經驗。」如果你不願使用現有的正式管道，也可以選擇比較非正式的管道，例如在員工調查中反映你的經驗，或依靠你的社交支持網絡，制定計畫以因應未來可能發生的情況。

- **建立紀錄。**無論你當下如何處理情況，保留互動與對話的紀錄都是明智之舉。文化是由人決定的，因此，營造安全、互相尊重、包容的工作環境是我們共同的責任。盟友關係——積極支持你不屬於的弱勢群體——可以有多種形式：同事之間的友誼、積極參與員工資源小組、讓團隊知道你願意當他們的電郵副本盟友。如果你是主管，可以宣導一些政策，為健康的工作實務與界限奠定基礎。建立這種社交支持網絡，可以緩解歧視帶來的情緒負擔，也能讓弱勢群體的成員在設定界限時少一點恐懼。

當你別無選擇時

當我第一次聽到某領導者在面對「我需要支援，我的團隊太忙了」這樣的請求時，回應「每個人都很忙」，我簡直不敢相信自己的耳朵。許多產業和公司靠著員工透支自己來維持運作，他們愛宣傳「努力工作」、「證明自己的能力」這類理念，來掩飾一個醜陋的事實：工作量實在太重了。如果工作量不是真的太重，就不會有這麼多人發出同樣的抱怨。

在不尊重界限的環境中，我們該如何設立界限？

一、先釐清要如何改變現狀，才能避免倦怠發生。

二、確認這些改變是否有具體的時程表。

三、如果有具體時程表，就適時地追蹤進度；如果沒有，就要接受這可能是這份工作的本質。

四、認真審視自己對目前工作的感受：如果確定這份工作不適合你，需要離開，那就開始採取行動（相關細節請見「何時該離開」那章）。若目前暫時無法離職，而且單靠設立界限也無法抒解壓力，那就善用其他抒解倦怠的方法（調整心態、自我關懷、壓力管理、時間管理），讓自己撐過這段「煎熬期」。你可能無法使現況轉變成理想狀況，但至少可以讓處境變得比較容易忍受。

情緒管理：保護自己

瑞秋在製藥業工作，她的主管脾氣反覆無常，相較之下，電視劇《辦公室瘋雲》（*Office*）裡那個瘋狂主管邁可．史考特還正常多了。瑞秋的主管情緒波動很大，行為難以預測。瑞秋和他開完會後常深受打擊，覺得自己需要找個安靜的房間蜷縮起來。他的所有直屬員工私下都坦承，他對他們帶來極大的壓力。

瑞秋是個勤奮的員工，想讓主管滿意，但主管情緒起伏不定，讓她難以保持情緒穩定並專注工作。瑞秋很快就發現，她必須在自己和主管之間建立情緒界限，因為要是沒做好心理防護、直接承受主管的情緒能量，往往會讓她開完會後身心俱疲。如果你曾經遇過情緒管理能力極差、甚至影響到周遭所有人的人，這個單元是為你而寫的。

瑞秋需要設立情緒界限，好讓自己和主管的情緒保持距離。每當與主管開會前、開會時、開會後，她都會不斷地提醒自己：「他的情緒不是我的情緒。」以免受到他的煩躁、憤怒或負面情緒所影響。

瑞秋必須記住，吸收及試圖處理主管的情緒並不會讓她成為好員工（也不在她的職責範

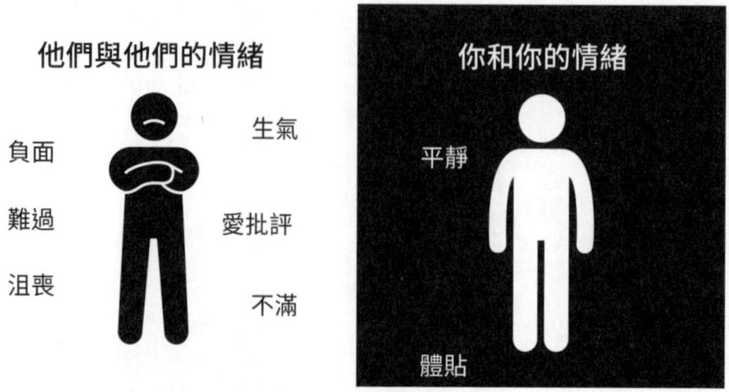

「他們的情緒不是我的情緒。」

圍內）。認真做好本分工作才是成為好員工的關鍵，而這點她早已做到了。

如果你的同事無法調節自己的情緒，或者你的客戶需要大量的情緒支持，而你又容易吸收周遭人的情緒，你很容易出現同情疲勞（compassion fatigue）。同情疲勞是因為幫助他人處理情緒及照顧他人所造成的，最終可能會讓你在情緒與身體上都感到疲憊不堪，[16]這種情況在護理、教學、社工等需要處理各種情緒與需求的行業中特別常見。[17]不過，只要是敏感的人，又需要經常接觸那些似乎總是要求更多同情、更多精力的人，這種情況在任何職場上都有可能發生。（同情疲勞在倦怠者身上更常見，[18]因為當你身心已經耗盡時，可用的資源又更少了。）同情就像時間、精力或金錢一樣是有限的資源，你能夠處理的情緒負荷有限，一旦超過就會崩潰。

就像瑞秋一樣，你必須退一步，將工作中的實務部分與情緒投入分開。如果你把所遇到的每個情緒壓力源都加以內化並承擔責任，那只會傷害自己。太快耗盡所有資源而變得情緒耗竭，會影響你在其他領域的表現。雖然吸收他人的情緒看起來是一種利他的無私行為，但超出負荷的付出反而會限制你幫助更多人的能力。相反地，關懷自己更能減輕情緒耗竭，並強化「他人的情緒不是你的情緒」這個概念。

個人界限：私人生活中的界限

葵恩是獨生女，母親對她的要求極高，她從小在母親有條件的關愛中成長。如果她不照著母親的建議做——例如休假就回家探望母親、穿著打扮符合母親的喜好、參加母親認可的課外活動——母親就會表現出大失所望的樣子、發怒或陷入悲傷。母親常對她情緒勒索，令她感到愧疚，說「我為妳付出這麼多……妳太不懂得感恩……我大概是世界上最差勁的母親」這類的話。在這樣的環境下成長，葵恩養成了討好型人格，很難為自己的需求發聲，也

絕對不願設定可能會惹人不快的界限。她總是吸引到一些會利用她、批評她的朋友和伴侶，這些人的行為更加深了她的一個信念：只要她不照著他們的話做，她的價值就會降低。這種心態讓她的身心靈都受到傷害，但另一種選擇——可能得罪他人——根本不在她的選項之內。設立個人界限之所以令人害怕，是因為生活中的人可能以職場上無法想像的方式傷害你。你可以換工作，但換不了媽媽。

「把工作當成身分認同」是一個大家普遍接受的概念，如今我們的文化終於開始討論並反抗它了。但另一個同樣普遍的概念是「把關係當成身分認同」，有些人讓關係——他人如何看待我們，以及他人對我們的評價——決定了自我價值。我們的自我概念是從童年開始發展，那時我們開始接收他人的意見回饋。當我們帶零食到教室與同學分享而獲得正面關注，或是協助老師而被稱讚貼心時，這些回饋轉化成一種信念：當我們為他人付出，我們是貼心又討人喜歡的。接著，我們開始相信反過來也是真的：當我們不為他人付出，我們就不那麼討人喜歡。於是，我們的自我認同逐漸受制於他人的評價。如果不加以控制，就會演變成一輩子討好他人，讓他人的需求、他人對我們的看法和感受來主導我們的生活。

如何知道你是否需要設定個人界限？想想你做某件事是出於正面動機，還是負面動機。

正面動機包括愛、興奮和真誠的渴望，例如，「我想看完這本書是因為真的很好看」，或者「我想參加家庭聚餐，因為我想念家人，想和他們相處」。負面動機包括罪惡感、恐懼和失望，例如，「我應該看完這本我不喜歡的書，因為我已經買了」，或者「我應該參加家庭聚餐，不去的話，家人會讓我覺得很內疚」。藉由釐清動機，你可以區分哪些事情是為了避免不安而做的，哪些又是真正讓你感到**快樂**的事。

在資源充足時優先考慮他人，以及在資源所剩無幾時優先考慮他人，這兩者是有區別的。討好型人格通常只有在面臨倦怠時，才會允許自己設立界限，他們認為情況終於「糟到不能再糟了」，不得不設立界限：「抱歉，我不是故意失禮，但我真的不堪負荷了，必須說不。」許多人在達到這種絕望的地步以前，很難為設定及維持界限找到正當理由。

許多討好型人格一旦處於這種危險境地，就會發現，不管你有多少資源，人們都不會停止索求。例如，你可能已經告訴伴侶，你想一個人看電視，配著最愛的零食，還拿著零食走到另一個房間。但是，當他跟著你進去那個房間，開始訴說他工作的狀況時，你需要重申你的界限：「我們聊完後，讓我看節目好嗎？我想聽你講今天的事，但之後我真的需要放鬆一下。」、「我需要先讓大腦休息一下，才能完全專注在你身上。等我準備好再去找你，好嗎？」

你該問自己的不是「我能給出多少？」，而是「在不犧牲重要事物的情況下，我能給出多少？」。你的朋友搬家時，向朋友群發出了求助訊息。理論上，你可以調整週末行程去幫他，但這也表示你必須放棄你期待了一整週的悠閒週六早晨、平靜的農夫市集散步，或和媽媽約好的午餐。生活中有很多機會可以表達你對他人的關心。我敢說，你幾乎每次都有盡力付出。偶爾回絕他人，並不會讓他們質疑你對他們的愛。

切記，界限是用來強化關係，而不是削弱關係，這樣的認知能讓你更有自信地設立個人界限。界限不是一種拒絕，而是一份邀請，邀請彼此維持一段不帶怨懟的關係。

難搞的人（我們一定都遇過）

對許多有社交倦怠的人來說，難搞的人是導致他們精力耗盡的原因。這些人通常情緒不穩、不成熟或霸道，他們往往也討厭別人對他們設定界限，而且可能會質疑那些界限。有人質疑界限時，感覺就像在說「我比你更懂」或「你應該按我建議的方式生活，而不是按你選擇的方式」。對你的界限有意見的人，往往正是因你不設限而獲益的人。當你感到動搖，想要向這些說法妥協時，切記：這些人之所以會如此，是因為他們過去用這種方法總是很管用。當一個人聽到你設立界限，卻還變本加厲地施壓，很可能是因為他以前曾用這種方式突破別人的界限。

即使界限被侵犯了，善良的人常因同理心而不去鞏固自己的界限：「他們之所以那麼做，只是因為＿＿＿＿。」、「他們是在＿＿＿＿環境下長大的，所以這不是他們的錯。」你了解某人為什麼會那樣，並不代表那樣做就沒問題。「他打電話來哭訴，說我讓他失望，因為他的母親以前也是那樣對他，他還在努力擺脫陰影。」好吧……那你不覺得他應該改進嗎？如果你不會讓朋友受到那樣的對待，你也不該讓自己受到那樣的對待。

在我們的生活中，有些類型的人往往需要我們設定界限：

- 需求過度者：他們總是對你有過多的期待，要求的遠比你所能給予的還多。
- 霸道者：你不按照他們的意思做，他們就會施壓。
- 情緒不穩／暴躁易怒者：對你不公平，讓你總是提心吊膽、戰戰兢兢。
- 自私自利者：當你無法隨時配合他們的需求，他們會讓你覺得你太過分、太不識相。

- 情緒勒索者：利用罪惡感作為武器以達到目的。

我並不是說這些人不能成為好夥伴，或是說他們不會以他們特有的方式關心你。只是你與他們互動時，往往會出現沉重的情緒負擔，因此你需要設立清楚的界限來保護自己。如果你無法堅守界限，而這又是一段自願的關係（比如朋友或伴侶），我建議你找最近的出口離開。如果這是非自願的關係（比如親戚或室友），那就要認清界限何時遭到侵犯，並準備好一些設定界限的策略（「我」陳述句、「如果……那麼……」條件句、陳述明顯事實、設定預期）。

「快去換衣服，不然你奶奶又要碎念了」

美國文化非常重視個人主義，[19]以獨立自主的個性為榮，家庭關係往往比較鬆散。相反地，在亞洲、非洲、南美等集體主義文化中，人際關係很重要，文化常要求家庭成員（尤其是子女）延續世代相傳的文化傳統與價值觀；你的個人身分和需求不能凌駕在群體之上，[20]

而是群體的一部分。如果你來自集體主義文化，設立界限時往往會覺得很掙扎，尤其是面對家人的時候。

我來自拉美裔文化，家庭關係**非常緊密**。我們家族中，幾乎每個家庭都曾經收留過其他親戚同住。需要借車嗎？「沒問題。」五分鐘後要來？「好啊，我先停下手邊的事去弄點吃的。」我要出國了，我們在西班牙有認識的人嗎？「噢，我們有一些沒見過面的遠親，他們說我們可以在他們家住一週。」有人對你的裙子長度或領口深度有意見？你一定會聽到這種話。有人覺得你應該多生幾個孩子，或是不喜歡你一個月前在社群媒體上的貼文？他們一定會讓你知道——當面說，而且可能在眾人面前說。

這種生活方式並不是沒有愛——你知道永遠會有人照顧你，你的人際關係網絡遠遠超越了你的想像。不過，如果你打算做一些可能引起群體意見的選擇，就要準備好設立一些界限。倘若你從未針對親近的人設過界限，現在要開始確實很難，但為了保護你的心理健康，這是必要的。

我曾經輔導過年輕可愛的潘蜜拉，她大學剛畢業，在急診室當護士，正在學習適應急診室的高壓生活。潘蜜拉和我一樣出身於集體主義文化，除了要適應高壓的工作以外，她的父母對於她打電話給他們的頻率，抱著不切實際的期望。每次她沒接他們的電話（通常是因為在工作中），下次通話時，他們就會讓她感到愧疚。有時他們會「開玩笑」說她沒時間理他們，但更多時候他們會問她**那麼忙**，下次要何時才能見面，還會提到朋友家的孩子多常打電話回家、多常回家探望。潘蜜拉迫切需要設立一些界限，好讓家人對她有合理的預期。

在考慮她希望多久與父母通話一次後（出於正面動機，而不是愧疚等負面動機），她最後告訴父母，她會在每週日早上打電話，陪他們一起視訊喝咖啡，而且每兩個月去探望他們一次。她也表達了她愛他們，想與他們分享生活，但如果他們開始為難她，她會直接講出來並轉移話題。再次強調，設定界限不是為了改變他人。他們可能還是會提出她不喜歡的話題，但她知道，如果他們那麼做，她有保護自己的應對方式。久而久之，她明確表達及重申的界限得到了諒解，她結束通話時胃痛的次數也大幅減少了。

對她來說，這是個令人害怕的選擇，感覺可能會損害她與父母的關係。但當我們誠實面對自己時會發現，我們害怕損害的關係往往早已受損，只是方式不同罷了。

設定界限的措辭和語氣：客服語氣vs.執行長語氣

想想你會如何看待兩個需要提早離開會議的人。第一個人自信地說：「抱歉，我需要提早十五分鐘離開。我一定會查看會議紀錄，不會錯過任何重要的內容。」第二個人顯然很緊張，他說：「真的很抱歉，不知道能不能讓我偷偷提前十五分鐘離開？我有另一個約，試過重新安排時間，但排不開。如果不行的話，我再試著調整其他事情。真的很抱歉造成不便。」我們的目標是呈現出第一人那樣的自信。你表達界限的方式，已經事半功倍，幫你完成了一半的界限效果。

你是用客服語氣、還是執行長語氣來表達自己？客服語氣的音調較高，每句話聽起來都像在提問，給人一種順從、充滿歉意的感覺。執行長語氣的音調較低，句尾是下降的語調，散發出權威與自信。

光聽一個人說話的語氣和用字遣詞，就能判斷這個人是否容易受到擺布。你聽得出來他們是否對於占用別人的空間感到愧疚。研究發現，說話的音質和語氣，比說話的內容更能給人留下深刻印象。[21]女性的上揚語調（讓句子結尾聽起來像問句）讓人覺得比較沒有說服力，[22]而男性的聲音越低沉，收入越高（我知道這聽起來很誇張，卻是真的）。[23]

有太多的證據顯示，語調與表達方式會影響訊息的可信度。我曾經有很長一段時間不敢為自己發聲，以前的我很怯懦，逆來順受，但我開始創業以後，培養出了骨氣。之前還是上班族時，我表現得很卑微，因為我確實只是公司裡的小螺絲釘，我在專業階層中的位階很低，可以躲在主管背後，不必經常為自己挺身而出。但開始創業後的我有如浴火重生，我必須獨自代表自己，這迫使我不再畏縮，開始勇於展現自我。

如同本章的開頭所述，設定界限包含陳述與行動兩部分。我可以建議你一些表達界限的用語，但你也需要有骨氣，用你的語調與行動來強化它們。以下是設定個人界限時可以運用的一些工具：

轉移：把請求轉向你有能力應付的事。

「很可惜我無法參加＿＿＿，但我很樂意＿＿＿。」

「抱歉，那個時間我必須優先處理＿＿＿，但若你下週五有空，我們可以＿＿＿嗎？」

這不是全有或全無的選擇；即使你無法做到原本的要求，你還是可以維持關係。這種方式有助你巧妙地避開那些耗費你精力的請求，改選更適合你的活動。例如，朋友辦了一場大型派對，你知道自己討厭大型派對，而且在那裡你幾乎沒機會好好與她聊天，那麼你可以邀她下週一起喝咖啡或小酌。或許你不想參加某個家庭聚會，但不去令你感到內疚，又沒有簡單的替代方案，這時你可以選擇只待一小時，露臉一下、跟大家打個招呼，然後在聚會開始耗盡你的精力之前離開。

通用說明：表達你在可預見的未來，因個人因素會暫時消失一陣子，這招在忙碌時期特別實用。

「嗨！我最近工作很忙，所以會神隱一陣子，直到＿＿＿。等我忙完了，我們再＿＿＿。」

「嗨！不想讓你以為我忽視你，所以先預告一下，我接下來大約三個月會很忙，會暫時消失一陣子！愛你喔，等忙完再見囉！」

「我沒空」不等於「我討厭你」，理性的人都懂這個道理！如果一段關係只在你完全配合對方的情況下才能維持，那麼這段關係的深度就會受限於你能付出的資源多寡。在人際關係中清楚設定這樣的預期，可以大幅減少潛在的社交壓力。

「不行」就是一個完整的句子：雖然我們都喜歡提出措辭完美的理由，但解釋不見得是必要的。

「糟糕，我無法參加，但希望你玩得開心！」

「可惜，我查了行事曆後，發現我去不了 :(」

當然，你也可以運用之前學到的工具來設定個人界限（將它當成長話短說的總結）：

創造思考空間：「讓我先想一想，然後再回你。」

使用「我」陳述句：「我在工作時間無法接聽電話，因為之後很難重新集中注意力。如果沒接到你的電話，我會盡快回電 :)」

使用「如果……那麼……」句子：我知道如果曼蒂阿姨提起＿＿＿＿，我就會微笑回應：「噢，我現在不想談這個，請見諒。」然後轉身離開。

陳述明顯事實：「每次談到＿＿＿＿，都會演變成爭吵。為了避免爭吵，我們還是別談這個話題吧。」

設定預期：「很榮幸受邀當你的伴娘！有空的話，我想先聽聽你對伴娘的預期，這樣我在答應之前可以更清楚時間的安排和預算。我想在答應之前先確保我能做好。」

現在，你已經知道需要設立界限的個人警訊，也有信心設定合理的分際，願意讓他人自行處理他們的情緒，也掌握了界限受到挑戰時可以運用的說法和工具。設立界限不是為了疏遠他人或是故意刁難；反而是因為你夠在乎，所以願意釋出善意、主動溝通，而不是憤而離去。這些界限能幫助你保護自己，維持工作品質和生活品質，讓你持續在崗位上付出。

面對壓力時，設定界限以保護自己很重要。但我們不可能總是靠著設定界限來擺脫壓力狀況，為了撲滅引發倦怠的火苗，我們需要轉向倦怠管理的最後一個支柱：壓力管理。

Chapter 7

壓力管理：當戰或逃反應變成日常預設反應

比爾之所以來找我諮詢，是因為醫生警告他，要是不降低壓力，他可能會**再次**因胸痛住院。他的血壓高得嚇人，總是焦慮不安，幾乎無法入睡。比爾創立了一家成功的投資公司，管理著數百萬美元的資金。儘管業績蒸蒸日上，但工作壓力已嚴重影響他的身體健康。他常半夜驚醒過來查看電郵，多年來的週末都在工作。這種時時刻刻待命的生活方式，也導致他與丈夫的婚姻關係出現裂痕。比爾覺得自己正活在一場緩慢的死亡中。

前面提過，倦怠是長期壓力的結果。比爾常處於高壓狀態而無法喘息，他的身心都承受了後果。我們感受到壓力時（任何讓我們擔憂或突然引起我們注意的事物），大腦會釋放腎上腺素（使肌肉、心臟、肺部更努力運作）、[1]脂肪與糖分（肝醣，[2]提供能量讓我們因應壓力）、皮質醇（俗稱「壓力荷爾蒙」），使身體保持警戒狀態，直到威脅消失。[3]這種荷爾蒙湧現稱為「戰或逃」模式——是交感神經系統試圖讓我們準備好因應眼前的壓力源。

面對壓力時，身體會尋求方法釋放這些多餘的能量，好讓我們恢復平靜。問題在於，面對現代社會的壓力源，我們往往無法用最原始的「戰或逃」本能來回應。信箱湧入大量郵件時，我們無法逃離；同事怪罪我們犯錯時，我們也無法跟對方打起來（好吧……其實也可以打，但可能很快就會被保全請出去）。當體內充滿壓力荷爾蒙與腎上腺素、卻找不到方法消耗時，我們會感到坐立難安、快要爆發，似乎隨時都有可能變成那種揮拳打爆牆壁的人。

恐懼和憤怒等情緒更是火上加油（「我要被開除了！」、「我氣死了，克雷格**又一次**搞砸了我們的任務！」、「我要怎麼準時完成這些工作?!」），使我們全身處於難以平復的焦慮狀態。不出所料，當我們陷入倦怠時，長期壓力也嚴重影響健康。慢性壓力會引發心臟病與免疫系統疾病，因為長期暴露在壓力下會導致發炎反應，干擾荷爾蒙平衡，消耗身體。[4] **最糟**的情況是，持續承受壓力但卻沒有任何舒壓的方式。

那麼，該如何抒解壓力呢？我們將在本章討論各種技巧，但簡單來說，你需要：（一）某種形式的身體釋放；（二）讓自己感到安心與安全。身體釋放是指做某事來消耗過剩的能量，例如運動讓血液加速流動、跟著輕快的音樂起舞、痛哭一場，或用枕頭猛打床鋪發洩一分鐘。《情緒耗竭》（*Burnout: The Secret to Unlocking the Stress Cycle*）的作者艾蜜莉・納戈斯基（Emily Nagoski）和艾米莉亞・納戈斯基（Amelia Nagoski）解釋，這些身體活動能幫助你抒解壓力，讓身體相信威脅已經解除（該書是很棒的壓力參考資料）。[5]讓自己感到安心與安全，通常需要某種形式的確認——可能是透過理性思考、他人的支持，或是改變所處的環境——以確定目前沒有立即的威脅，這樣我們才能平靜下來。這是人類**與生俱來**的生理壓力反應，但是，我們的**制約反應**是壓抑這些釋放壓力的衝動，因為社會教導我們這些反應很麻煩或不恰當。

我們常在孩子身上看到健康的壓力釋放過程，比如，孩子失手掉了一個玩具，發出巨響（壓力源）；孩子被嚇到了（對壓力產生的荷爾蒙反應）；孩子哭了（表達情緒，降低壓力反應）；然後，孩子撿起玩具，繼續玩（恢復）。孩子的壓力升高，他們表達出來以後，壓力就降低了。

隨著年齡增長，我們漸漸被教導要壓抑自然的情緒反應，改用更符合社會期待的方式來回應。例如，我們在他人面前收到壞消息時，會憋住情緒，不讓別人看出我們有多難過，等到四下無人時才敢發洩。到了青春期，大家不再把釋放壓力的反應視為人之常情，而是一種可以選擇的行為。當然，我們不會希望在工作場合經常哭泣，或是每次和朋友進行棘手的對談時都情緒失控，但這些其實都是身體試圖釋放壓力的自然生理反應。

想像你有一個容器，一整天都在累積壓力。

如果你時時注意到壓力正在累積，並適時地處理，就能在一天之內把容器清空。最理想的情況是，一天結束時，你的壓力壺已經差不多清空了。當你沒注意到壓力悄悄累積，可能會到晚上才發現壓力壺已經爆滿。這會讓你感到不堪負荷、非常沮喪，也會因為工作壓力入侵私人時間而生氣——因為你不得不利用**下班**時間舒壓，清空壓力壺。所以，你應該學習在壓力出現時就能察覺，並培養一些壓力管理的好習慣，以便即時抒解這些壓力。

在現今的職場上，每個人都知道，問題不在於你**是否**會遇到壓力，而是你**何時**會遇到壓力以及**如何**應對。學習如何管理三種壓力很重要：

一、**當下壓力：**需要立即回應的壓力源。
二、**短期壓力：**看得到終點的壓力源。
三、**長期壓力：**看不到終點的壓力源。

壓力是以不同的緊迫程度逼近，有時你需要立即處理；有時因為你不想或不需要立即處理（或者不知道該如何處理），它就在背景中慢慢醞釀。壓力通常是因為我們害怕自己無法因應眼前的挑戰——可能是一場棘手的對話、一個快到期的專案，或是剛接手的工作。這種擔心會阻礙我們的成長；相反地，如果你相信自己能夠處理壓力，就比較敢走出舒適圈，在那些看起來嚇人但很重要的領域中成長。在本章中，我們會確保你無論遇到什麼情況，都能正面迎戰各種壓力。

壓力反應類型：你在壓力下是什麼樣的人？

「他壓力大時，別去打擾他，他會把情緒發洩在你身上。」我剛加入新團隊時，就有人如此提醒我要注意團隊的主管。壓力之下容易煩躁暴怒，是人之常情，然而這位經理以「好鬥」聞名（換句話說，他的壓力反應是「戰鬥」）。每當他承受壓力時，太靠近他的人都可能無辜遭殃。每週總有那麼幾次，我和同事會聽見走廊傳來他高聲斥責的聲音，我們都很同情那個遭到斥責的對象，無論是電話另一頭的人，還是從他辦公室走出來時臉色蒼白、渾身冷汗的倒楣鬼。大家都學會忍受這位主管的行為，但如今了解壓力管理後，我不禁想到，如果當時他能意識到自己在壓力下的反應模式，在乎這些行為對員工造成的影響（畢竟一般人在恐懼和威嚇之下大多無法充分發揮），並且願意努力改善的話，這些不愉快的場面其實是可以避免的。

預測你未來如何處理壓力的最佳指標，是觀察你過去如何因應壓力。在壓力下，我們容易採用自己**最熟悉**的方式，而不是**最佳**的方式。最常見的壓力反應包括：**戰鬥**、**逃避**、**僵住**、**調解**、**連結**。熟悉這些壓力反應類型，有助於你更了解自己慣用的因應方式，以及那些經常與你一起承受壓力的人有什麼反應模式。

戰鬥型：你準備好馬上熱切地因應壓力源。更好的做法是，在回應之前先深呼吸，整理思緒。

逃避型：你的本能是立即與壓力源拉開距離。更好的做法是，明確表達你需要空間，讓對方了解你的意圖，或在無法創造空間時，安撫自己。

僵住型：你因壓力而陷入癱瘓，難以即時回應。更好的做法是，遠離壓力源，表達你需要更多的時間思考才能回應，並安撫自己。

調解型：你試圖維持和平，讓對方感到自在。更好的做法是，在幫助他人之前，先思考自己的需求。

連結型：你尋求社交支持來因應壓力。更好的做法是，學習安撫自己，以免找不到任何人的支持。

我曾在一個小團隊裡工作，團隊成員各有不同的壓力反應方式。我的經理是戰鬥型，同事是僵住型，我是逃避型。在一次壓力很大的會議後，我們團隊被指派了一份緊急任務，經理當下已經準備好著手處理待辦事項，我的同事靜靜地坐在辦公桌前發抖，而我只想先到外面呼吸新鮮空氣，整理思緒後再重新討論。幸好，我們都知道這些模式，並有足夠的自覺來討論各自的壓力反應風格。此後，我們的解決方案是，在開完壓力很大的會議後，先給自己十分鐘來舒緩情緒。這個調整讓我們能夠以更平靜且有效的方式合作，也更能妥善調節工作壓力。

你的壓力反應方式是你面對壓力時的自然反應，那可能是從小養成的習慣（也許你在一個戰鬥型或連結型的家庭中長大），或符合你的性格特質（或許你很內向，逃避或僵住是你的本能）。一旦我們知道自己偏向哪一種方式，就能思考未來面對壓力時該如何調整反應。

我發現自己是逃避型後，更懂得如何管理突如其來的壓力。現在，我和丈夫發生爭執時，第一個想法是「我需要空間，我想去散步，然後才能更理性地進行後續的對話」，*而不是在壓力反應最強烈時開啟重要的對話。以前的我在工作壓力特別大的時期會開始找新工作，只為了逃避壓力源。等壓力消失後，我才想起我其實很喜歡那份工作，並不是真的想離開。現在，知道我的本能反應是逃避後，我可以預見在壓力出現時自己會需要空間，或在不

---

* 尋求空間（讓自己先調整情緒，再回來好好溝通），與冷戰、斷絕聯繫、拒絕溝通或合作，是截然不同的兩回事。

適合逃避時找到其他方法安撫自己。例如，我看到網路上的惡意留言時，以前的本能反應是刪除一切，然後搞消失。現在，我只會暫時遠離社群媒體，這樣既能讓我與壓力源保持距離，也能重新整理心情。有時逃避確實是當下最好的選擇，但其他時候，先以不同的方式抒解壓力，再去處理問題，對我更有利。

你的壓力反應方式是什麼？你走投無路時，通常會有什麼反應？是開始反抗嗎？還是尋找逃脫的出口？又或是愣在原地？還是尋求他人的支持？你最常相處的人（你的伴侶、主管、父母）面對壓力時的反應又是如何？下次當你和他們一起面臨壓力情境時，你能否注意到彼此不同的壓力反應如何影響你們之間的互動？更好的做法是，在下次共同面對壓力事件以前，你們能否先坐下來好好討論這個話題？

不同的壓力反應模式相互衝突時，人際關係可能會受損。我的一位朋友曾告訴我，她與哥哥進行棘手對話時，她的本能反應是戰鬥型，據理力爭，她的哥哥是僵住型，完全封閉自己。每次談話開始升起壓力時，她就越來越激動，哥哥則是沉默以對。她越逼近，哥哥就越退縮。這導致互動過程十分緊繃，雙方都不滿意。

這些對話大多都有其目的，可能是要決定在哪裡舉辦感恩節聚餐，或是要送媽媽什麼生日禮物，又或者只是「我需要表達我對＿＿＿的感受，因為我們的生活會涉及彼此，這對我來說很重要」。每個兄弟姊妹的壓力反應方式，都會影響他們如何展開對話以及期望如何解決問題。我這位戰鬥型的朋友可能希望速戰速決，尤其當她已經知道自己想要什麼結果的時候。但是，對她那個僵住型的哥哥來說，他可能很難在當下處理問題。當下他可能只希望對話趕快結束，根本不知道自己想達成什麼目標，這使他無法有效地即時回應。（「萬一太早回答或給出『錯誤』的答案，那不是會引發更多壓力嗎？」）在這種情況下，我這位戰鬥型的朋友可以降低談話的緊迫感，讓僵住型的哥哥有時間仔細考慮選項——換句話說，先提出問題，然後給予回應的期限，而不是期待立即得到答覆。為了一段原本可以簡短結束的對話而制定計畫，是不是讓人覺得很煩？也許吧。但如果你想要最好的結果，就要設計一個讓大家都感到自在的參與方式。

這種緊張關係可能出現在各種不同壓力反應方式的人之間。一個調解型的人想要化解所有的緊繃，卻遇到需要空間才能解決問題的逃避型，那他可能會覺得很挫敗。一個僵住型的人也許會因為連結型的伴侶向外尋求支持而感到不安，覺得伴侶是在拉攏朋友站在自己這邊。而兩個戰鬥型的人往往準備好言語交鋒，直到有人憤而離去或徹底崩潰。

一旦了解各自的壓力因應方式，就能更開放地討論彼此的本能反應，以及未來如何在壓力下進行更好的溝通。與他人一起面對壓力源時，最重要的是先思考：「我對這次對話的期望是什麼？」試著回答：「在這次對話結束時，我希望能夠________。」釐清目標（即使感覺有點傻），有助於避免對話離題、毫無成效。這個空格可以填入任何內容，從「找到解決方案」到「確定你的回覆時間」，或是「了解未來如何處理類似情況」都可以。

當我們注意到自己在壓力下的行為，更有可能按下暫停，承認自己的需求，然後以更關懷自己與他人的方式繼續對話，這也可以減輕對話的壓力。我們要如何察覺緊張氣氛開始升溫，壓力已經悄然而至？答案是：**充分**了解自己在壓力下的徵兆。

你能不能別再抖腳了？

大多數的人直到壓力達到紅色的警戒狀態、需要善後時，才會察覺自己承受著壓力。

在我們這個永遠處於「開機」狀態的文化中，我們已經習慣了有點壓力的生活，所以當壓力徵兆開始出現時——也就是我所謂的「黃燈」階段——我們幾乎察覺不到。你是否曾有

綠燈	黃燈	紅燈
平靜	開始出現壓力徵兆	壓力大增， 全面進入戰或逃狀態

這樣的經驗：別人問你「怎麼了？」或「你是不是壓力很大？」，而你本來並沒有察覺自己有壓力，經對方這麼一問，你才意識到這件事。也許當時你正在抖腳、大聲嘆氣，或是突然沉默不語，這些都是壓力徵兆的例子，顯示你已經進入「黃燈」階段，但尚未達到「紅燈」階段。

一些常見的壓力徵兆包括：

- 咬嘴唇、口腔內側或舌頭
- 肩膀緊繃
- 咬緊牙關
- 皺眉頭
- 玩弄東西
- 呼吸變淺或不規律，或偶爾突然深呼吸
- 出汗（手心、前額、腋下）
- 胃部不適或食欲改變

這些都是身體在暗示你壓力升高了。我開始感到不安時，會抖腳、揉脖子或胸口，咬口腔內側。以前在某家公司上班時，我的座位在兩位同事之間，一位在壓力下會不停地按原子筆，另一位收到某些人的郵件時會大聲嘆氣。我們發現彼此的壓力徵兆時，會互相提醒並笑談這件事。（你可以在下次團康活動時，玩「說出他的壓力徵兆」遊戲。如果你們團隊很熟，這是很有趣又富啟發性的活動。）

我們常無法及時察覺自己正承受著壓力，這與「內感受」（interoception）[6]的概念有關——這是我們感覺到飢餓或心跳加快等生理訊號的能力。簡單來說，大腦往往比你更早知道你有壓力。出於生存本能，大腦的工作就是預測壓力源，所以，當你從老闆旁邊走過時（甚至只是看到他們的照片），你的大腦可能會根據過去的經驗，預測你正進入壓力情境（即使當下你並未意識到壓力），於是你開始呼吸急促或心跳加速。多數時候，我們會忽視這些訊號[7]——如果每次心跳加快都有所意識的話，我們會瘋掉。不過，當情況變得更緊張時，我們就會注意到了。那些小小的壓力徵兆（比如抖腳），就是身體開始提升警戒的方式，因為它認為我們可能需要額外的能量以因應即將到來的壓力。

了解這些代表壓力的身體感覺，是我們提升自我意識的眾多方法之一。誠如作家廷德爾與我分享的：「覺察力是關鍵，因為若你無法察覺自己的想法或感受，就很難採取任何行動。」她建議運用「覺察力三角」（triangle of awareness）這個正念工具——不論是初學者或是專家都適用——以幫助那些不習慣自我覺察的人更了解自己。

這個三角形的三個頂點（身體感受、思緒、情緒）是幫助我們察覺壓力的切入點，例如，你可能會注意到：身體的反應（表現出壓力徵兆）、只有在承受壓力時才會出現的情緒（例如憤怒或怨恨），或是腦中浮現一些想法，顯示壓力正在升高。（「我有好多事要做」、「要是我有分身就好了」、「為什麼周遭的人不能幫幫忙呢？」）廷德爾強調：「正念能幫助我們更深入地覺察當下每一刻的完整體驗。這不只是注意壓力而已，而是要學會覺察一切。在練習覺察的過程中，你可能開始注意到美好、令人好奇、意想不到的事物。」覺察力三角有助於提升我們的自我覺察力，讓我們在面對壓力時更了解自己，也更懂得安撫自己。

現今，越來越多人開始意識到自己的壓力，這或許是因為整體壓力程度比以前高。相較於過去，現代成人的壓力明顯升

高。蓋洛普的最近一項調查顯示，二〇二一年全球民眾的焦慮、壓力、憤怒程度，創下二〇〇六年該機構開始追蹤這些體驗以來的最高紀錄。[8]由於壓力不會在短期內消失，我們需要工具來因應壓力。為了過上充實又平和的生活，我們能做的最佳準備就是在壓力來臨時懂得如何應對。由於壓力無可避免，而且通常可以預期，我們先來學習如何主動處理壓力。

主動壓力管理：「我即將進入旺季」

寶拉是會計師，報稅季一逼近，她就知道壓力又要飆升了。每年四月，寶拉的工時都會變長，連在私人時間也反覆思索著工作壓力，平常自我關懷的習慣（例如慢跑和編織）全都拋諸腦後。寶拉總是撐到旺季結束後才崩潰，然後回過頭來試圖彌補幾個月下來因處於戰或逃模式而累積的問題，例如未回覆的簡訊、堆積如山的換洗衣物。這樣的循環重複了幾年以後，寶拉想要找出因應這些壓力的更佳方法。她需要工具以提前保護自己的身心健康，而不是像往常那樣被捲入壓力漩渦中。她需要實施規律的主動壓力管理機制。

她首先檢視的是最容易預見的壓力源，以及該如何處理這些壓力。例如，由於向每個傳簡訊、打電話或邀約的人解釋她很忙，令她頗為困擾，所以她決定提前告知所有親朋好友，在報稅季結束以前，她都無法回覆訊息或電話。另一個令她備感壓力的是工作侵占了她的週末時間，讓她感覺自己好像**永遠**都在工作。為了解決這個問題，她決定週末至少每天外出一次，到附近的咖啡廳、書店逛逛，或去散個步，以維持工作與休閒之間的界限。

為了顧好身體，她知道無論如何都必須睡滿八小時，還要規劃非常簡單的餐食，否則她可能直接不吃東西（你可能還記得「自我關懷」那章有類似的建議）。最後，她需要在每天下班後優先安排時間放鬆。她最喜歡的放鬆方式是在後院享用晚餐，藉此提醒自己，除了筆電螢幕以外還有更寬廣的世界，而且這種忙碌只是暫時的。平常她或許可以不必那麼嚴格執行這些壓力管理方式，但在壓力暴增的報稅季，這些做法是維持身心靈健康所不可或缺的。

主動管理壓力還有其他的選擇，包括：維持固定的早晚作息（我們的身體喜歡規律，有固定的睡眠時間[9]與用餐時間[10]可讓身體運作得更好）；確保基本需求都獲得滿足；諮詢心理治療師或心理健康專家；身邊有良好的社交支持。如果你不確定自己需要什麼，可以先留意在壓力期間，哪些事情讓你覺得更放鬆、更穩定、更安全，以及哪些事情讓你覺得更緊繃與不安。你可以考慮加入規律的運動、練習放鬆呼吸、散步（大自然可以安撫我們的恐懼中樞並減輕壓力）、[11]在白天上班時安排休息空檔以避免一直盯著螢幕、攝取營養的膳食、補充足夠的水分等。

撰寫本文時，我正處於忙碌時節。壓力期間出門走走對我特別有幫助，所以我在工作結束後會散步到街角的商店，買個小零食犒賞自己（通常是一瓶氣泡水，我會選甜味的，因為我也想對自己好一點）。老實說，驅使我穿上鞋子出門的是買零食的念頭，而不是散步本身，雖然我很清楚散步才是對我有益的部分。

你需要做什麼以預先準備面對壓力呢？是提前準備好孩子下週要穿的衣服，這樣每天上學前就不用手忙腳亂找衣服？還是週日先將所有家務都處理完，以確保整個星期的居家環境都井然有序？或是把壓力大的棘手對話留到週末再談？很多壓力源是可以事先做好準備的。

這聽起來可能不怎麼吸引人，但如果你知道接下來兩週要全力完成一個重要的專案，那就該切換成「自我關懷機器人模式」。這表示你不該根據當下的心情來做日常決定，而是看你真正需要什麼。我知道你**想**在睡前滑社群媒體，但很抱歉，你更需要充足的睡眠。我知道你**想**在晚餐後喝杯小酒，但那會影響你的睡眠品質，隔天早上也會讓你的腦袋更昏沉。我知道你**想**利用週末僅有的空閒時間見見朋友，但那段時間應該好好休息才對。為工作犧牲生活樂趣確實**不好受**，但在緊要關頭，回歸基本的自我關懷才是最省精力的明智之舉。當你覺得這樣很不公平時，請提醒自己：這個階段只是暫時的。

這種事前準備不會神奇地讓工作變得更順利，只是確保你這個執行工作的人能夠盡量避免為自己的壓力壺增添額外壓力。情況變得很糟時，壞習慣容易故態復萌，我們可能會用一些小方式來獎勵自己，卻讓自己付出更大的代價：例如睡眠時間減少、攝取更多糖分、靠藥物來舒壓、反覆思索著壓力，導致每個空閒時刻仍充滿了工作。這時你應該對抗這些衝動，像個負責任的家長告誡孩子那樣：「明天有大考，今天不能去朋友家過夜。」

當然，我們不可能永遠為壓力做好準備。有時壓力會突然出現，而我們必須在毫無計畫之下予以因應。當我們在急迫的情況下必須面對壓力源時，該如何應對？

當下的壓力處理：唯一的出路是走過

最近我在飛機上焦慮發作，我感到胸口緊繃，聽覺模糊，視野變窄，手腳開始發麻。但這次我沒有像以前那樣被恐慌支配，而是開始做呼吸練習，強迫自己想一些能感到安慰的事。我會吸氣四秒，屏氣四秒，吐氣六秒，再屏氣四秒。我重複這個呼吸節奏，直到平靜下來。（現在就試試吧，這是很實用的方法。）我通常會用手指輕敲計數，同時重複告訴自己：「你沒事的，一切都好，這只是焦慮而已。只要繼續呼吸，這種感覺就會過去。」

我很確定，如果沒有這個壓力管理技巧，我會向空服員要個紙袋來協助呼吸。當我遇到壓力大的情況時（例如做重要簡報遇到技術故障、面對無建設性的批評，或是在舒適圈以外的龐大專案中感到不知所措），都會使用同樣的方法：專注於自己的思緒並放慢呼吸，直到我能判斷下一步該怎麼做最好。我認識的有些人會尋求社交支持，他們比較喜歡和別人一起解決問題。也有人需要起身走動來釐清思緒，以判斷下一步該怎麼做。當我們有機會要求片刻的時間來整理情緒，走到外面、遠離壓力源以獲得新視角時，也有助於緩解壓力。

你可以把當下的壓力處理方式想像成一種壓力ＯＫ繃，用來迅速因應狀況並度過難關。面對壓力時，有時我們只有片刻的時間可以回應。能否在身心上安撫自己，往往正是決定我們是憤怒失控、還是冷靜應對的關鍵。你可能很熟悉在重要會議上發言之前那種心慌的感覺，為了對抗這種慌亂，你的壓力ＯＫ繃可能是深呼吸（安撫身體）以及提醒自己「他們只是一般人，我可以對一般人說話」（安撫心理）。

當我們面臨壓力時，呼吸往往是最先改變的生理反應，通常會變得更快更淺。當我們緊張時，呼吸可能變得急促，甚至不自覺地屏住——取決於個人的身體反應模式。此時大腦只知道我們正處於焦慮狀態，這反而會加劇焦慮感，刺激更多的壓力荷爾蒙分泌。因此，我們應該放慢並加深呼吸，藉此安撫大腦和身體，傳達一切安好的訊息。有趣的是，深呼吸會刺激迷走神經（從橫膈膜延伸到腦幹），隨之啟動鎮定系統。這也是為什麼深深吸入一口氣和緩慢呼氣後，你會立即感到放鬆（神奇的效果其實是發生在呼氣時）。

其他減輕壓力的心理技巧包括：聽音樂，可以改變大腦的化學反應，[12]讓你放鬆（只要是讓你感到平靜或振奮的音樂，任何類型都有效）；[13]寫日誌以清空思緒（研究顯示，單純寫下感受就能讓我們感覺更好）；[14]複述安慰自己的話語；尋求社交支持；觀看有趣或吸引人的內容，將注意力從壓力源轉移開來。其他生理策略包括：走到戶外、伸展筋骨或原地跳躍來促進血液循環、沖熱水澡或冷水澡、喝杯水、和人緊緊擁抱，或在黑暗的房間裡蓋著重力毯休息。

此外，你也可以運用「設定界限」那章學到的知識來處理壓力。假設你正在進行一場令你沮喪的對話，感到焦慮逐漸湧上心頭。你越來越憤怒，瀕臨落淚邊緣，想提高音量，或僵住不動。這時最好的下一步可能是創造思考空間，並說：「這是重要的對話，我想確保我們有好好地討論，所以我需要離開幾分鐘，整理一下思緒再回來。」

你也可以試著「說出顯而易見的事實」，讓大家看到你正在承受壓力。早期我參加一場會議時，一位演講者走到會場的前方，面對數百張熱切的臉龐，她做了一件我不知道演講者可以做的事情。她坐在舞台上說：「我很緊張。在開始分享今天的內容之前，希望你們能和我一起做幾次深呼吸。」我們照做了，她開始坐在地板上演講。隨著壓力消散，她站起來，完成剩下的演講。全力以赴、強行克服恐懼固然有價值，但公開且坦率地表達自己的感受，讓大家與你一同面對，也是一種力量。

然而，如果一次緊張的會面變成了一個需要與對方合作三個月的專案，那個當下的壓力源就變成了短期壓力，這該怎麼辦呢？

短期壓力：這就是人生啊

短期壓力像烏雲一樣籠罩著我們。即將到來的專案、棘手的對話、房屋裝修、規劃搬家或婚禮：這些都是看得到盡頭的短期壓力。我們容易反覆思考短期壓力，因為它們就在眼前，逐漸逼近。當我們知道風暴即將來臨時，往往會過度預演這些困擾，沉溺在沒必要的預期壓力中。這種對壓力的預期反而會在事件發生時加劇壓力。

我們的大腦很原始，無法分辨想像中的壓力與真實的壓力。你是否曾經在淋浴時和想像中的對手爭論？（我很確定這是每個人都有的經歷。）回想那一刻——你是否注意到自己真的感到憤怒，呼吸改變，心跳加快？因為身體不知道這場爭吵是假的——而那些感受都是真實的。

我們反覆預演壓力或想像即將面臨的壓力源時，等於讓自己多次經歷這個事件帶來的生理壓力。經歷一次績效考核已經夠累人了，何必讓自己經歷十次想像中的考核呢？這是因為大腦總是喜歡預測事情的發展，[15]而這些預測有時是負面的，所以我們想要提前計劃，好讓自己避開這些情況，或是減輕影響。我們往往更容易注意負面事物並從中學習，而不是注意正面事物——這就是所謂的「負面偏誤」——很遺憾，這是演化刻在我們基因裡的傾向。[16]當然，記住哪裡出了問題以避免未來重蹈覆轍，確實有其意義，但我們需要對抗這種沉溺於負面事物的天性。幸好，我們的主控權比想像的還要大——許多想法的持續時間和影響力，其實都是由我們自己決定的。所以，我建議盡量保持一種「這就是人生啊」的輕鬆態度，這種態度能讓我們繼續前進，避免因為太認真看待壓力而陷入深沉的負面情緒。這種方法雖然不適用於真正的苦難，但對於許多日常的小挫折很有效。考績不佳、塞車、忘記帶午餐、在交友軟體上遭到拒絕——這就是人生啊。

你可以使用「**事實、感受、故事**」（Fact, Feeling, Story）這個工具來緩解負面偏誤及管理短期壓力。許多治療形式會使用這個工具，把情況拆解成容易消化的部分。**事實**指的是可觀察到的客觀部分，不需要解釋，沒有背景故事，就只是攝影機會拍到的真實情況。第二個類別是你對這個情況的**感受**。你對這些事實有什麼感覺？最後一個類別是你對這些事實和你的感受所編織的**故事**，也就是你如何詮釋這整件事。壓力來臨時，我們常會迷失在自己的感受與編織的故事裡，但最好的解決方法其實是直接面對事實本身。

舉例來說，主管約你開會，但沒有說明會議目的。由於主管平時安排會議都會先說明目的，這種反常的情況很容易讓人胡思亂想。當你開始陷入恐慌，不妨運用「事實、感受、故事」這個工具來找出解決方案。

事實：即將與主管開會。

感受：恐懼、好奇、焦慮。

故事：「他是不是要開除我？我做錯什麼了嗎？也許他注意到我最近常遲到，是想訓斥我。萬一隔壁部門的提姆跟他說我在上個專案中遇到的困難，那該怎麼辦？」

你的解決方案應該只針對事實本身——**只看**事實。主管只是找你去開會，你只需要出席就好。你進入會議室以前，不會知道會議內容。進去以後，你可以先靜靜聆聽，點頭應對，並在回應之前先停頓一下，想想怎麼回答。如果事先想太多真的令你心神不寧，你也可以先向主管發個訊息：「好，我會準時出席。請問會議內容是什麼，好讓我提前準備？」

從這個例子可以看出，感受與故事很容易掩蓋事實。大腦容易一直掛念著感受，也愛編造故事。故事讓人著迷，滿足了我們的好奇心，讓我們預想可能的威脅。有時我們確實可以準確地預測威脅，但大多時候我們只是為了擔心而擔心，徒增煩惱罷了。這種預先排練壓力的行為會導致不必要的情緒勞動[17]——也就是管理自己與他人情緒的行為——這本身就是造成倦怠的因素之一。

麥肯錫（McKinsey）的《職場女性》報告指出，女性員工承擔的情緒勞動比男性多。[18]研究發現，女性管理者比男性管理者更常關心員工的健康狀況及提供情緒支持。為了表現體貼、讓他人的生活更輕鬆，職場女性往往會承擔更多事情，比如參加非必要的公司委員會，或是因為擔心沒人參加而出席各種活動。她們也會投入更多的時間與精力在顧客、同事、客戶上，而男性可能根本不會多想。

這種現象其實不令人意外。西徹斯特大學（West Chester University）女性與性別研究系的麗莎．修伯納．盧奇蒂（Lisa C. Huebner Ruchti）教授表示：「工業革命以來，富有的白人男性一直主導著社會結構的建立，使他們以賺錢養家者及政治領袖的身分，掌握家庭以外的權力。他們散播著錯誤的觀念，宣稱女性先天更擅長照顧他人及勝任母職，因此理所當然應該待在家中。這種論述強化了男女在社會分工上的不平等。」[19]儘管社會對性別的預期已有進展，但老舊觀念仍難以消除。社會依然讓我們相信女性比較善良、有愛心，先天更擅長調節情緒，但專家研究已經證實這種觀念並不正確。

減少這類情緒消耗的第一步，是察覺自己何時陷入不必要的情緒勞動。別再過度解讀簡單的意見回饋，別在下班後花三十分鐘揣測馬克說「你需要額外時間做這件事，我一點也不意外」是什麼意思，也別因為沒有報名參加公司聚餐而感到愧疚。養成把事實與感受及故事分開來看的習慣，可以幫你省下許多時間。

這個工具也可以用來處理個人生活中的挑戰。假設有人邀你參加這週末的活動，但你正在搬家，不得不拒絕前幾次邀約。

事實：你受邀參加這週末的活動。客觀來說，你不想去，更想優先考慮搬家及之後的休息。

感受：對於拒絕邀約感到內疚與焦慮。

你腦中編造的故事：「萬一他們很在意怎麼辦？萬一他們以為我不在乎怎麼辦？萬一他們在我不在場時談論我怎麼辦？我不去的話，他們會認為我不夠朋友。」

解決方案（只針對事實）：考慮到目前的生活階段，這個週末你需要優先考慮搬家與休息。真正關心你的人會理解的。設定這個界限只是為了保護你有限的資源。而且，誠如我們所知，會因你設定界限而不滿的只有那些習慣占你便宜的人。

另一個可用來對抗短期壓力的工具是「**具體 vs. 抽象清單**」（Tangible vs. Intangible List）。具體清單包含明確的待辦事項——可以具體解決的項目。抽象清單包含想法、感受、故事、人際壓力——任何沒有明確解決方案的思緒。

舉例來說，現在是週四晚上，週五下班前你還有許多工作需要完成；你覺得某個同事很討厭；家裡一片混亂；你也擔心下週要和一位不滿的客戶開會。「具體 vs. 抽象清單」能幫助你區分實務項目與人際或情緒項目。當你感到壓力，需要明確的方向時，必須先清楚區分哪些是可以立即採取行動的壓力源，哪些是不需要立即處理的社交或情緒壓力源。

在具體清單（可解決的）方面，你可以列出明天下班以前要完成的工作，以及想要處理的家務。在抽象清單（人際、情緒）方面，你可以寫下同事令你感到困擾，以及下週有個壓力很大的會議（目前不需要採取行動）。這兩個抽象項目都不需要立即行動；它們值得用「事實、感受、故事」工具來分析以緩解焦慮，但此刻並不需要對它們採取任何行動。

這個工具也可以幫助我們確認自己是否真的打算處理某個壓力源。假設你的同事查理每天都讓你感到煩躁。你打算對他設立界限嗎？很好，那就把設立界限這件事放在具體清單上。如果你只是覺得他很煩，但不打算說什麼（因為有時確實不值得為那種事花心思），那就將它放在抽象清單上。表達不滿後，就別讓你對查理的想法影響你的私人時間。若是讓生活中最討厭的人決定我們的生活品質，那就太可惜了。

大家常說「守護你的平靜」，這不只是指防範他人的影響，也包括防範你自己，防範你對壓力源鑽牛角尖、最後把事情搞得更糟的習慣。**你是自己的隊友**，別破壞自己的平靜。許多人對壓力上癮，可能是因為他們從小到大只經歷過這種生活模式，結果真的產生了依賴：研究顯示，輕微的短期壓力會釋放多巴胺，[20]這種讓人感覺愉悅的化學物質，也與臨床上的成癮有關。*[21]廷德爾醫生說：「我們都容易去追求那些讓我們感到『活著』的經歷，但我們可能把輕度焦慮或其他導致腎上腺素上升的情況，誤認為是『活著的感覺』。」[22]如果你一直在滋養你的壓力，便需要下定決心，刻意地努力，才能停止這種習慣，並選擇不同的因應方式。守護你的平靜，特別是要防範你內心那個可能破壞平靜的部分，因為壓力或許是你唯一熟悉的生存方式。

你通常能夠察覺自己即將掉入壓力的漩渦，你很可能有重複的思維模式或習慣把你捲

* 長期下來，持續的慢性壓力會逐漸導致身體在面對壓力和焦慮時，出現多巴胺分泌太少和失調的狀況。

入其中。也許每次想到你的主管、媽媽，或是某人在二〇〇三年對你說的那句刻薄話時，你就會把嘴唇咬得滿是傷口，然後整天心情低落。也許讓你壓力很大的想法大多是以「我本來應該……」、「我真希望我……」或「要是……就好了」開頭，每次出現這些想法時，你就知道心情又要惡化了。你了解自己，你是唯一生活在你腦海中的人。是什麼讓你陷入這個漩渦？你該如何察覺並糾正？

轉念（cognitive reframing，或譯「認知重塑」）是認知行為療法的一種工具，[23]用來察覺與糾正這些無益的想法。基本上，你需要察覺那些無益的想法，暫停一下，然後用正面的想法取代。舉例來說，也許你常這樣想：「那次爭吵時，我應該回他______」，這種想法常讓你胸悶及血壓升高。這時，你可以引導自己往比較平靜的方向思考：「我知道你希望當時有不同的表現，但是再怎麼想也改變不了過去。我不要為了無法改變的事，讓自己的身體承受壓力。」或許你和媽媽的關係很緊張，每次和她對話後，你就會開始想像未來的糟糕互動。這時，你可以察覺到自己正在這麼做，然後心想：「其實到目前為止，我都有順利度過每次與她的互動，所以未來無論發生什麼事，我也一定能夠想辦法應付。我不需要預演這些壓力；我知道該如何設定界限，而且隨時都可以選擇離開。」

我知道，擔心某件事似乎讓你覺得自己盡到了責任，或者那可能是你彌補錯誤或從錯誤中學習的方式，所以要是不去擔心，反而會讓你覺得自己好像不負責任。其實不是這樣的。你只是習慣了摳傷口，因為相較於貼上OK繃讓傷口痊癒，摳傷口讓你覺得更痛快。

我想，我們都做過或說過一些尷尬的事（我很想分享我的經歷，但說了以後我就得殺你滅口了），光是想到那些事情，就會讓你想要摀著臉吶喊：「我當時究竟在想什麼?!」老是想著那件事，不僅改變不了什麼，也對你毫無助益。也許你不小心冒犯了同事；也許你把某人說話的截圖誤傳給本人；也許你在夜店裡不小心走光——不管是什麼事，除非你打算採取某種行動，否則就放下吧。這些都已經成為過去，不要再把它們拖進未來了。

這也帶出下一個緩解短期壓力的工具：**分隔管理**（compartmentalizing）。一次專注於一件事，對一個手上有無數待辦事項的人來說似乎不合邏輯，但這可以讓你全神貫注地處理眼前任務，不被其他事物分心。然後，當你轉換到下一個任務時，你可以完全放下剛才完成的事，以全新且專注的狀態投入下一件事。分隔管理是對抗持續性壓力最有效的工具，因為可以把壓力侷限在特定範圍內。我知道，說比做容易，但如果你能掌握這個技巧，生活會變得更加得心應手。

舉例來說，如果你必須和一個讓你感到壓力的同事（姑且稱之為啟斯）一起完成專案，你應該要將那個壓力縮限在你必須和他共事的時間裡。沒做分隔管理的話，工作壓力會滲入你的私人生活：你和啟斯開完會後，去向另一個同事抱怨他，然後回家又向伴侶或室友抱怨你和啟斯的問題，睡前腦子裡想的最後一件事還是那個討厭的啟斯，然後帶著怒氣入睡。這麼做只會導致壓力加劇。

不必要地關注問題，往往會在腦中放大它。想像每個壓力源都是一團火焰，你的想法就是燃料。你越是想著一個壓力源，等於往那團火焰丟進更多燃料，導致火勢越來越大。為了限制壓力，你需要將它限制在指定的區域內，在你分配給它的時間內全神貫注地處理，然後就盡量把它留在那裡，接著專注地處理接下來要面對的事。等你再次面對那個壓力源時，它依然在那裡（但它對你的情緒影響可能已經減弱了，因為你沒有給那團火添加燃料）。如果你無法改變它，那就只能忍受它。不要折磨自己，一直在腦中糾結或讓情況惡化。

分隔管理也有助於控制「壓力投射」，這是指將一件事的壓力遷怒於其他人或事物。當壓力持續存在，我們可能不小心忽視其來源，而把感受投射到其他事物上——伴侶、朋友、自己、凌亂的房子。你是否曾經因為壓力太大，而突然覺得打掃家裡變得很緊急？壓力上升時，我們喜歡找代罪羔羊，因為理論上如果我們能解決壓力的來源，就會感覺好一些。但壓力的來源大概不是亂糟糟的家，它只是你眼前第一個可處理的具體事物罷了。

有一個工具可以幫助你重新審視迫在眉睫的壓力所帶來的焦慮，那就是回顧我們在「個人關懷」那章討論的五個生活領域：事業、社交、個人、健康、生活方式。思考一下，這些領域中是否有什麼事需要**立即**解決，或者某些事情只是可以變得不同或更好而已。當然，碗盤可以洗一洗；沒錯，你和妹妹那次棘手的對話原本可以更好，但這些都不是緊急事件。別讓焦慮欺騙了你，讓你一直糾結在這些事情上，誤以為它們值得緊急處理。對自己誠實，清楚分辨什麼是真正需要你立即關注的事，以及什麼是你把壓力歸咎於它、但它其實只是另一件可以改變或改善的事情。

我感到極度倦怠時，每週日只需要遇到一件事出錯，我就會像小孩子那樣發脾氣、大吼大叫。極其焦慮的結果就是瘋狂打掃、卯起來準備一週的餐點，還提前完成一點都不急的學校功課。我把注意力集中在各種家務和非緊急的任務上，想靠勞動來擺脫這些情緒，但我的待辦清單上其實沒有什麼真正緊急的事。當我意識到我錯把焦慮投射到這些任務上，就能放慢腳步，轉而思考如何緩解體內壓力（例如去跑步、洗個熱水澡或冷水澡、準備舒心食物，或是去公園散步）。

明智地結合主動預防、即時應對、短期壓力管理，可以讓你與壓力的關係變得更健康。壓力是生活中無可避免的一部分，我們的目標不是完全消除壓力（只有死後才有可能），而是在壓力上門時，自信地因應。

長期壓力：人生非得那麼難嗎？

有時壓力源是長期的，也就是說，看不到盡頭，也沒有明確的逃脫路線。照顧生病的家人、因應慢性病、在全天候高壓的行業工作、財務不穩定——你也可能正想著一兩個我沒提到的壓力源。對於長期的壓力源，往往找不到明確的解決方法或時間表。這種壓力彷彿永無止境，沒完沒了，你只能默默忍受。面對這種壓力時，很容易產生「心態」那章討論過的受害者心態——對於採取行動以改變現狀感到無助與氣餒。持平來說，長期壓力**確實很痛苦**。你現在面對的處境，從客觀角度來看的確不好受，甚至可以說是殘酷的。不過研究顯示，即使在最負面的環境下，保持正向心態依然對你有益。[24]

如果抒解短期壓力的方法可以緩解你的長期壓力源，那很好。然而，比起解決一個具體問題，長期壓力通常需要你接受某種生活方式。倘若你在特別高壓的行業工作，你可能需要接受一點：想留在那個領域，就得持續面對那種壓力。假如你決定生小孩，接受在某段時間內你會睡眠不足的事實，可以使日常生活更容易承受。若你開始出現慢性疼痛，養成適應新現實的新習慣，可能比試圖維持舊習慣更有幫助。如果你有家人生病，接受你無法控制他的健康，但可以掌控與他相處的時間，是比較溫和的因應方式。

接受你不喜歡的現實很難。然而，與現實對抗，只會讓現實更難以承受。反之，我們需要承認自己的處境，並發揮創意，思考我們可以調整哪些周遭環境，以緩衝一些不可避免的壓力。

減少長期壓力最簡單的方法，就是審視你目前的負擔。我知道我們已經在好幾個章節中談過評估自身承載力的重要性，但說真的，如果你還沒這麼做，現在就做吧。誠實面對你手上的事務，思考你是否有辦法讓生活更輕鬆一點。如果你所愛的人生病，或你是照護者，有沒有辦法減少你在照護、工作或個人方面的負擔？若你白天全職工作，晚上還要進修學位，有沒有辦法減少個人義務，並盡可能讓生活自動化？我之前問過這些問題，但如果你還沒採取行動，現在真的該行動了。

你不必咬牙硬撐，可以對自己溫柔一點，別把你的韌性變成懲罰。是的，你很堅強，也很有決心，但這不代表你必須選擇最辛苦的路。面對長期壓力時，要善待自己。

這也帶出了我的下一個建議：盡可能尋求支持。你生活中有沒有可以求助的人，或是有沒有可付費的服務，花錢請人代勞，避免你崩潰？我不太喜歡建議花錢求助，畢竟現代生活的費用已經貴得**離譜**。然而，真要說何時值得尋求協助或付費請人幫忙，那就是你承受長期壓力的時候。這不見得是永久的安排，即使只是幾週或幾個月的協助，也可以帶來改變。例如，你可以讓別人主導專案、請人來規劃單身派對、幫你預約看診或服務的時間、採買日用品、照顧孩子、整理環境。

在某些時間點，向了解你處境的專業人士尋求協助也有幫助，例如心理治療師或心理健康顧問。心理治療已經發展很長一段時間，在美國有許多保險涵蓋的服務，還有線上或透過 app 提供的服務等。找尋心理治療師、重述生活中壓力最大的部分，並為此做出改變，這些過程從來不是很方便的事，但你這麼做不是為了方便，而是出於對自己的關懷，讓自己被看見、獲得傾聽、得到支持。

如果你的倦怠是你所屬的行業造成的，不妨找一個有類似經歷的前輩。當你想解決的是只有同行才懂的問題，與不了解你經歷的人交談可能會很沮喪，因此，不妨尋找產業相關的支援管道，或是專精你這個領域的諮商師，又或是請教曾有類似經歷的前輩。

除了心理健康資源以外，有些公司也提供壓力假、家庭與醫療假（根據《家庭與醫療假法》（FMLA））、留職停薪或兼職的選項。如果倦怠已經危及你的身心健康，你可能需要考慮休長假。剛開始考慮這個選項時，可能會覺得可怕——我們的拚搏文化不鼓勵暫停（何況你還有帳單要繳），但我認識休過長假的人都不後悔那樣做。事實上，他們都說那讓他們「脫胎換骨」、「是我為健康做過最好的決定」。我認識的一些人是搬回老家住，這樣就可以在不用擔心財務狀況下休息。我也見過有人從壓力很大的六位數年薪工作，轉換到咖啡店工作。我也聽說過有人請壓力假，去了哥斯大黎加，就再也沒回來了。只要有心，就有辦法。

要不要來玩倦怠疊疊樂？

我面對長期壓力源時，總是把管理倦怠的支柱想成一種遊戲；我稱之為「倦怠疊疊樂」（Burnout Jenga）。就像疊疊樂遊戲一樣，我們總是在尋找可以移動的積木。在任何時候，我們總能調整其中一根倦怠支柱，來改善我們的處境。

我們一起透過比爾的例子來了解倦怠疊疊樂吧，他的健康與個人生活都因事業忙碌而受到影響。為了掌控壓力，比爾必須在多方面做出大大小小的改變。他移動的第一塊疊疊樂積木是壓力管理，為了定期清空他的壓力壺，他開始在每天結束時列出具體清單 vs. 抽象清單，以便更清楚知道他該完成哪些工作，就不會浪費太多時間在思考抽象的事情上。

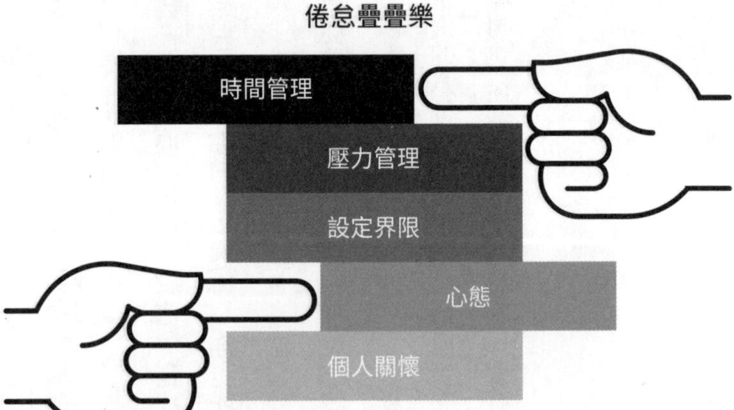

他移動的下一塊積木是心態：他必須學會不要把工作壓力放在心上，也別因為一點小差錯就情緒起伏太大。他調整了界限，學會信任員工，讓他們獨立工作，不再管東管西、事必躬親。最後，為了改善時間管理，他必須接受一天只有二十四小時的事實，所以，為了騰出週末時間多陪伴侶、花時間照顧自己，他必須婉拒那些可賺錢、但會讓事業超載的新機會。

做出這些改變後，他戒除了許多習以為常的壞習慣。有了充足的睡眠後，他不必每天靠能量飲來提神，也不再經歷精力忽高忽低的折磨。不再對員工管太多後，晚上就不必熬夜檢查他們的工作。開始每週末騰出一天和伴侶打高爾夫球後，他便有足夠的時間放鬆心情，降低皮質醇與血壓，也重新體會到生活的美好。抒解壓力沒有放諸四海皆準的方法，你必須根據自己能調整的「倦怠疊疊樂」積木，來探索適合自己的選項。

壓力管理不是設定好之後就一勞永逸的工具，而是需要時時調整。你可能在人生某個階段掌握了壓力管理，但下次忙起來時，又打亂了已經養成的習慣。我們的目標是充分練習這些工具，讓你在壓力來襲時能夠自然而然地運用。

如果你能預見壓力，就能主動管理。假如壓力是突發的，就運用壓力急救包，給自己一點恢復的時間再反應。若你正承受著短期壓力，就創造空間來了解情況的事實、感受、故事；糾正會導致壓力加劇的想法；分隔管理以控制壓力；區分真正的緊急事件和只是可改變或改善的事情。如果你正承受著長期壓力，則考慮能否減輕負擔、尋求外部幫助、獲得專業支持或好好休息，並思考哪些倦怠疊疊樂的積木是可調整的。別指望你能記住以上所有的方法，你可以將這些工具記錄下來，放在辦公桌上或手機裡；也可以告訴身邊的人，這樣當你壓力升高時，他們就能提醒你；你也可以在這些書頁上做記號或折角，方便日後查閱。

當你已經陷入倦怠或即將陷入時，正是你應該優先考慮休養生息、認真看待壓力管理的時候。當你意識到困擾著你的並非只是一時的壓力，而是可能影響你的健康與生活品質時，你應該立即正視這個問題。你當然有資格過著不被壓力纏身的生活。

深入了解壓力管理後，讓我們來談談當你的處境依然沒有好轉的話該怎麼辦。你已經盡力改善心態、個人關懷、時間管理、設定界限、壓力管理，但依然感到倦怠、不快樂。這正是你該決定要加倍努力、還是選擇放手的時候了。

第三部
MAKING LIFE LIVABLE AGAIN

讓生活回歸正常

Chapter 8

何時該離開

何時該離職？是你一直很焦慮又看不到出路的時候嗎？是工作相關思緒導致你經常睡不好的時候嗎？是你存夠錢的時候嗎？是老闆的霸道行為快把你逼瘋的時候嗎？還是你已經找到其他機會的時候？

我會請客戶用一個問題來評估自己是否準備好離開了：「這份工作出現什麼改變時，你才願意留下來？」而且，只考慮實際可行的改變——不是突然換一個新主管、大幅加薪，或工作量減半這類不切實際的事。有沒有什麼實際可行的改變可以改善你的處境？如果有，那很好，我們就盡力實現那些改變。如果沒有，那你可能只是在拖延無可避免的離職時間。若你決定再撐一陣子，因為你還沒準備好離職，那就為自己定一個時間表。假如六個月後你依然深陷倦怠，就下定決心另尋出路。要是你已經做了所有能想到的改變，但工作依然令你身心俱疲，那麼這份工作可能就是問題的根源。

別在一艘下沉的船上當完美的海盜。在一個像榨汁機一樣榨乾員工又隨意丟棄的公司裡，表現得再好，也是免洗筷的命運。如果你經常遭到老闆的言語霸凌，而且一個人要做三個人的工作，那麼再多的壓力管理與自我關懷也無濟於事。你不可能靠個人的努力來彌補一個破損的制度，你的付出也無法糾正公司的問題。

如果以上內容就像是在描述你的情況，你看了以後，覺得胃部開始糾結，我懂你的感受。也許你早就為了再撐一陣子而為自己找理由，例如「我很喜歡我的團隊」、「現在生活的其他方面正在變動，我不想換工作」、「我沒時間找工作」、「我就快要升遷或加薪了」、「新來的管理高層可能會帶來成長機會」。

我們來討論什麼樣的工作「值得」堅持。如果你本來就是在高壓的產業工作，這個問題特別棘手。急診醫療業可能總是讓你處於「戰或逃」模式；在災難管理業，危機幾乎不可能挑方便的時間發生；夜班工作對身心一定會有影響，因為人類本來就不是夜行動物。為了區分工作的標準壓力和**你**能承受的壓力程度，你可以自問兩個問題：

一、對我來說，這個行業或職位帶來的代價值得嗎？

無論你是在醫療、教育、娛樂、法律或其他領域工作，在這個行業得到的回報是否值得你做出那些犧牲？如果收益大於代價，壓力大時就提醒自己那些收益。如果你發現代價已經太高了，那就該做出改變。

二、我是否已經盡力拉開我與壓力源的距離？

回想「壓力管理」那一章，我們提過不要為壓力增添燃料。你在空閒時是不是也會反覆思考及抱怨工作？對於那些可以置之不理或保持距離的壓力源，你是否過度投入情緒、想太多？你是否經常做壓力管理、自我關懷、調整心態、設立界限以因應那個角色的挑戰？有時候當我們忘了細心打理自己，會導致工作壓力比實際上還大。你應該盡可能與工作壓力保持距離。

如果你已經盡力改善，生活品質依然每況愈下，而且主管也不支持你提出的調整要求，那就開始著手規劃離職或重大改變的時間表。有時你不必離開公司也能改善處境，例如換團隊、換部門、換主管、換職位，或轉為兼職。然而，如果你再也找不到留在崗位上受苦的理由，也看不到實質改善的可能，那就是規劃離職時間表的時候了。

離職時間表：為離開做準備

在工作上，什麼跡象會顯示你已經快撐不下去了？你的故事聽起來可能會跟珍妮很像。我認識她時，她確實很需要辭去編輯的工作：

> 我加入這家公司約兩個月後就知道，這份工作會要我的命。我常一天工作十二個小時（有時甚至十四個小時！），週末也要加班好幾個小時。即便如此，我依然趕不上進度。我趁視訊會議的空檔在辦公桌前哭泣，這可不是我對這份工作的想像。表面上這是一份理想的工作：我可以把編輯雜誌的技能轉移到數位領域，可以和我非常尊敬的業界專家共事並從他們身上學習，有無限的休假，可以遠距工作，而且每兩週就能領到固定的薪水——這是我當自由工作者多年來未曾有過的待遇。但實際上，這份工作根本無法持續下去。我們三個編輯所組成的小團隊，根本無法

完成那麼多的工作量。

我告訴自己，等我熟悉了新的內容管理系統和軟體，情況就會好轉。我告訴自己，等我們找來新的團隊成員（我必須利用「空閒時間」培訓他），情況就會好轉。我告訴自己，等我向主管表達了擔憂，情況就會好轉。她非常了解我的處境，但她自己也已經心力交瘁，而且她向她的主管反映也沒有獲得回應。她承諾等某些專案完成後就會減輕我的工作量，但那永遠不會實現，因為根本沒有人可以分擔這些工作。執行長不願在某些合作關係確立之前增加人手，那些合作案已經談了好幾個月，毫無結果。與此同時，工作卻不斷地堆積。

我爸媽越來越擔心我的身心狀況，我刻意大老遠搬到離他們更近的地方，但他們已經好幾個月沒見到我了。我與好友和父母通過無數次電話後，終於意識到我不能再這樣下去，我也不願再忍了。我寧可接受自由工作的不確定性，也不要繼續過這種明確但痛苦的生活，在這裡我正逐漸失去自我。我沒有時間運動、無法與朋友相聚、無法見到父母和姪子姪女，我甚至不知道自己是誰了。五個月來，我只請過一天假。（所謂的無限休假根本是笑話！）我的體重增加了，部分原因是我養成每晚吃一盒起司脆餅的壞習慣，我將它當成完成晚間工作的慰藉，幫助我撐過無止境的編輯和專案管理工作。午夜時分，我會闔上筆電，拖著疲憊的身軀上床，滑 Instagram 十五分鐘，然後昏睡過去。早上八點來得太快，一切又重新開始。這根本不是人過的生活。

最令人難過的是，儘管每週工作超過六十五個小時，我卻覺得自己很失敗。我很少聽到讚美，就算有，通常也是來自客戶，很少來自管理高層。我不是很渴望讚美的人，但我需要覺得自己付出的血汗是有人欣賞的。但顯然，公司覺得這很稀鬆平常。他們非但沒有提供實質的支持，還不斷傳 Slack 訊息給我，要求我繼續高速運作，提醒我截止期限，找我去開無數的工作會議。

我不是在某個時間點突然決定辭職的；相反地，是許多「我撐不下去了」、「這太不人道」、「我恨死這份工作」、「我怎麼會落到這個地步」、「這簡直是地獄」等微小的想法累積而成的。連串的負面思緒，最終讓我深刻地體認到，辭職自救的時候到了。在二十年的職業生涯中，我已經有足夠的工作經驗，能分辨出一份工作是否有害，而這份工作絕對是有害的。

而且，我也有某些安全網：我知道可以靠自由接案養活自己，因為我以前就這樣做過。重新吃自己，在過渡期會有財務上的壓力嗎？會。我必須延遲買房計畫嗎？是。養寵物的計畫也要跟著延後嗎？是。儘管如此，我依然堅持這個選擇。我真心感覺我是從溺水中拯救自己，這已經不是我努力不夠或能否熬過艱困期的問題了。

我和主管的對話很痛苦。我很欽佩她，也像朋友一樣敬重她，她是我撐過第一個月後繼續留下來的唯一原因。我哭了，她也哭了，但她了解我（我暗自認為她也有同樣的想法）。由於那裡的工作步調實在太瘋狂了，我提前一個月通知她我要離職，讓她找人來接手。知道這是最後一個月後，我覺得我還撐得住。

我從未後悔做出這個決定，這絕對是選擇活出精彩人生，也是選擇對抗那種靈魂被掏空的生活，但我也不認為當初接受這份工作是個錯誤。我願意冒險嘗試，看看結果如何。這十個月的嘗試雖然讓我身心俱疲，卻也讓我明白：外面的世界未必更好，而我確實有更適合的選擇。更重要的是，我還能在履歷表上增添一批新技能。

我花了足足三個月才恢復過來。最初幾週就像放暑假的孩子一樣，可以睡到自然醒、重新與親朋好友聯繫、熬夜看真人實境節目、重拾健身習慣、跟鄰居共享歡樂時光，但我還是難以恢復精力、減重、處理財務狀況，以及規劃下一步。從整天忙得不可開交，到突然每天都沒有固定作息或計畫，這種轉變讓我有些迷惘。

但我漸漸找到了方向，重新聯繫了我的寫作客戶（雖然有點不好意思，但我坦白地告知現狀），也重建了我與一些編輯的關係。慢慢地，我的行事曆開始被專案填滿。一開始我接了一些小案子，只要有工作就接，即使報酬不高，但我需要保持忙碌並重新找回工作步調。後來，一切如我預期的那樣逐漸好轉，現在我過得很充實。生活完美嗎？當然不是！工作有壓力嗎？有時有，有時沒有。但我有信心能應付任何挑戰。我也為自己感到自豪，因為我立即聽從了自己的直覺，意識到我的心靈正在受苦，懇求我按下逃生按鈕。

規劃離職時間表的時候，有時最難的部分是下定決心。即使你一直幻想著離職，也知道離職是對的、知道那是唯一的選擇，但真要辭職時還是會害怕。這需要有勇氣跳入未知，並抱持一些信念。的確，沒有人能保證下一份工作就會順利，但你可以這樣想：唯一可以確定的是，留在現在的工作崗位上，你只會繼續受苦。這點是可以肯定的。辭職從來沒有所謂的

「恰當時機」，乍聽之下或許令人沮喪，但實際上應該讓你感到解脫。因為既然沒有恰當時機，你就不必為了尋找完美時機而糾結。我猜你可能早就知道你已經受夠了，現在唯一要做的是相信內心的指引，朝著出口前進。

如果你準備好學習如何制定離職計畫，可以繼續閱讀下去，你會看到你需要的坦率建議與鼓勵。

一、接受

第一步是接受你想辭職的事實。一旦你承認有離職的念頭，你的整體心態就會開始改變：你不會再容忍那麼多的委屈，因為你不怕離開；遇到特別辛苦的日子，想到你很快就能離開，你會感到欣慰。整體而言，你會覺得充滿力量，因為你不再「受困」。知道自己不怕離開，會帶給你全新的視角。你終於知道自己想要什麼了，好好珍惜這種難得的認知。

二、規劃

你需要多少時間來為離職做準備？如果你已經不快樂好一陣子，你還能再忍受多久？想像一年後的你依然在做這份工作，如果光是想像就讓你想要尖叫，那表示你撐不到一年，告訴自己你有X個月的時間來規劃離職計畫。別讓整個過程壓得你喘不過氣來，切記，你只需要一步一步來就好。

三、情報蒐集

先從研究感興趣的職位開始，並聯繫你的人脈圈。別給自己壓力，**不要**覺得下一個職位必須是終身職業，它只要成為你離開現況的跳板就夠了。人生沒那麼死板，多走幾個彎路並不會讓你從此一敗塗地。

四、行動

當你大致知道你想應徵的工作類型，以及市場上有哪些職缺後，就開始修改履歷，你需要突顯出讓你成為理想人選的技能。然後，開始投遞履歷，先試試水溫。如果你投了好幾十份履歷都沒有回音，也不要氣餒，現今的就業市場就是如此。提醒自己，只要有一家錄用你就夠了。過程中難免會有想用頭撞桌子的時候，這很正常。但求職就是一場數字遊戲：你的人脈越廣，你主動接觸的人越多，你應徵的機會越多，錄取的機會就越大。在這個階段**千萬不要**忽視人脈經營的重要性：認識對的人，就像在求職路上擁有一張快速通關券。

常見問題

⚡在接受一份工作以前，如何判斷這份工作會不會讓你耗盡心力？

我常看到有些人從一個過勞的工作，直接跳進另一個過勞的工作。他們太急於逃脫現狀，而忘了確認下一份工作是不是真的比較好。那麼，我們該如何避免自己再次陷入過勞的處境呢？關鍵在於判斷這個組織是否有壓榨員工的文化。

有一些普遍的跡象會顯示一家公司是否有過勞文化：高離職率、不合格的領導高層、不滿的員工。你可以在 LinkedIn 或 Glassdoor 等網站上找到這些資訊。你甚至可以更進一步，聯繫該組織的員工，做簡短的資訊訪談，或是透過正式的面試過程來深入了解團隊文化。你可以詢問未來的共事者以下問題：「我應徵的這個職位為什麼會出現空缺？」、「你如何描述自己的工作與生活平衡？」、「能不能談談你們的領導者是如何為員工示範時間管理及界限設定的？」尤其當你和領導高層對話（他們是為團隊定下基調及文化的人），會更了解他們營造的是什麼樣的環境。

ϟ 如何找到工作與生活平衡的優質企業？

多和人聊聊！經營與活用人脈不僅可以為你打開大門，也能真正了解在某個地方工作會有什麼樣的體驗。花時間和那些熱愛工作或職場環境的人相處，鎖定那些旗下員工似乎擁有理想工作與生活平衡的公司。不同公司的福利待遇各不相同，也許你比較重視訓練有素的管理團隊、遠距工作的彈性、職涯發展機會、完善的健康保險，或充足的休假天數——這要看你人生下一階段最在意的是什麼。

ϟ 當你忙到喘不過氣、疲憊不堪，連現有的工作責任都快應付不來時，要如何擠出時間經營人脈及應徵工作？

通常，應徵新工作的最大障礙是目前工作的龐大工作量。理想情況下，你應該暫時減少目前的工作量（即使只是短期的），騰出一些時間與精力去應徵新工作。如果這對你來說不可能，那你也許需要發揮創意，思考一些替代方案。你可以試試「時間管理」那章提到的「誰、何時、何地、如何」工具。如果你無法改變「什麼」（應徵新工作），就試著改變「誰」、「何時」或「如何」：

（誰）你能不能付費請人（無論是親戚、朋友，或是 TaskRabbit 或 Fivrr 等零工平台上的人）幫你尋找符合特定條件的職缺，讓他們把資訊傳給你，然後你再從中篩選及應徵？

（何時）下班後已經疲憊不堪，與其在那時應徵新工作，你能不能在週六早上騰出兩小時去咖啡館處理？或每週兩天在上班前各花三十分鐘處理？

（如何）與其漫無目的地投履歷，不如向朋友、家人、大學校友說明你想找什麼工作，詢問他們是否知道任何職缺。讓你的人脈圈知道你在找新工作。

在決定下一步想做什麼時，記得考慮你的性格與偏好。如果你是社交型人格，很愛與人互動，那個需要獨立作業的專案管理職位可能不適合你。倘若你是內向者，不喜歡通訊聯絡，你可能不適合做人才招募工作。如果你知道你需要面對面互動的活力與責任感，那就不要應徵完全遠距工作的職位。找工作的重點，不只看工作內容而已，也要看它提供的日常體驗與生活方式。

我知道應徵工作的過程令人卻步，如果投了數百份履歷都沒有回音，信心也會大受打擊，這確實是很棘手的過程，但你理當擁有一份不會讓你感到**痛苦**的工作。好好修改履歷、**多和人交流**、保持開放心態，切記：只要有一家錄用你就夠了。

Chapter

9 立即營造平衡生活的行動藍圖

此時此刻，你可能已經覺得眼花撩亂，忍不住想問：「我到底該先做什麼？」

現在你已經了解倦怠管理的五大支柱，可以啟動療癒過程，引導自己走出當前困境，進入更好的狀態。以下就是**邁向自由的四步驟**。（好吧，也許不是完全的自由，但「擺脫倦怠的四步驟」聽起來就沒那麼吸引人了。）你要先從清楚掌握當前的處境開始，然後逐步運用倦怠管理的概念。透過這些步驟，你可以鬆開倦怠的束縛，大幅改善日常體驗。

第一步：記錄你如何運用時間，至少連續三個工作天。我習慣隨身攜帶一本筆記本，上面夾著筆，但你也可以用手機做數位紀錄。你不必鉅細靡遺地記下每件事，某些相關的任務可以歸類在一起（例如，「梳妝打扮」就可以概括護膚、化妝、整理頭髮、換裝等日常活動）。

早上 7:00　晨間例行活動（喝咖啡、窩在沙發、聽 podcast）
早上 7:30　為上班做準備（整理頭髮、化妝、換裝）
早上 7:45　晨會，規劃一天的工作
早上 7:50　處理緊急郵件
早上 8:30　享用早餐
早上 9:00　投入專案 A
早上 11:00　午餐休息時間

記下你的起床時間、工作時的時間分配、分心的時刻、休息時間，以及下班後的活動。

完成三天的紀錄後，好好回顧這些紀錄。我們常常因為太熟悉這些日常作息，而沒注意到自己的模式，或自以為是如何利用時間，但實際上並非如此。當一切都清楚寫在眼前，就更容易把自己的行為當成資料來分析。唯有追蹤，才能改進。當你充分了解目前的作息安排，改進作息就容易多了。

第二步：以局外人的角度審視這些紀錄。假設這是好友交給你的紀錄，你會注意到什麼樣的模式？仔細觀察後，你可能發現自己總是拖到下午兩點才吃午餐、每天都過了午夜才睡、花在撰寫及反覆檢查電子郵件的時間比想像中還多，或是工作空檔有好幾個小時都浪費在社群媒體上。請以客觀的態度檢視。

第三步：記下你目前做得很好的部分，以及你想改變的地方，這是你自問「現況的最理想版本是什麼樣子？」的機會。這並不是要你揮揮魔法棒變走所有的問題，而是務實地思考**當下**可行的改變，而且是真的有心想要改變。

我們常為了滿足他人的要求而拚命付出，這次的改變則是你對自己提出的要求，你需要以同樣的幹勁達成。改變可以很簡單，例如從中午完全不休息改為休息十五分鐘，但這十五分鐘可能就足以避免你下午崩潰。

哪些改變能改善你的處境？請找出你可以改變、暫停／延後、簡化、委託／外包，或完全放棄的事項。我們來看一些例子：

改變：也許你想改變早晨的作息，目前你一醒來就立刻用手機查看郵件，直接從床上移動到桌邊開始工作。一睜開眼就立刻面對可能的壓力源，並不是理想的生活方式。你不是工作機器，而是有血有肉的人。給自己一些緩衝時間，在進入工作模式以前先讓大腦清醒。與其在睜眼後三十秒內就閱讀郵件，不如選擇更溫和的啟動方式，比如起床後，在後院享用咖啡十五分鐘，準備好後再打開筆電。這樣你開始工作時，會感覺比較像個完整的人。放慢腳步有助於緩解早晨的緊張氣氛。

暫停／延後：你有一個熱愛的個人小計畫，但現在已經沒有時間投入了。你可以硬是將它塞進日程表中，但這樣做反而會消磨掉所有熱情。這個計畫（比方說，到動物收容所當志工、寫個人部落格、和朋友一起經營投資社群）曾是你的最愛，但自從你陷入倦怠後，這個活動帶給你的壓力已經超過了快樂，因為空閒時你更想好好休息。不妨考慮先暫停或延後這個計畫，等你能再次全心投入時再繼續。暫時擱置某件事，並不代表失敗。切記，當你準備好以熱情而不是愧疚的心情重新投入該計畫時，它依然會在那裡等你。

簡化：回顧你的紀錄時，你發現過去三個月你沒上過半堂皮拉提斯課。你告訴自己每週要去兩三次，但資料不會騙人。你每天都因為沒去上課而自責。在思考過這個人生階段的優先要務後，你發現你真正的目標其實只是每天運動一下。而且，比起去上皮拉提斯課，你更有可能達成的是每天晚上一邊看電視、一邊在跑步機上走路。你可以取消會員資格，改成每天走路三十分鐘——更簡單，也更容易實現。

委託／外包：如果你發現每天遛狗要花掉一小時，而那是你想爭取回來的時間，那就花錢請人來幫你遛狗。這不是永久的安排，只是為了度過這段忙碌的時期。

放棄：你每週花了兩小時參加一個你討厭的委員會，不管是家長會、公司委員會，還是教會團體，你心知肚明你根本不想參加。拿出勇氣的時候到了，你需要設立界限，讓他們知道你目前無法繼續擔任那個職位。如果直接退出太難了，你可以告訴團隊成員，你需要暫時離開六個月，以應付這段忙碌時期，六個月後再考慮後續狀況。當你不再感到倦怠，隨時都可以回去，但現在你需要誠實面對自己，看哪些時間運用是可以改變或完全取消的。

第四步：寫下你想做的改變以及實現方法。運用以下的**改變公式**來確保這些改善可以持續下去：

一、**改變：**你希望在自己身上看到哪些行為改變？

二、**所需行動：**為了讓改變發生，你需要做什麼？

三、**強化：**如何強化這個行動，讓它變得更輕鬆自然？

舉例來說，如果你想多喝水，改變公式可能如下所示：

一、**改變：**你想要的改變是多喝水。

二、**所需行動：**你需要記得裝水，並在一天中持續飲用。

三、**強化：**為了強化這個目標行為，你可以買個一千毫升容量的水壺，並在電腦上設定會跳到桌面的提醒，提醒自己喝水以及在中午重新裝滿水。

疊疊樂時間

完成「邁向自由的四步驟」後，便能開始落實你覺得有共鳴的其他工具和概念——那些你折角標記的頁面、劃線強調的句子。為了生存，你或許已經採用了一些最重要的方案。（太棒了！從認知到行動，是個令人卻步的躍進，你能踏出這一步，真的很了不起！）現在你可以開始調整、改進，並且持續擺脫倦怠。

讓我們回到倦怠疊疊樂。在倦怠管理中，哪些部分是可以調整的？為了改變你的體驗，你可以改變或改善什麼？在心態、個人關懷、時間管理、設定界限或壓力管理方面，你想嘗試哪些方法？讓我們快速回顧這五大支柱中可以採用的要點。

心態：也許你知道在咖啡機旁邊或筆電的主畫面上加個提醒，會對你有幫助。這些提醒可能是：

- 工作就是用服務換取報酬。
- 不需要太在意自己或生活，而剝奪了生活的真正樂趣。

- 健康比工作更重要。
- 我要先尊重自己的界限，別人才會尊重我的界限。
- 我有權為我的生活提出要求。
- 我應該優先考慮對我重要的事情。

如果這種做法引起你的共鳴，現在就把這些句子寫下來。我建議你將這些句子放在你常看到的地方（浴室的洗手台、冰箱、手機的鎖定畫面），把新習慣附加在現有的習慣上，比從頭開始養成新習慣更容易（這稱為「習慣堆疊」）。

個人關懷：檢視你的個人關懷金字塔。你每天有哪些不可妥協的需求？哪種保養、休息、充電活動可以提升你的生活品質？哪種可預期的休息可以每天為你提供所需要的抒解？確認你目前的時間表，查看能在哪裡加入可預期的休息、不可妥協的需求，或保養、休息、充電活動。使用改變公式，把對你影響最大的自我關懷方式融入其中。

時間管理：思考過工作時間的運用後，你也許注意到有些耗能鬼會拖慢你的效率；每封電郵和 Slack 訊息都會分散你的注意力；原本以為二十分鐘能完成的任務，實際上要花一小時；你告訴自己工作時間是早上九點到下午五點，但實際上總是從早上八點二十分做到下午五點四十分。你可以下定決心使用集中處理、委派、督促機制等工具來加強時間管理。也許你會決定每小時固定時間查看 Slack 訊息，而不是收到就看。你開始框出時間區塊，確實把任務排進時間表中。你決定在接下來那週努力把工作時間限制在早上九點到下午五點，看效果如何。

設定界限：哪些界限能幫助你強化你想達成的改變？你需要向總是傳即時訊息給你的同事講清楚你的可聯繫時間嗎？如果你想在下午五點離開辦公室，也許你需要告知團隊，並在電郵的簽名檔加上你的工作時間，讓大家知道何時能收到你的回覆。為了在晚上獲得一些寧靜時光，你可以向家人宣布晚上八點到九點是你的「獨處時間」，請勿打擾。

壓力管理：這些改變大多能幫助你減少壓力，但你也可以檢視日常安排，看看是否有可預見的高壓時刻。如果你知道每週一都忙到無法準備晚餐，那就把週一定為披薩之夜，每週一烤個披薩或訂購你最愛的披薩就好，別想太多，這只是為了讓你那天輕鬆一點。假如親友在平日晚上打電話來占用你太多時間，你可以設定明確的界限來減輕壓力，跟他們說你會比較想在週末聊天。如果你發現每次和麥可開完會後，你都因壓力太大而無法工作一小時，你可以在開完會後散步去街角咖啡店，離開「案發現場」，呼吸新鮮空氣，提醒自己不要讓麥可影響你的心情。

你可能需要多次嘗試才能讓這些改變內化成習慣，這很正常！你甚至可以找一位你欽佩的人，或是你認為在工作與生活平衡方面做得很好的人，讓他們看看你的日常安排，請他們給你一點改進意見。

你正在重新設計你與工作及生活的關係，你要重新建立優先順序，以及他人對你的預期，這確實不容易。我在自己的生活中做出這些改變時，也常因為讓人失望或放棄機會而感到難過。但人生就只有一次，想要過愉快的生活一點也不過分。

平衡永遠就像跳舞一樣，前進後退，左右擺動，你會根據不斷變化的環境來調整步伐。重點不在於擁有完美的舞步編排，而是學會幾個基本動作，練到非常自然。這樣當音樂更換時，你依然可以自信地隨之翩翩起舞。

化閱讀為行動

即使你已經掌握了心態、個人關懷、時間管理、設定界限、壓力管理，倦怠仍可能悄悄來襲。最近，我除了籌備婚禮以外，還接了四個大案子。若是幾年前的我，面對這種壓力與工作量，大概會躲進淋浴間封閉自己。然而，這次我雖然行程排得很滿，甚至一度考慮放棄婚禮、改成私奔，但幸好也能不斷地提醒自己，這只是短暫的忙碌期，以前每個忙碌期我都挺過來了。我把讓我保持理智的自我關懷融入生活中，例如緩慢進行的早晨例行活動、每天至少出門一次、睡前閱讀、用紙盤吃飯（因為在辛苦一天後，看到滿槽的髒碗盤可能會很抓狂）。我巧妙地管理時間，完成最重要的事，暫時先不處理一些非必要的任務。我重新設立忙碌期的界限：週末婉拒社交，上班日不接社交電話，用預先準備好的範本來婉拒突如其來的邀約。我耐心地管理即將到來的壓力，提高警覺注意我的壓力徵兆，以便知道何時該退後一步整理思緒。運用這五大支柱，我親身體驗到，即使被逼至極限，我們依然能找到自由與平衡。倦怠不是被判死刑，而是一種提醒（好吧，更像是當頭棒喝），提醒你該關注生活，因為有什麼東西需要改變了。

別讓這些資訊淪為紙上談兵。將這本書裡的工具準備好，放在手邊；在書頁貼上便利貼；與同事和朋友分享你學到的內容，讓他們來監督你是否確實做到——有很多方法可以讓這些概念持續發揮作用，陪伴你一起進化。

倦怠管理不只適用於擁擠的辦公室，也適合在你家中或腦中進行。沒有人能替你改變生活，這得靠你自己。只要做一些調整，你就能擁有截然不同的體驗。這是你**唯一**的人生，為了真正**活出你想要的樣子**，做一些棘手的改變是值得的。你一定做得到，我相信你可以。無論你在哪裡，我都為你加油。

謝辭

如果少了某些機緣巧合和許多優秀人才的幫忙，這本書不可能出版。

感謝我的編輯 Noa Shapiro，你不只是編輯，而是真正的編輯大師。這本書裡的一字一句都因為有你而變得更好。感謝你在這本書歷經種種演變的過程中，始終抱持堅定的信念。沒有你，這本書不可能成為現在的樣子。

感謝我的經紀人、知己與支持者 Katherine Hardigan。感謝你在我經歷無數「第一次」的過程時，一直是我最信賴的夥伴。我們初次見面時，我立刻就知道我們能一起做出非凡的事情，這點至今沒變。

感謝 Tula Karras 在這些章節成形時給予我的指點。感謝你願意不斷來回地修改，以確保這本書達到最佳狀態。與你合作是一大樂事。

這本書的出版少不了 Dial Press 的努力，感謝以下成員：Andy Ward、Avideh Bashirrad、Raaga Rajogopala、Whitney Frick、Debbie Aroff、Michelle Jasmine、Vanessa Dejesus、Corina Diez、Benjamin Dreyer、Rebecca Berlant、Ted Allen、David Goehring。為了讓這本書順利出版，你們的付出遠比我知道的還多，我由衷感謝你們每一位。

感謝 Erin Thomas、Lisa Huebner、Hilary Tindle 付出的時間及專業知識。這本書因為你們的貢獻而更加充實，感謝你們的善意與付出。

感謝 Elana Seplow-Jolley 從茫茫人海中發掘了我。在我還未擁有廣大的社群媒體粉絲時，你就在我的作品中看到足夠的潛力，堅持要我完成提案。感謝你啟動了這一切。

感謝我的父母，再多的感謝都不足以表達你們為我做的一切。我之所以成為現在的我，站在現在的位置，都是因為你們從我出生那一刻起對我傾注的愛與支持。我身上的所有優點都要感謝你們。

感謝我的妹妹，我的「影響力」職涯並非始於社群媒體，而是始於你出生的那一天。你是我人生中最重要的影響對象，而你可能不知道，你也同樣深深地影響著我。

感謝我的先生 Navarre，你是我最熱情的啦啦隊，給我最溫暖的擁抱。即使在我身上只剩一千美元的時候，你也從未讓我覺得我需要放棄事業去「找份正經的工作」。我深信你會在我跌倒時接住我，這份信念給了我勇氣去承擔風險，才有了今天的成就。有你在身邊，我變得更好。謝謝你如此愛我。

最後，感謝我的客戶及每位花時間與我交流的觀眾。沒有你們，就不會有這一切。如果你們沒有給我機會分享、輔導、學習，我只是另一個有很多意見的人罷了。你們的故事與支持讓這本書值得書寫，所以謝謝你們。感謝，感謝，再感謝。我對你們的感激遠遠超出你們的想像。

Surgeon General's Report, 2016, https://addiction.surgeongeneral.gov/executive-summary/report/neurobiology-substance-use-misuse-and-addiction; Mark A. Ungless, Emanuela Argilli, and Antonello Bonci, "Effects of Stress and Aversion on Dopamine Neurons: Implications for Addiction," *Neuroscience & Biobehav-ioral Reviews* 35, no. 2 (November 2010): 151–156, https://pubmed.ncbi.nlm.nih.gov/20438754/.

22. Bloomfield, "The Effects of Psychosocial Stress."
23. James Crum, "Understanding Mental Health and Cognitive Restructuring with Ecological Neuroscience," *Frontiers in Psychiatry* 12 (June 2018), https://www.frontiersin.org/articles/10.3389/fpsyt.2021.697095/full; "Positive Re-framing and Examining the Evidence," Harvard University Stress and Development Lab, https://sdlab.fas.harvard.edu/cognitive-reappraisal/positive-reframing-and-examining-evidence.
24. Hilary Tindle, *Up: How Positive Outlook Can Transform Our Health and Aging* (New York: Avery, 2013), 197–199, 209–211.

（附注請從第 358 頁開始翻閱。）

Randomized Controlled Trial," *JMIR Mental Health* 5, no. 4 (October-December 2018): e11290, https://www.ncbi.nlm.nih.gov/pmc/articles/PMC6305886/.

15. Lisa Feldman Barrett, "What Do You Consider the Most Interesting Recent [Scientific] News? What Makes It Important?" Edge.Org, 2016, https://www.edge.org/response-detail/26707.
16. Amrisha Vaish, Tobias Grossmann, and Amanda Woodward, "Not All Emotions Are Created Equal: The Negativity Bias in Social-Emotional Development," *Psychological Bulletin* 134, no. 3 (May 2008): 383–403, https://www.ncbi.nlm.nih.gov/pmc/articles/PMC3652533/.
17. Da-Yee Jeung, Changsoo Kim, and Sei-Jin Chang, "Emotional Labor and Burnout: A Review of the Literature," *Yonsei Medical Journal* 59, no. 2 (March 2018): 187– 193, https://www.ncbi.nlm.nih.gov/pmc/articles/PMC5823819/.
18. Women in the Workplace 2022," McKinsey & Company and LeanIn.Org, October 2022, https://www.mckinsey.com/~/media/mckinsey/featured%20insights/diversity%20and%20inclusion/women%20in%20the%20workplace%202022/women-in-the-workplace-2022.pdf.
19. Huebner Ruchti, Lisa C. Interview. Con-ducted by Emily Ballesteros and Tula Karras. May 18, 2023.
20. "Chronic Stress Dampens Dopamine Pro-duction," MRC London Institute of Medical Sciences, News, November 12, 2019, https://lms.mrc.ac.uk/chronic-stress-dampens-dopamine-production/; Michael A. P. Bloomfield et al., "The Effects of Psychosocial Stress on Dopaminergic Function and the Acute Stress Response," *eLife* 8 (November 2019): e46797, https://elifesciences.org/articles/46797.
21. "The Neurobiology of Substance Use, Misuse, and Addiction,"

News, 2022 Global Emotions Report, June 28, 2022, https://news.gallup.com/poll/394025/world-unhappier-stressed-ever.aspx.

9. Tianyi Huange, Sara Mariani, and Susan Redline, "Sleep Irregularity and Risk of Cardiovascular Events: The Multi-Ethnic Study of Atherosclerosis," *Journal of the American College of Cardiology* 75, no. 9 (March 2020): 991–999, https://pubmed.ncbi.nlm.nih.gov/32138974/.
10. Emily N. C. Manoogian, Amandine Chaix, and Satchidananda Panda, "When to Eat: The Importance of Eating Patterns in Health and Disease," *Journal of Biological Rhythms* 34, no. 6 (December 2019): 579–581, https://journals.sagepub.com/doi/10.1177/0748730419892105.
11. Sonja Sudimac, Vera Sale, and Simone Kühn, "How Nature Nurtures: Amygdala Activity Decreases as the Result of a One-Hour Walk in Nature," *Molecular Psychiatry* 27 (September 2022): 4446–4452, https://www.nature.com/articles/s41380-022-01720-6.
12. Shuai-Ting Lin et al., "Mental Health Implications of Music: Insight from Neuroscientific and Clinical Studies," *Harvard Review of Psychiatry* 19, no. 1 (January-February 2011): 34–46, https://pubmed.ncbi.nlm.nih.gov/21250895/.
13. Darcy DeLoach Walworth, "The Effect of Preferred Music Genre Selection Versus Preferred Song Selection on Experimentally Induced Anxiety Levels," *Journal of Music Therapy* 40, no. 1 (Spring 2003): 2–14, https://pubmed.ncbi.nlm.nih.gov/17590964/.
14. Joshua M. Smyth et al., "Online Positive Affect Journaling in the Improvement of Mental Distress and Well-Being in General Medical Patients with Elevated Anxiety Symptoms: A Preliminary

第七章

1. “Epinephrine (Adrenaline),” Cleveland Clinic, March 2022, https://my.clevelandclinic.org/health/articles/22611-epinephrine-adrenaline.
2. “Understanding the Stress Response,” Harvard Medical School, Harvard Health Publishing, July 2020, https://www.health.harvard.edu/staying-healthy/understanding-the-stress-response.
3. James C. Root, Oliver Tuescher, and Amy Cunningham-Bussel, “Frontolimbic Function and Cortisol Reactivity in Response to Emotional Stimuli,” *NeuroReport* 20, no. 4 (March 2009): 429–434, https://www.researchgate.net/publication/24023395_Frontolimbic_function_and_cortisol_reactivity_in_response_to_emotional_stimuli.
4. Agnese Mariotti, “The Effects of Chronic Stress on Health: New Insights into the Molecular Mechanisms of Brain-Body Communication,” *Future Science OA* 1, no. 3 (November 2015): FSO23, https://www.ncbi.nlm.nih.gov/pmc/articles/PMC5137920/.
5. Emily Nagoski and Amelia Nagoski, *Burnout: The Secret to Unlocking the Stress Cycle* (New York: Ballantine, 2019).
6. Kim Armstrong, “Interoception: How We Understand Our Body’s Inner Sensations,” *Observer,* September 2019, https://www.psychologicalscience.org/observer/interoception-how-we-understand-our-bodys-inner-sensations; Melissa Barker, Rebecca Brewer, and Jennifer Murphy, “What Is Interoception and Why Is It Important?” *Frontiers for Young Minds,* June 30, 2021, https://kids.frontiersin.org/articles/10.3389/frym.2021.558246.
7. Lisa Feldman Barrett, *How Emotions Are Made: The Secret Life of the Brain* (New York: Mariner, 2018), 67.
8. Julie Ray, “World Unhappier, More Stressed Out Than Ever,” Gallup

ncbi.nlm.nih.gov/pmc/articles/PMC4924075/; Françoise Mathieu, "Running on Empty: Compassion Fatigue in Health Professionals," *Rehab and Community Care Medicine* (Spring 2007), https://www.semanticscholar.org/paper/Running-on-Empty%3A-Compassion-Fatigue-in-Health-Mathieu-Cameron/dbf9e4f776b1a9544e9eeda93fd8f219b072df01.

18. Cocker and Joss, "Compassion Fatigue Among Healthcare, Emergency and Community Service Workers."
19. Abigail Marsh, "Everyone Thinks Americans Are Selfish. They're Wrong," *The New York Times,* May 26, 2021, https://www.nytimes.com/2021/05/26/opinion/individualism-united-states-altruism.html.
20. Yuriy Gorodnichenko and Gérard Roland, "Understanding the Individualism-Collectivism Cleavage and Its Effects: Lessons from Cultural Psychology," in *Institutions and Comparative Economic Development,* ed. M. Aoki, G. Roland, and Timur Kuran (London: Palgrave Macmillan, 2012), 213–236.
21. Sue Shellenbarger, "Is This How You Really Talk?" *The Wall Street Journal*, April 23, 2013, https://www.wsj.com/articles/SB10001424127887323735604578440851083674898.
22. John Baldoni, "Will 'Upspeak' Hurt Your Career?" *Forbes,* July 30, 2015, https://www.forbes.com/sites/johnbaldoni/2015/07/30/will-upspeak-hurt-your-career/?sh=67a2de134edc.
23. William J. Mayew, Christopher A. Parsons, and Mohan Venkatachalam, "Voice Pitch and the Labor Market Success of Male Chief Executive Officers," *Evolution and Human Behavior* 34, no. 4 (July 2013): 243–248, https://www.sciencedirect.com/science/article/abs/pii/S1090513813000238.

16, no. 12 (December 2005): 932–936, https://journals.sagepub.com/doi/10.1111/j.1467-9280.2005.01639.x.

11. "Women in the Workplace Study 2021," McKinsey & Company and LeanIn.Org, September 2021, https://www.mckinsey.com/~/media/mckinsey/featured%20insights/diversity%20and%20inclusion/women%20in%20the%20workplace%202021/women-in-the-workplace-2021.pdf.
12. "Women @ Work 2022: A Global Outlook," Deloitte, 2022, https://www2.deloitte.com/content/dam/insights/articles/glob-175228_global-women-%40-work/DI_Global-Women-%40-Work.pdf.
13. Kami Rieck, "Women and People of Color Can't Afford to 'Quiet Quit,' " *The Washington Post,* September 6, 2022, https://www.washingtonpost.com/business/women-and-people-of-color-cant-afford-to-quiet-quit/2022/09/05/1707431e-2d28-11ed-bcc6-0874b26ae296_story.html.
14. Rieck, "Women and People of Color."
15. Linda J. Wang et al., "Gender-Based Discrimination Is Prevalent in the Integrated Vascular Trainee Experience and Serves as a Predictor of Burnout," *Journal of Vascular Surgery* 71, no. 1 (January 2020): 220–227, https://www.jvascsurg.org/article/S0741-5214(19)31029-8/fulltext.
16. Jeremy Adam Smith, "What Happens When Compassion Hurts?" *Greater Good Magazine,* May 8, 2009, https://greatergood.berkeley.edu/article/item/what_happens_when_compassion_hurts.
17. Fiona Cocker and Nerida Joss, "Compassion Fatigue Among Healthcare, Emergency and Community Service Workers: A Systematic Review," *International Journal of Environmental Research and Public Health* 13, no. 6 (June 2016): 618, https://www.

2. June Price Tangney, Jeff Stuewig, and Debra J. Mashek, "Moral Emotions and Moral Behavior," *Annual Review of Psychology* 58 (April 2011): 345–372, https://www.ncbi.nlm.nih.gov/pmc/articles/PMC3083636/.
3. Mark R. Leary, "Emotional Responses to Interpersonal Rejection," *Dialogues in Clinical Neuroscience* 17, no. 4 (December 2015): 435–441, https://www.ncbi.nlm.nih.gov/pmc/articles/PMC4734881/.
4. Leary, "Emotional Responses to Interpersonal Rejection."
5. Kirsten Weir, "The Pain of Social Rejection," *Monitor on Psychology* 43, no. 4 (April 2012): 50, https://www.apa.org/monitor/2012/04/rejection.
6. Ben Knight, "Understanding and Reframing the Fear of Rejection," NeuroscienceNews.com, June 22, 2022, https://neurosciencenews.com/rejection-fear-20892/.
7. Scott Barry Kaufman and Emanuel Jauk, "Healthy Selfishness and Pathological Altruism: Measuring Two Paradoxical Forms of Selfishness," *Frontiers in Psychology* 11 (May 2020), https://www.frontiersin.org/articles/10.3389/fpsyg.2020.01006/full.
8. Lorri Freifeld, ed., "2021 Training Industry Report," *Training* magazine, November 19, 2021, https://trainingmag.com/2021-training-industry-report/.
9. Shane L. Rogers, Jill Howieson, and Casey Neame, "I Understand You Feel That Way, But I Feel This Way: The Benefits of I-Language and Communicating Perspective During Conflict," *PeerJ* 6 (May 2018): e4831, https://peerj.com/articles/4831/.
10. Rachel A. Simmons et al., "Pronouns in Marital Interaction: What Do 'You' and 'I' Say About Marital Health?," *Psychological Science*

10. Joachim Stoeber, Charlotte R. Davis, and Jessica Townley, "Perfectionism and Workaholism in Employers: The Role of Work," *Personality and Individual Differences* 55, no. 7 (October 2013): 733–738, https://www.sciencedirect.com/science/article/abs/pii/S0191886913002432.
11. Randall M. Moate et al., "Stress and Burnout Among Counselor Educators: Differences Between Adaptive Perfectionists, Maladaptive Perfectionists, and Nonperfectionists," *Journal of Counseling & Development* 94, no. 2 (March 2016): 161–171, https://www.researchgate.net/publication/297650229_Stress_and_Burnout_Among_Counselor_Educators_Differences_Between_Adaptive_Perfectionists_Maladaptive_Perfectionists_and_Nonperfectionists; Andrew P. Hill and Thomas Curran, "Multidimensional Perfectionism and Burnout: A Meta-Analysis," *Personality and Social Psychology Review* 20, no. 3 (July 2015): 269–288, https://pubmed.ncbi.nlm.nih.gov/26231736/.
12. Fatemeh Jadid, Shahram Mohammadkhani, and Komeil Zahedi Tajrishi, "Perfectionism and Academic Procrastination," *Procedia—Social and Behavioral Sciences* 30 (2011): 534–537, https://www.sciencedirect.com/science/article/pii/S187704281101929X.

第六章

1. Vânia Sofia Carvalho et al., "Please, Do Not Interrupt Me: Work-Family Balance and Segmentation Behavior as Mediators of Boundary Violations and Teleworkers' Burnout and Flourishing," *Sustainability* 13, no. 13 (June 2021): 7339, https://www.mdpi.com/2071-1050/13/13/7339.

https://www.frontiersin.org/articles/10.3389/fpsyg.2021.645498/full.

4. Gloria Mark, Daniela Gudith, and Ulrich Klocke, "The Cost of Interrupted Work: More Speed and Stress," *Proceedings of the 2008 Conference on Human Factors in Computing Systems* (April 2008): 107–110, https://www.researchgate.net/publication/221518077_The_cost_of_interrupted_work_More_speed_and_stress.
5. Wesley C. Clapp, Michael T. Rubins, and Adam Gazzaley, "Mechanisms of Working Memory Disruption by External Interference," *Cerebral Cortex* 20, no. 4 (July 2009): 859–872, https://pubmed.ncbi.nlm.nih.gov/19648173/.
6. "Multitasking: Switching Costs," American Psychological Association, March 2006, https://www.apa.org/topics/research/multitasking.
7. Armita Golkar et al., "The Influence of Work-Related Chronic Stress on the Regulation of Emotion and on Functional Connectivity in the Brain," *PloS One* 9, no. 9 (September 2014): e104550, https://journals.plos.org/plosone/article?id=10.1371/journal.pone.0104550; Alexandra Michel, "Burnout and the Brain," *Observer*, January 29, 2016, https://www.psychologicalscience.org/observer/burnout-and-the-brain.
8. Atsunori Ariga and Alejandro Lleras, "Brief and Rare Mental 'Breaks' Keep You Focused: Deactivation and Reactivation of Task Goals Preempt Vigilance Decrements," *Cognition* 118, no. 3 (March 2011): 439–443, https://pubmed.ncbi.nlm.nih.gov/21211793/.
9. Patricia Albulescu et al., " 'Give Me a Break!' A Systematic Review and Meta-Analysis on the Efficacy of Micro-Breaks for Increasing Well-Being and Performance," *PLoS One* (August 2022), 0272460, https://journals.plos.org/plosone/article?id=10.1371/journal.pone.0272460.

Research, Theory, and Applications, ed. R. F. Baumeister and K. D. Vohs (New York: Guilford Press, 2004), 211–228.

25. James Clear, *Atomic Habits* (New York: Avery, 2018).
26. Kristin Neff, "The Five Myths of Self-Compassion," *Greater Good Magazine,* September 30, 2015, https://greatergood.berkeley.edu/article/item/the_five_myths_of_self_compassion.
27. Shelley E. Taylor et al., "Biobehavioral Responses to Stress in Females: Tend and Befriend, Not Fight-or-Flight," *Psychological Review* 107, no. 3 (July 2000): 411–429, https://pubmed.ncbi.nlm.nih.gov/10941275/.
28. Karl M. Kapp, *The Gamification of Learning and Instruction* (San Francisco: Pfeiffer, 2012).
29. Corine Horsch et al., "Reminders Make People Adhere Better to a Self-Help Sleep Intervention," *Health and Technology* 7, no. 2 (December 2016): 173–188, https://www.ncbi.nlm.nih.gov/pmc/articles/PMC5686282/.

第五章

1. Stephen Covey, *The 7 Habits of Highly Effective People* (New York: Free Press, 1989).
2. Chris Good, "Picture of the Day: Benjamin Franklin's Daily Schedule," *The Atlantic,* April 20, 2011, https://www.theatlantic.com/politics/archive/2011/04/picture-of-the-day-benjamin-franklins-daily-schedule/237615/.
3. Dimitri van der Linden, Mattie Tops, and Arnold B. Bakker, "The Neuroscience of the Flow State: Involvement of the Locus Coeruleus Norepinephrine System," *Frontiers in Psychology* 12 (April 2021),

2021, https://www.americanprogress.org/article/census-data-show-historic-investments-social-safety-net-alleviated-poverty-2020/.

18. "Hardwired for Laziness? Tests Show the Human Brain Must Work Hard to Avoid Sloth," *ScienceDaily,* September 2018, https://www.sciencedaily.com/releases/2018/09/180918090849.htm.

19. Autumn Calabrese (@autumncalabrese), "Being prepared isn't half the battle, it is the battle," Instagram, March 10, 2019, https://www.instagram.com/p/Bu1WTlIAwUK/?hl=en.

20. Michael D. Greicius et al., "Functional Connectivity in the Resting Brain: A Network Analysis of the Default Mode Hypothesis," *Proceedings of the National Academy of Sciences of the United States of America* 100, no. 1 (January 2003): 253–258, https://www.pnas.org/doi/10.1073/pnas.0135058100.

21. Jennifer E. Stellar et al. "Positive Affect and Markers of Inflammation: Discrete Positive Emotions Predict Lower Levels of Inflammatory Cytokines," *Emotion* 15, no. 2 (April 2015): 129–133, https://pubmed.ncbi.nlm.nih.gov/25603133/.

22. Jessica Höpfner and Nina Keith, "Goal Missed, Self Hit: Goal-Setting, Goal-Failure, and Their Affective, Motivational and Behavioral Consequences," *Frontiers in Psychology* 12 (September 2021), https://www.frontiersin.org/articles/10.3389/fpsyg.2021.704790/full.

23. Sarah Gardner and Dave Albee, "Study Focuses on Strategies for Achieving Goals, Resolutions," *Dominican Scholar,* Dominican University of California, press release, 2015, https://scholar.dominican.edu/news-releases/266/.

24. Peter M. Gollwitzer, Kentaro Fujita, and Gabriele Oettingen, "Planning and the Implementation of Goals," in *Handbook of Self Regulation:*

"Leisure Opportunities and Fatigue in Employees: A Large Cross-Sectional Study," *Leisure Sciences* 36, no. 3 (May 2014): 235–250, https://www.researchgate.net/publication/262582748_Leisure_Opportunities_and_Fatigue_in_Employees_A_Large_Cross-Sectional_Study.

11. Matthew J. Zawadzki, Joshua M. Smyth, and Heather J. Costigan, "Real-Time Associations Between Engaging in Leisure and Daily Health and Well-Being," *Annals of Behavioral Medicine* 49, no. 4 (February 2015): 605–615, https://academic.oup.com/abm/article/49/4/605/4562699.
12. Julia Ball, "Hustle Culture Can Be Toxic—Here's How to Navigate it Successfully," *Forbes,* March 21, 2022, https://www.forbes.com/sites/forbesbusinesscouncil/2022/03/31/hustle-culture-can-be-toxic-heres-how-to-navigate-it-successfully/?sh=3407c65444e1.
13. William Waring Johnston, *The Ill Health of Charles Darwin: Its Nature and Its Relation to His Work* (New York: Wiley, 1901), 153.
14. James E. Thorold Rogers, *Six Centuries of Work and Wages: The History of English Labor* (Kitchener, Ontario: Batoche Books, 2001).
15. "Statistics on Working Time," International Labour Organization, ILOSTAT, https://ilostat.ilo.org/topics/working-time/.
16. "Study: A Record 768 Million U.S. Vacation Days Went Unused in '18, Opportunity Cost in the Billions," Ipsos/Oxford Economics/U.S. Travel Association study, 2019, https://www.ustravel.org/press/study-record-768-million-us-vacation-days-went-unused-18-opportunity-cost-billions.
17. "Census Data Show Historic Investments in Social Safety Net Alleviated Poverty in 2020," Center for American Progress, September

"American Time Use Survey—2012 Results," U.S. Bureau of Labor Statistics, June 2013, https://www.bls.gov/news.release/archives/atus_06202013.pdf.

5. Charlotte Fritz et al., "Embracing Work Breaks: Recovering from Work Stress," *Organizational Dynamics* 42, no. 4 (October 2013): 274–280, https://www.researchgate.net/publication/259095808_Embracing_work_breaksz_Recovering_from_work_stress.
6. Sara C. Mednick et al., "Comparing the Benefits of Caffeine, Naps and Placebo on Verbal, Motor and Perceptual Memory," *Behavioral Brain Research* 193, no. 1 (November 2008): 70–86, https://pubmed.ncbi.nlm.nih.gov/18554731/.
7. Victoria Jaggard, "Naps Clear Brain's Inbox, Improve Learning, *National Geographic*, February 23, 2010, https://www.nationalgeographic.com/science/article/100222-sleep-naps-brain-memories.
8. Sara C. Mednick et al., "Sleep and Rest Facilitate Implicit Memory in a Visual Search Task," *Vision Research* 49, no. 21 (October 2009): 2557–2565, https://www.ncbi.nlm.nih.gov/pmc/articles/PMC2764830/; Graelyn B. Humiston and Erin J. Wamsley, "A Brief Period of Eyes-Closed Rest Enhances Motor Skill Consolidation," *Neurobiology of Learning and Memory* 155 (November 2018): 1–6, https://pubmed.ncbi.nlm.nih.gov/29883710/.
9. Sarah D. Pressman et al., "Association of Enjoyable Leisure Activities with Psychological and Physical Well-Being," *Psychosomatic Medicine* 71, no. 7 (September 2009): 725–732, https://pubmed.ncbi.nlm.nih.gov/19592515/.
10. Gerhard W. Blasche, Anna Arlinghaus, and Thomas Ernst Dorner,

net/publication/47633505_Coherent_with_laughter_Subjective_experience_behavior_and_physiological_responses_during_amusement_and_joy.

32. Nicole R. Giuliani, Kateri McRae, and James J. Gross, "The Up- and Down-Regulation of Amusement: Experiential, Behavioral, and Autonomic Consequences," *Emotion* 8, no. 5 (October 2008): 714–719, https://pubmed.ncbi.nlm.nih.gov/18837622/.
33. Yan Wu et al., "How Do Amusement, Anger and Fear Influence Heart Rate and Heart Rate Variability?" *Frontiers in Neuroscience* 13 (October 2019), https://www.frontiersin.org/articles/10.3389/fnins.2019.01131/full.

第四章

1. June Price Tangney, Jeff Stuewig, and Debra J. Mashek, "Moral Emotions and Moral Behavior," *Annual Review of Psychology* 58 (April 2011): 345–372, https://www.ncbi.nlm.nih.gov/pmc/articles/PMC3083636/.
2. Colin M. MacLeod, "Zeigarnik and von Restorff: The Memory Effects and the Stories Behind Them," *Memory and Cognition* 48 (April 2020): 1073–1088, https://link.springer.com/article/10.3758/s13421-020-01033-5.
3. June P. Tangney, Jeffrey Stuewig, and Andres J. Martinez, "Two Faces of Shame: Understanding Shame and Guilt in the Prediction of Jail Inmates' Recidivism," *Psychological Science* 25, no. 3 (March 2014): 799–805, https://www.ncbi.nlm.nih.gov/pmc/articles/PMC4105017/.
4. "American Time Use Survey—2021 Results," U.S. Bureau of Labor Statistics, June 2022, https://www.bls.gov/news.release/pdf/atus.pdf;

242–261, https://pubmed.ncbi.nlm.nih.gov/10868336/; L. Cahill and J. L. McGaugh, "A Novel Demonstration of Enhanced Memory Associated with Emotional Arousal," *Consciousness and Cognition* 4, no. 4 (December 1995): 410–421, https://pubmed.ncbi.nlm.nih.gov/8750416/.

27. Silvia Bellezza, Neeru Paharia, and Anat Keinan, "Conspicuous Consumption of Time: When Busyness and Lack of Leisure Time Become a Status Symbol," *Journal of Consumer Research* 44, no. 1 (June 2017): 118–138, https://academic.oup.com/jcr/article-abstract/44/1/118/2736404?redirected From=fulltext.
28. Bellezza, "Conspicuous Consumption of Time."
29. McKinsey & Company Author Talks, interview with Robert Waldinger, author of *The Good Life: Lessons from the World's Longest Scientific Study of Happiness* (New York: Simon and Schuster, 2023), https://www.mckinsey.com/featured-insights/mckinsey-on-books/author-talks-the-worlds-longest-study-of-adult-development-finds-the-key-to-happy-living. See also "Welcome to the Harvard Study of Adult Development," Massachusetts General Hospital and Harvard Medical School, https://www.adultdevelopmentstudy.org/.
30. Sarah D. Pressman et al., "Association of Enjoyable Leisure Activities with Psychological and Physical Well-Being," *Psychosomatic Medicine* 71, no. 7 (September 2009): 725–732, https://pubmed.ncbi.nlm.nih.gov/19592515/.
31. David R. Herring et al., "Coherent with Laughter: Subjective Experience, Behavior, and Physiological Responses During Amusement and Joy," *International Journal of Psychophysiology* 79, no. 2 (October 2010): 211–218, https://www.researchgate.

18. Áine Cain, "The Progression of Office Culture from the 50s to Today," Insider.com, October 2018, https://www.businessinsider.com/office-culture-then-and-now-2018-5.
19. "Portugal: A New Law on Remote Work Prohibits Contact with Employees After Working Hours," *Industrial Relations and Labour Law Newsletter*, International Organisation of Employers, December 2021, https://industrialrelationsnews.ioe-emp.org/industrial-relations-and-labour-law-december-2021/news/article/portugal-a-new-law-on-remote-work-prohibits-contact-with-employees-after-working-hours.
20. "Statutory Maternity Pay and Leave: Employer Guide," www.gov.uk/employers-maternity-pay-leave.
21. "Annual Leave," Australian Government, Fair Work Ombudsman, https://www.fairwork.gov.au/leave/annual-leave.
22. "Family and Medical Leave (FMLA)," U.S. Department of Labor, https://www.dol.gov/general/topic/benefits-leave/fmla.
23. "Vacation Leave," U.S. Department of Labor, https://www.dol.gov/general/topic/workhours/vacation_leave.
24. "Employee Overtime: Hours, Pay and Who Is Covered," OSHA Education Center, https://www.oshaeducationcenter.com/articles/employee-overtime/.
25. J. Bruce Overmier and Martin E. Seligman, "Effects of Inescapable Shock upon Subsequent Escape and Avoidance Responding," *Journal of Comparative and Physiological Psychology* 63, no. 1 (1967): 28–33, https://psycnet.apa.org/record/1967-04314-001.
26. K. N. Ochsner, "Are Affective Events Richly Recollected or Simply Familiar? The Experience and Process of Recognizing Feelings Past," *Journal of Experimental Psychology: General* 129, no. 2 (June 2000):

and Math Anxiety," *Emotion* 11, no. 4 (August 2011): 1000—1005, https://pubmed.ncbi.nlm.nih.gov/21707166/.

10. Christina N. Armenta, Megan M. Fritz, and Sonja Lyubomirsky, "Functions of Positive Emotions: Gratitude as a Motivator of Self Improvement and Positive Change," *Emotion Review* 9, no. 3 (July 2016), https://journals.sagepub.com/doi/10.1177/1754073916669596.
11. "Characteristics of High and Low Achievers," Perspectives and Resources, Iris Center, Peabody College Vanderbilt University, https://iris.peabody.vanderbilt.edu/module/ss1/cresource/q1/p01/.
12. Hye-Jung Lee, Hy-ekyung Kim, and Hyunjung Byun, "Are High Achievers Successful in Collaborative Learning? An Explorative Study of College Students' Learning Approaches in Team Project-Based Learning," *Innovations in Education and Teaching International* 54, no. 5 (November 2015): 418–427, https://eric.ed.gov/?id=EJ1157285.
13. Daniel B. M. Haun, Yvonne Rekers, and Michael Tomasello, "Children Conform to the Behavior of Peers; Other Great Apes Stick with What They Know," *Psychological Science* 25, no. 12 (October 2014), https://journals.sagepub.com/doi/10.1177/0956797614553235.
14. Glennon Doyle, *Untamed* (New York: Random House, 2020), 173.
15. Scott Barry Kaufman, "Unraveling the Mindset of Victimhood," *Scientific American,* June 29, 2020, https://www.scientificamerican.com/article/unraveling-the-mindset-of-victimhood/.
16. Kaufman, "Unraveling the Mindset of Victimhood."
17. Ralph H. Kilmann, Mary J. Saxton, and Roy Serpa, "Issues in Understanding and Changing Culture," *California Management Review* 28, no. 2 (Winter 1986): 87–94, https://kilmanndiagnostics.com/wp-content/uploads/2018/04/Kilmann_Issues-Culture.pdf.

3. James B. Fowler et al., "The Correlation of Burnout and Optimism Among Medical Residents," *Cureus* 12, no. 2 (February 2020): https://pubmed.ncbi.nlm.nih.gov/32181095/.
4. Joelle Jobin, Carsten Wrosch, and Michael F. Scheier, "Associations Between Dispositional Optimism and Diurnal Cortisol in a Community Sample: When Stress Is Perceived as Higher Than Normal," *Health Psychology* 33, no. 4 (April 2014): https://www.ncbi.nlm.nih.gov/pmc/articles/PMC4151978/.
5. Suzanne C. Segerstrom and Sandra E. Sephton, "Optimistic Expectancies and Cell-Mediated Immunity: The Role of Positive Affect," *Psychological Science* 21, no. 3 (March 2010): 448–455, https://pubmed.ncbi.nlm.nih.gov/20424083/.
6. Sara Puig-Perez et al., "Optimism Moderates Psychophysiological Responses to Stress in Older People with Type 2 Diabetes," *Psychophysiology* 54, no. 4 (December 2016): 536–543, https://onlinelibrary.wiley.com/doi/10.1111/psyp.12806.
7. Hilary Tindle, *Up: How Positive Outlook Can Transform our Health and Aging* (New York: Avery, 2013), 6–10.
8. Thomas J. Bouchard, Jr., "Genes, Environment and Personality," *Science* 264, no. 5166 (June 1994): 1700–1701, https://www.science.org/doi/10.1126/science.8209250.
9. Gerardo Ramirez et al., "Math Anxiety, Working Memory, and Math Achievement in Early Elementary School," *Journal of Cognition and Development* 14, no. 2 (May 2013): 187–202, https://psycnet.apa.org/record/2013-16742-002; Andrew Mattarella-Micke et al., "Choke or Thrive? The Relation Between Salivary Cortisol and Math Performance Depends on Individual Differences in Working Memory

s41598-017-15343-3.

15. Sylvie Droit-Volet et al., "Time and Covid-19 Stress in the Lockdown Situation. Time-Free, Dying of Boredom and Sadness," *PLoS One* 15, no. 8 (August 2020): 0236465, https://journals.plos.org/plosone/article?id=10.1371/journal.pone.0236465.
16. James Danckert et al., "Boredom: What Is It Good For?" in *The Function of Emotions*, ed. Heather C. Lench (Cham, Switzerland: Springer, 2018), 93–119, https://link.springer.com/chapter/10.1007/978-3-319-77619-4_6.
17. Keith Wilcox et al., "How Being Busy Can Increase Motivation and Reduce Task Completion Time," *Journal of Personality and Social Psychology* 110, no. 3 (March 2016): 371–384, https://pubmed.ncbi.nlm.nih.gov/26963764/.
18. Betsy Ng, "The Neuroscience of Growth Mindset and Intrinsic Motivation," *Brain Sciences* 8, no. 2 (January 2018): 20, https://www.ncbi.nlm.nih.gov/pmc/articles/PMC5836039/.
19. Marcus Buckingham and Curt Coffman, *First, Break All the Rules: What the World's Greatest Managers Do Differently* (New York: Simon and Schuster, 1999).

第三章

1. Richard J. Davidson and Bruce S. McEwen, "Social Influences on Neuroplasticity: Stress and Interventions to Promote Well-Being," *Nature Neuroscience* 15, no. 5 (April 2012): 689–695, https://www.ncbi.nlm.nih.gov/pmc/articles/PMC3491815/.
2. Rick Hanson, *Hardwiring Happiness: The New Brain Science of Contentment, Calm, and Confidence* (New York: Harmony, 2013).

with Mental Health," *World Journal of Clinical Cases* 9, no. 19 (July 2021): 4881–4889, https://www.ncbi.nlm.nih.gov/pmc/articles/PMC8283615/.

8. Kipling D. Williams, "Ostracism," *Annual Review of Psychology* 58 (January 2007): 425–452, https://www.annualreviews.org/doi/abs/10.1146/annurev.psych.58.110405.085641.
9. Williams, "Ostracism."
10. Iyanla Vanzant (@iyanlavanzant), "When the time comes for you to make a change or to grow, the universe will make you so uncomfortable you will eventually have no choice," Twitter, August 21, 2013, 7:00 a.m., https://twitter.com/IyanlaVanzant/status/370153411678715905.
11. Leyla Bagheri and Marina Milyavskaya, "Novelty-Variety as a Candidate Basic Psychological Need: New Evidence Across Three Studies," *Motivation and Emotion* 44 (October 2018): 32–53, https://link.springer.com/article/10.1007/s11031-019-09807-4.
12. Aimee E. Stahl and Lisa Feigenson, "Observing the Unexpected Enhances Infants' Learning and Exploration," *Science* 348, no. 6230 (April 2015): 91–94, https://www.science.org/doi/10.1126/science.aaa3799?url_ver=Z39.88-2003&rfr_id=ori:rid:crossref.org&rfr_dat=cr_pub%20%200pubmed.
13. Daniela Fenker and Harmut Schütze, "Learning by Surprise," *Scientific American*, December 17, 2008, https://www.scientificamerican.com/article/learning-by-surprise/.
14. Natália Lelis-Torres et al., "Task Engagement and Mental Workload Involved in Variation and Repetition of a Motor Skill," *Scientific Reports* 7 (May 11, 2021): 14764, https://www.nature.com/articles/

第二章

1. John Maynard Keynes, "Economic Possibilities for Our Grandchildren," in *Essays in Persuasion* (New York: W.W. Norton, 1963).
2. Patrick Van Kessel, "How Americans Feel About the Satisfactions and Stresses of Modern Life," Pew Research Center, February 2020, https://www.pewresearch.org/short-reads/2020/02/05/how-americans-feel-about-the-satisfactions-and-stresses-of-modern-life/.
3. Sointu Leikas, "Sociable Behavior Is Related to Later Fatigue: Moment-to-Moment Patterns of Behavior and Tiredness," *Heliyon* 6, no. 5 (May 2020): e04033, https://pubmed.ncbi.nlm.nih.gov/32490243/.
4. Markus A Penttinen et al., "The Associations Between Healthy Diet and Burnout Symptoms Among Finnish Municipal Employees," *Nutrients* 13, no. 7 (July 2021): 2393, https://www.ncbi.nlm.nih.gov/pmc/articles/PMC8308766/.
5. Jennifer R. Brubaker and Elizabeth A. Beverly, "Burnout, Perceived Stress, Sleep Quality, and Smartphone Use: A Survey of Osteopathic Medical Students," *The Journal of the American Osteopathic Association* 120, no. 1 (January 2020): 6–17, https://pubmed.ncbi.nlm.nih.gov/31904778/.
6. Douglas T. Kenrick et al., "Renovating the Pyramid of Needs: Contemporary Extensions Built upon Ancient Foundations," *Perspectives on Psychological Science* 5, no. 3 (August 2011): 292–314, https://www.ncbi.nlm.nih.gov/pmc/articles/PMC3161123/.
7. Mayank Gupta and Aditya Sharma, "Fear of Missing Out: A Brief Overview of Origin, Theoretical Underpinnings and Relationship

burnout-related_emotional_and_physical_exhaustion_and_sleep_com_plaints.

18. Brand, "Associations Between Satisfaction with Life."
19. Gavelin, "Cognitive Function in Clinical Burnout."
20. Michael P. Leiter, "Coping Patterns as Predictors of Burnout: The Function of Control and Escapist Coping Patterns," *Journal of Organizational Behavior* 12, no. 2 (March 1991): 123–144, https://onlinelibrary.wiley.com/doi/abs/10.1002/job.4030120205.
21. Murat Balkis, "The Relationship Between Academic Procrastination and Students' Burnout," *Hacettepe University Journal of Education* 28, no. 1 (August 2013): 68–78, https://www.researchgate.net/publication/256627310_THE_RELATIONSHIP_BETWEEN_ACADEMIC_PROCRASTINATION_AND_STUDENTS'_BURNOUT.
22. Michael R. Oreskovich et al., "Prevalence of Alcohol Use Disorders Among American Surgeons," *JAMA Surgery* 147, no. 2 (February 2012): 168–174, https://pubmed.ncbi.nlm.nih.gov/22351913/.
23. Galit Armon et al., "Elevated Burnout Predicts the Onset of Musculoskeletal Pain Among Apparently Healthy Employees," *Journal of Occupational Health Psychology* 15, no. 4 (October 2010): 399–408, https://pubmed.ncbi.nlm.nih.gov/21058854/.
24. Thomas J. Moore, Joseph Glenmullen, and Donald R. Mattison, "Reports of Pathological Gambling, Hypersexuality, and Compulsive Shopping Associated with Dopamine Receptor Agonist Drugs," *JAMA Internal Medicine* 174, no. 12 (October 2013): 1930–1933, https://jamanetwork.com/journals/jamainternalmedicine/fullarticle/1916909.

Between Burnout and Depression," *Anxiety, Stress & Coping* 13, no. 3 (April 2008): 247–268, https://www.tandfonline.com/doi/abs/10.1080/10615800008549265.

13. Christina Maslach and Michael P. Leiter, "Understanding the Burnout Experience: Recent Research and Its Implications for Psychiatry," *World Psychiatry* 15, no. 2 (June 2016): 103–111, https://www.ncbi.nlm.nih.gov/pmc/articles/PMC4911781/; Christina Maslach and Susan E. Jackson, "The Measurement of Experienced Burnout," *Journal of Organizational Behavior* 2, no. 2 (April 1982): 99–113, https://onlinelibrary.wiley.com/doi/10.1002/job.4030020205.
14. Mataroria P. Lyndon et al., "Burnout, Quality of Life, Motivation, and Academic Achievement Among Medical Students," *Perspectives on Medical Education* 6, no. 2 (April 2017): 108–114, https://www.ncbi.nlm.nih.gov/pmc/articles/PMC5383573/.
15. Hanna M. Gavelin et al., "Cognitive Function in Clinical Burnout: A Systematic Review and Analysis," *Work and Stress* 36, no. 1 (December 2021): 86–104, https://www.tandfonline.com/doi/full/10.1080/02678373.2021.2002972.
16. Taru Feldt et al., "The 9-Item Bergen Burnout Inventory: Facto-rial Validity Across Organizations and Measurements of Longitudinal Data," *Industrial Health* 52, no. 2 (March 2014): 102–112, https://www.ncbi.nlm.nih.gov/pmc/articles/PMC4202758/.
17. Serge Brand et al., "Associations Between Satisfaction with Life, Burnout-Related Emotional and Physical Exhaustion, and Sleep Complaints," *The World Journal of Biological Psychiatry* 11, no. 5 (March 2010): 744–754, https://www.researchgate.net/publication/42439860_Associations_between_satisfaction_with_life_

Resignation' Reveals How He Saw It Coming and Where He Sees It Going," *Insider,* October 2, 2021, https://www.businessinsider.com/why-everyone-is-quitting-great-resignation-psychologist-pandemic-rethink-life-2021-10.

6. Paul Krugman, "What Ever Happened to the Great Resigna-tion?" *The New York Times,* April 5, 2022, https://www.nytimes.com/2022/04/05/opinion/great-resignation-employment.html.
7. "Number of Quits at All-Time High in November 2021," U.S. Bureau of Labor Statistics, The Economics Daily, January 6, 2022, https://www.bls.gov/opub/ted/2022/number-of-quits-at-all-time-high-in-november-2021.htm#:~:text=The%20number%20of%20quits%20increased,first%20produced%20in%20December%202000.
8. Kim Parker and Juliana Menasce Horowitz, "Majority of Workers Who Quit a Job in 2021 Cite Low Pay, No Opportunities for Advancement, Feeling Disrespected," Pew Research Center, March 9, 2022, https://www.pewresearch.org/short-reads/2022/03/09/majority-of-workers-who-quit-a-job-in-2021-cite-low-pay-no-opportunities-for-advancement-feeling-disrespected/#:~:text=Majorities%20of%20workers%20who%20quit,major%20reasons%20why%20they%20left.
9. Matt Pearce, "Gen Z Didn't Coin 'Quiet Quitting'—Gen X Did," *Los Angeles Times,* August 27, 2022, https://www.latimes.com/entertainment-arts/story/2022-08-27/la-ent-quiet-quitting-origins.
10. "Anxiety Disorders," National Institute of Mental Health, April 2023, https://www.nimh.nih.gov/health/topics/anxiety-disorders.
11. "Depression," National Institute of Mental Health, April 2023, https://www.nimh.nih.gov/health/topics/depression.
12. Arnold Bakker et al., "Using Equity Theory to Examine the Difference

14. Andrea N. Leep Hunderfund et al., "Social Support, Social Isolation, and Burnout: Cross-Sectional Study of U.S. Residents Exploring Associations with Individual, Interpersonal, Program, and Work-Related Factors," *Academic Medicine* 97, no. 8 (July 2022): 1184–1194, https://pubmed.ncbi.nlm.nih.gov/35442910/.
15. Emma Seppälä and Marissa King, "Burnout at Work Isn't Just About Exhaustion. It's Also About Loneliness," *Harvard Business Review,* June 29, 2017, https://hbr.org/2017/06/burnout-at-work-isnt-just-about-exhaustion-its-also-about-loneliness.

第一章

1. Wendy Suzuki, *Good Anxiety* (New York: Atria, 2021), 14.
2. Marie-France Marin et al., "Chronic Stress, Cognitive Functioning and Mental Health," *Neurobiology of Learning and Memory* 96, no. 4 (November 2011): 583–595, https://pubmed.ncbi.nlm.nih.gov/21376129/.
3. "State of the Global Workplace: 2021 Report," Gallup, 2022, https://bendchamber.org/wp-content/uploads/2021/12/state-of-the-global-workplace-2021-download.pdf; Ashley Abramson, "Burnout and Stress Are Everywhere," *Monitor on Psychology* 53, no. 1 (January 1 2022): 72, https://www.apa.org/monitor/2022/01/special-burnout-stress; Kristy Threlkeld, "Employee Burnout Report: COVID-19's Impact and 3 Strategies to Curb It," Indeed.com, March 11, 2021, https://uk.indeed.com/lead/preventing-employee-burnout-report.
4. "Anatomy of Work, Global Index 2022," Asana, 2022, https://www.gend.co/hubfs/Anatomy%20of%20Work%20Global%20Report.pdf.
5. Juliana Kaplan, "The Psychologist Who Coined the Phrase 'Great

digital.

7. Denise Albieri et al., "Physi-cal, Psychological and Occupational Consequences of Job Burnout: A Systematic Review of Prospective Studies," *PLoS One* 12, no. 10 (October 4, 2017): e0185781, https://www.ncbi.nlm.nih.gov/pmc/articles/PMC5627926/.
8. Armita Golkar et al., "The Influence of Work-Related Chronic Stress on the Regulation of Emotion and on Functional Connectivity in the Brain," *PloS One* 9, no. 9 (September 3, 2014): e104550, https://journals.plos.org/plosone/article?id=10.1371/journal.pone.0104550.
9. Tarani Chandola et al., "Work Stress and Coronary Heart Disease: What Are the Mechanisms?" *European Heart Journal 29,* no. 5 (January 2008): 640–648, https://academic.oup.com/eurheartj/article/29/5/640/438125.
10. "Cortisol," Cleveland Clinic, December 2021, https://my.clevelandclinic.org/health/articles/22187-cortisol.
11. Michiel Kompier and Cary Cooper, eds., *Preventing Stress, Improving Productivity: European Case Studies in the Workplace* (London: Routledge, 1999).
12. N. Thevanes and T. Mangaleswaran, "Relationship Between Work-Life Balance and Job Performance of Employees," *IOSR Journal of Business and Management* 20, no. 5 (May 2018): 11–16, https://www.iosrjournals.org/iosr-jbm/papers/Vol20-issue5/Version-1/C2005011116.pdf.
13. David G. Myers, "Close Relationships and Quality of Life," in *Well-Being: Foundations of Hedonic Psychology,* ed. Daniel Kahneman, Ed Diener, and Norbert Schwarz (New York: Russell Sage Foundation, 2003), 374–391.

附注

前言

1. "State of the Global Workplace: 2021 Report," Gallup, 2021, https://bendchamber.org/wp-content/uploads/2021/12/state-of-the-global-workplace-2021-download.pdf.
2. "State of the Global Workplace: 2021 Report"; "State of the Global Workplace: 2023 Report," Gallup, 2023, https://www.gallup.com/workplace/349484/state-of-the-global-workplace.aspx.
3. "State of the Global Workplace: 2021 Re-port"; "State of the Global Workplace: 2023 Report."
4. "Covid-19 Pandemic Triggers 25% In-crease in Prevalence of Anxiety and Depression Worldwide," World Health Or-ganization, March 2, 2022, https://www.who.int/news/item/02-03-2022-covid-19-pandemic-triggers-25-increase-in-prevalence-of-anxiety-and-depression-worldwide.
5. Kristy Threlkeld, "Employee Burnout Report: COVID-19' s Impact and 3 Strategies to Curb It," Indeed.com, March 11, 2021, https://uk.indeed.com/lead/preventing-employee-burnout-report.
6. 11th Revision of the International Classification of Diseases (ICD-11), World Health Organization, https://www.who.int/news/item/11-02-2022-icd-11-2022-release#:~:text=The%20International%20Classification%20of%20Diseases,and%20is%20now%20entirely%20

作者簡介

艾米莉・巴列斯特羅斯 Emily Ballesteros

倦怠管理師，擁有產業與組織心理學碩士學位。在創立克服倦怠的諮詢事業之前，曾在企業培訓與發展領域工作。除了上《華爾街日報》、CNBC等媒體受訪以外，她也定期為百事（Pepsi）、賽富時（Salesforce）、賽默飛（Thermo Fisher）等公司提供克服倦怠的訓練。

Instagram: @Emilybruth

TikTok: @Emilybruth

譯者簡介

洪慧芳

國立台灣大學國際企業學系畢業，美國伊利諾大學香檳分校管理碩士，曾任職於西門子電訊及花旗銀行，現為專職譯者，從事書籍、雜誌、電腦與遊戲軟體的翻譯工作。

Blog: cindytranslate.blogspot.tw/

人生顧問 529

我得了不想上班的病：倦怠的5大解藥，從有毒工作中奪回你的人生

作　者—艾米莉．巴列斯特羅斯（Emily Ballesteros）
譯　者—洪慧芳
副總編輯—陳家仁
副主編—黃凱怡
行銷企劃—洪晟庭
校對協力—張黛瑄
封面設計—木木 Lin
版型設計—李宜芝
內頁排版—張靜怡

總編輯—胡金倫
董事長—趙政岷
出版者—時報文化出版企業股份有限公司
一〇八〇一九臺北市和平西路三段二四〇號四樓
發行專線—（〇二）二三〇六—六八四二
讀者服務專線—〇八〇〇—二三一—七〇五
（〇二）二三〇四—七一〇三
讀者服務傳真—（〇二）二三〇四—六八五八
郵撥—一九三四四七二四時報文化出版公司
信箱—一〇八九九臺北華江橋郵局第九九信箱
時報悅讀網—http://www.readingtimes.com.tw
法律顧問—理律法律事務所　陳長文律師、李念祖律師
印　刷—勁達印刷有限公司
初版一刷—二〇二五年二月二十一日
初版三刷—二〇二五年四月二日
定　價—新臺幣四八〇元
（缺頁或破損的書，請寄回更換）

時報文化出版公司成立於一九七五年，
一九九九年股票上櫃公開發行，二〇〇八年脫離中時集團非屬旺中，
以「尊重智慧與創意的文化事業」為信念。

我得了不想上班的病：倦怠的 5 大解藥，從有毒工作中奪回你的人生／艾米莉．巴列斯特羅斯（Emily Ballesteros）作；洪慧芳譯 . -- 初版 . -- 臺北市：時報文化出版企業股份有限公司 , 2025.02
368 面；14.8×21 公分 . --（人生顧問 ; 529）
譯自：The cure for burnout : how to find balance and reclaim your life
ISBN 978-626-419-099-2（平裝）

1. 疲勞　2. 工作壓力　3. 工作心理學

176.76　113018787

ISBN 978-626-419-099-2
Printed in Taiwan